百年新路

新时代中国
国家治理的行动路线

强世功
主编

中信出版集团 | 北京

图书在版编目（CIP）数据

百年新路：新时代中国国家治理的行动路线 / 强世功主编 . -- 北京：中信出版社，2022.2
ISBN 978-7-5217-3679-3

I. ① 百… II. ① 强… III. ① 国家－行政管理－现代化管理－研究－中国 IV. ① D630.1

中国版本图书馆 CIP 数据核字（2021）第 214303 号

百年新路：新时代中国国家治理的行动路线
主编： 强世功
出版发行：中信出版集团股份有限公司
（北京市朝阳区惠新东街甲 4 号富盛大厦 2 座 邮编 100029）
承印者： 保定市中画美凯印刷有限公司

开本：787mm×1092mm 1/16 印张：25 字数：327 千字
版次：2022 年 2 月第 1 版 印次：2022 年 2 月第 1 次印刷
书号：ISBN 978-7-5217-3679-3
定价：68.00 元

『动态中国』丛书编委会

目录

『动态中国』丛书总序

“亚洲人会思考问题吗?”20 世纪末，马凯硕（Kishore Mahbubani）提出了这个问题，试图反驳西方文明的普世主义。他写作的年代正是历史发展晦暗不明的时段。一方面，20 世纪 80 年代的“亚洲四小龙”取得了令人骄傲的发展成就，日本经济发展甚至直逼美国，创造了“亚洲奇迹”，而中国改革开放也开始推动经济的持续增长，“亚洲价值”这个概念一度引发相当大的关注和讨论。但另一方面，这个时代恰恰也是苏联社会主义阵营解体、西方资本主义国家取得冷战全面胜利、美国以全球“新罗马帝国”的姿态推动“历史终结”的时代。

在这样的背景下，马凯硕论述的重要性可能不在于对“亚洲价值”或“亚洲奇迹”的辩护，也不在于关于西方文明具有“致命缺陷”的论述以及对西方文明走向衰落的预言，而在于对整个亚洲思想界发出的挑战:“亚洲人会思考问题吗?”从这个角度看，这个问题直接挑战了围绕“亚洲奇迹”“亚洲价值”所展开的讨论。无论是关于“儒教伦理与资本主义精神”的论述，还是关于延续至今的儒家思想与自由主义、民主主义乃至普通法法治的种种论述，这些论述表面上看起来是挑战西方的普世主义，但可能恰恰是亚洲人不会思考的证明，因为这些论述始终在西方人的问题框架中思考问题，从而使亚洲思想与实践沦为一个普遍主义视角下的“地方性”行为。从更长的历史脉络来看，近代日本“脱亚入欧”以降，亚洲人就自觉不自觉地将西方人思考的问题作为普遍的问题来思考，从而弱化了在普遍性层面自主思考问题的能力。

思想从来不是空洞的。普遍性思考需要来源于普遍性实践所产生的动力。没有普遍性的政治实践就很难催生普遍性思考，而唯有具备完整的政治主体性才能推动政治行动的普遍性。从 19 世纪晚期到 20 世纪初，日本率先通过“脱亚入欧”完成现代化转型，脱离东亚秩序而加入欧洲列强打造的“维也纳体系”，作为西方世界的一部分参与到殖民奴役亚洲的历史进程中去。而此时，作为东亚秩序的中心，中国面对日本、朝鲜、东南亚被西方殖民者入侵却缺乏维持东亚秩序普遍性的政治实践能力。因此，东亚秩序的解体必然带来中国秩序的解体，这不仅是政治秩序的解体，而且是思想秩序的解体。没有东亚秩序想象的中国，必将随着传统帝国的解体而解体，努力在西方列强构建的普遍秩序中成为独立的主权国家，以致晚清无论是立宪派还是革命派，绝大多数中国人以适应西方“维也纳体系”、努力寻求加入列强俱乐部作为政治行动的唯一路线，而将其他的可能性投射到遥远的未来。在思想上，许多中国人看不到普遍性思考的可能性，向西方列强学习，模仿西方的历史、制度与治理经验，甚至推动中国西方化，就成为中国思想界最为迫切的知识活动。

因此，亚洲人任何试图真正恢复普遍性思考的努力必然要从推动普遍性政治行动展开，这首先就要从构建政治的主体性和自主性开始。当西方列强构建的维也纳体系在第一次世界大战中土崩瓦解，新生的凡尔赛 – 华盛顿体系无法协调列强之间的利益冲突之际，从十月革命中诞生的俄国苏维埃政权为被压迫民族提出了一条新的发展道路，从而催生了一种全新的普遍性政治行动和普遍性思考的可能性。

因此，中国共产党从诞生的那一刻起就不仅以“天下的主人”的姿态成为构建普遍性政治秩序的行动力量，而且承担起提供普遍性思考的思想力量。中国由此获得了一种历史机遇，不仅通过革命和建设重塑自身，而且积极参与国际体系的重建，重塑人类现代化发展的普遍性秩序，努力恢复亚洲人思考的普遍性，即以后发国家的身份超越西方发达国家，确立新的普遍性秩序与生活方式。

正是在这种政治实践的普遍性和理论思考的普遍性的压力下，中国共产党人立足于本国实际和世界格局，摸索出了一条与苏俄不同的、依靠农民取得新民主主义与社会主义革命胜利的道路，从而在亚非拉广大不发达地区产生了强烈的辐射效应。中国关于如何保持社会主义政权性质的探索与思考，在苏联的社会主义经历了苏共二十大的蜕变之后，一度对欧美的进步力量产生了很大影响。这实际上是亚洲人在重新开始普遍性思考之后在政治行动和理论思考上做出的巨大贡献。

在这个意义上，中国革命不仅打造出了一个独立自主的新中国，而且在全球政治格局中为亚洲人提供了一个独立思考普遍性的政治空间和思想空间。这恰恰是毛泽东提出“三个世界”的普遍性意义，即第三世界国家要独立于其他世界，获得学会思考自己普遍性的政治能力和思想能力，从而构建自身普遍性的秩序。在冷战两极对立格局中，中国是除美苏之外极其罕见的具有独立自主行动能力和思考能力的国家，从而在全球格局中开辟新的普遍性空间。正是这个普遍性的政治空间和思想空间，才使得中国能够在冷战的地缘政治行动格局和普遍性思考的格局中游刃有余，最大限度地发挥普遍性空间的独立性、自主性和灵活性。

从全球地缘格局中政治行动的角度看，中国一旦和苏联建立密切的政治关系，就会形成联结大陆腹地与海洋世界的巨大基地，这对西方海洋世界构成巨大压力。相反，中国一旦与西方世界建立密切关系，就会成为包围大陆世界的重要力量。而从普遍性思考的角度看，“马克思主义中国化”为中国的普遍性思考提供了理论可能性，这意味着中国始终坚持从实际出发，以自身的亚洲身份和中国历史传统与现实来实事求是地开展普遍性思考，既可以打破苏联主导的社会主义普遍性，也可以打破西方资本主义的普遍性，同时将苏联模式的社会主义和西方模式的资本主义变成一种地方性知识，并转化为构建中国道路普遍性的有益要素。

这种政治行动的普遍性和理论思考的普遍性构成了新中国成立以来的政治行动和理论思考的主轴，构成了从毛泽东时代、邓小平时代到习近平时代在与时俱进、不断变化中保持的内在连续性。20 世纪 50 年代，中国联苏反美，在苏联的支持下迅速建立起重工业体系。然而，随着 20 世纪 60 年代中苏交恶，中美两国在 70 年代开始改善关系，中国开始利用资本主义世界的资金、技术和全球市场来发展自己，将中华人民共和国成立初期建立起来的完整重工业体系的能量释放出来，迅速成为全球贸易大国、制造业大国。从这个角度看，冷战结束很大程度上要归因于中国这个独立的普遍性政治空间在地缘政治和发展道路选择上所发挥的独特作用。

正因为如此，“亚洲四小龙”的经济奇迹根本无法提供普遍性政治行动的独立空间，无论如何宣扬“亚洲奇迹”或“亚洲价值”，都无法催生真正的普遍性思考，只能产生类似儒家资本主义、儒家自由主义、儒家民主主义之类虚假的普遍性。因为“亚洲四小龙”不过是西方世界支配的政治附庸，不具有政治主体的独立性和普遍行动的可能性。在后冷战的世界格局中，唯有具有文明传统的政治大国才有可能参与普遍性政治行动，才有可能提供普遍性思考。而在东亚世界，日本当年试图建构“大东亚共荣圈”的政治行动失败之后，京都学派代表的普遍性思考的思想冲动不仅在日本消失了，在中国思想界也没有得到应有的回应。而今天，也许只有中国的复兴，才能为亚洲人提供重新学会思考普遍性问题的可能性。

因此，在马凯硕提出“亚洲人会思考问题吗?”这一问题十多年之后，中国思想家才开始回应这个问题，提出超越五四运动的“第二次思想启蒙”，试图把中国人从西方思想的桎梏中解放出来，学会从亚洲或中国的视角思考问题的普遍性。而在这个时候，恰恰是中国崛起推动的普遍性政治行动已经远远走在了普遍性思考的前面，正在人类历史上走出一条独特的现代化道路。这种普遍性政治实践迫使思想界思考：中国道路究竟能够为这个急剧蜕变的世界带来何种新的可能性？又具有何种世界历史的普遍意义？在晚近引起中外思想者热议的这两个问题本身就预设了新的问题意识：不是将中国单纯视为与普遍性相对的特殊性，而是认为中国实践包含了对人类所面临的普遍性问题的回答，在其特殊性中蕴含了普遍性。回应这个问题恰恰可以看作亚洲人重新学会思考问题的历史性开端。

因此，要回答“亚洲人会思考问题吗?”这个问题，不仅要关注“中国人在想什么”，更要关注“中国人在做什么”。然而，在理论与实践的关系之中，理论思考的普遍性与实践行动的历史性的张力不仅表现为知（logos）与行（ergon）内在的张力，而且表现为知识分子群体与政治家群体的张力。伴随着亚洲秩序的解体和普遍性思考的丧失，中国知识分子的主流群体逐渐变成了“自由漂泊的知识分子”而依附于西方的普遍性思考，而亚洲秩序解体后中国加入西方资本主义秩序，也第一次在中国催生了一个伴随全球资本自由流动而依附于西方资本主义的资本家群体。在亚洲人试图进行普遍性思考并构建独立的普遍性政治空间时，亚洲内部必须面对本土政治家阶层与这个知识阶层和资本家阶层的张力，从而在亚洲内部普遍产生两条道路的斗争。比如在日本就是“脱亚入欧”与“亚细亚主义”两条路线的斗争，而在中国，从中国革命开始，是采用英美道路还是法俄道路？是实行社会主义还是资本主义？是采用苏联模式还是中国道路？是与西方接轨还是探索中国模式？两条道路的斗争从来没有停息过。

亚洲传统秩序边缘地带的国家率先脱离亚洲秩序而被纳入西方秩序，从而走上了一条西方资本主义道路，这必然导致这些国家的知识分子阶层和资本家阶层联合起来依附于西方世界，镇压并遏制了亚洲本土政治阶层的成长和知识分子的普遍性思考；以致马凯硕所推崇的“亚洲价值”对西方普遍主义的批判只能变成类似李光耀、马哈蒂尔等人零星的话语，而无法真正成为亚洲内在的具有政治行动意义的普遍性思考。相反，位于亚洲中心地带的中国走了一条社会主义道路，尤其是中国共产党从一开始就扎根于中国大地，扎根于本土的人民群众，从人民群众中获得了巨大的政治行动能力，从而对自由漂泊的知识分子和全球流动的资本家阶层进行持久预防、教育、改造、团结的政治运动，并最终将其纳入以亚洲为中心的普遍性政治行动和思考当中，对亚非拉国家的民族解放运动给予强大的支持，并产生持久的影响。

在这场持续的构建中国乃至亚洲普遍性思考的政治行动中，中国终于走出了一条超越英美资本主义模式和苏联社会主义模式的现代化道路，这就是“新时代中国特色社会主义道路”。2017 年，中共十九大报告明确宣布新时代中国特色社会主义道路“拓展了发展中国家走向现代化的途径，给世界上那些既希望加快发展又希望保持自身独立性的国家和民族提供了全新选择，为解决人类问题贡献了中国智慧和中国方案”。在此，中国不再是某种特殊性的代表，中国的发展不仅仅是解决自己的问题，同时也在回应许多国家乃至全人类所面临的普遍性问题。中国的普遍性必然会推动整个亚洲的普遍性思考，并将这种思考转化为亚洲重构自身历史和文明普遍性的政治行动。无论是“一带一路”的政治倡议，还是亚投行资本平台的搭建；无论是中国推动高铁、互联网金融，构建全球共享经济体系，还是中国推动构建“共商共建共享”发展新理念和新秩序：都是中国推动亚洲从自身历史和经验出发思考普遍性的一部分。

正因为如此，中国的思想者们想了什么，中国的实践者们做了什么，绝非无足轻重，而必须将其理解为人类精神普遍发展历史阶段中的重要环节。这意味着中国问题的研究者们需要摆脱在单极霸权体系之下形成的时刻向西方国家“求医问药”的心态，更加重视中国自身的实践与思想辩论。这恰恰构成了我们编辑出版“动态中国”丛书的初衷，即从2012年中国开始进入习近平时代始，我们就以一种年鉴的方式编辑出版“中国思想动态”系列、“中国发展动态”系列、“中国法治动态”系列和“中国港澳动态”系列，力图客观忠实地记录中国思想家对全球秩序、中国道路的思考、探索和辩论，记录中国执政党和政府在发展战略、体制改革、公共政策、法治建设、港澳治理等诸多领域中推动的点滴进展，尤其重视重大制度与政策创新以及知识界的重要思想讨论，并在记录和分类整理的基础上形成初步的年度报告，以集中显示“中国人在想什么”和“中国人在做什么”。

在亚洲体系解体的黑暗时代，当中国知识界普遍转向西方追寻普遍性发展道路的时候，唯有鲁迅明确地指出：“世上本没有路，走的人多了，也就成了路。”毛泽东说：“我与鲁迅的心是相通的。”这个“心”就是通过中国自身的实践开辟自身历史的普遍性。因此，中国道路并不是预先在理论上构建好的，而是实践者一个又一个脚印地努力开拓并夯实的。为了理解中国道路，我们有必要从记录一个又一个的脚印开始。为了显示脚印和道路之间的关系，我们在行文中以编年体的记录方式显示这些脚印的先后顺序，然后在年度报告中进行初步的思考：这些脚印究竟是如何串成中国道路的？

本丛书提供的编年体记录，距离深思熟虑的历史著作还有很长的距离，但它仍然有其自身的独特价值。个体乃至群体的记忆都是选择性的，遗忘与记忆相伴而行，主体当下的关切影响着对记忆和遗忘的内容的选择。在一个信息爆炸的时代，信息保存技术日益提升，新的信息会不断吸引研究者的目光，如果没有及时的记录，我们很快就会忘掉自己在上一个时段的关注点。本丛书是在一个研究群体每月对上月重大事项进行记录的基础上加以整理、提炼和理论概括的结果，它不仅提供了一幅易于把握的全景，而且保留了记录者在记录时的关注兴趣。因此，它提供的记录有可能比基于一年一回顾、五年一回顾乃至十年一回顾的历史记录，更能体现历史经历者的现场感。

既然我们认为记录者当下的关切影响着对记忆和遗忘的内容的选择，我们也将坦然承认，本丛书提供的记录必然也会遗漏一些从其他角度看来重要的事情。这种遗漏不是精心选择的结果，而是未能收集到相关的信息。就此而言，我们希望有更多的人尝试类似的工作，从各种专业的角度，以不同的叙事线索串起那些散落的珍珠。这些记录工作之间存在相互补充的关系，为未来的读者提供一幅幅回到当下时代的导航地图。我们相信，随着时间的推移，这一记录工作的意义也将与日俱增：在未来，读者回望将能更清晰地看到中国道路是如何从彼时彼刻延伸到自己的脚下，他们据此也能更好地理解当代中国历史是如何在点滴的思考和实践中逐渐获得其普遍性的。

是为序。

2017 年 12 月

导言

2020 年是中国农历中的庚子年，而百年前的庚子年，即 1900 年，是八国联军侵华，中华民族处于历史最低谷的年代。因此，庚子年在每个人心中似乎有一种不祥的历史记忆。

果然，新冠疫情突然暴发打乱了原本正常的经济社会秩序，以致这一年的春节全国人民是在恐慌中度过的。此时的中国正处在美国发起贸易战全面打压中国的国际大背景下，西方媒体正准备将疫情暴发描绘成压垮苏联的最后一根稻草“切尔诺贝利事件”。一时间，西方舆论一拥而上，武汉“封城”被诋毁为压制自由、侵犯人权，新型冠状病毒被污名化为“武汉病毒”或“中国病毒”，以此全面诋毁中国、妖魔化中国，甚至引发西方有关组织和个人叫嚣对中国发起诉讼索赔，以配合美国政府对中国的全面打压。而在国内，因“李文亮事件”而不断发酵的自媒体舆论和“方方日记”也在日益国际化。

如果说在国际上中国处于中美矛盾越来越激烈的大背景下，那么在国内中国处在从农业社会向工业社会乃至后工业社会“多重转型”时期，这种转型对国家治理提出挑战，以至于从中共十八大以来，积极推动国家治理现代化已成为执政党贯穿始终的政策主线。

疫情暴发初期应对混乱，除了由于对病毒本身缺乏准确的认识外，更重要的是暴露出对新生风险预警滞后、疫情防控应急机制被动和治理体系不健全等国家治理方面的短板。然而，面对着巨大风险的来临，中国社会主义体制的巨大优越性也随之展现出来。从中央到地方组织起高效有力的指挥体系，形成了从疫苗生产、物资供应、隔离防控到积极治疗的全盘统筹，展现出全国一盘棋的资源调度和社会动员能力、工业制造能力与全社会积极配合的协作能力。由此，我们看到汽车企业一周内转产成为口罩生产企业，全世界人民在互联网上见证了两座现代化的隔离医院——火神山医院和雷神山医院仅用十几天的时间便拔地而起，互联网大数据生成的“行程码”为防护隔离提供了精准定位和追踪，无数个人、企业牺牲小我，积极配合国家防疫，表现出了强烈的社会自觉。更重要的是，执政党将人民生命看作最高的价值，这不仅是社会主义的传统，也是中华文明的传统。正如习近平总书记所强调的：“人民至上，生命至上，保护人民生命安全和身体健康可以不惜一切代价。”

从 19 世纪起所形成的全球资本主义与社会主义两条道路竞争的历史叙事来看，后冷战时期中国的社会主义道路始终面对苏联解体之后西方资本主义“全面胜利”所带来的“历史终结”意识形态的压力。在这种背景下，中国坚持改革开放，不断学习西方先进经验，积极推进国家治理现代化。“西方”始终作为一种美好想象出现在国人的心目中，以致中国在经济上已经迅速崛起，但在部分国民心理上依然缺乏与这种崛起的力量相匹配的自信心。然而，当中国经过艰苦的努力控制住了新冠疫情之后，新冠疫情在西方却变得越来越严重，医疗物资的不足，公民在思想观念上的抵触，各政党、政府各部门以至中央与地方之间的相互掣肘，为保障私利对严格防控的抵制，“群体免疫”成为迫不得已的选择，于是病毒传播的速度和死亡人数不断攀升。“时代的尘埃落在每个人身上都是一座大山。”这句话只有在以个人生命至上的国度中才有意义，而在西方资本主义社会中，新冠疫情导致的死亡人数不过是抽象的数字而已。美国作为世界的“灯塔”，因新冠疫情死亡的人数已经超过了两次世界大战死亡的人数。可是，在资本面前，这些死亡真的就像尘埃一样，对美国以及整个西方资本主义社会的国家治理没有产生任何的冲击，甚至连戴口罩如此简单的常识都难以达成共识。

从某种意义上讲，疫情就像一面镜子，照出不同国家、不同社会、不同制度和不同文化在面对灾难时的反应和态度。当疫情已经在全球资本主义体系中不断蔓延，人们面对不断攀升的病毒感染人数和死亡人数已经变得麻木的时候，社会主义的中国万众一心、严防死守，成为全球唯一的净土，这无疑是人类人权事业的伟大壮举。中国人把政府关注民生、保护公民生命看作不言自明的真理，从来没有想到这和“人权”概念有什么关系，未能从“人权”视角出发，讲好中国抗击疫情、保护人权的故事。中国孤独地走在自己的道路上，面对西方资本主义话语体系对中国的人权指责，缺乏能力讲好自己的故事，缺乏在国际上争夺话语权的意识和能力。面对西方资本主义几百年来形成的话语体系，中国做得再好，依然处在“挨骂”的境地。如果说中华人民共和国成立以来已经通过抗美援朝战争、中印边境自卫反击战、对越自卫反击战解决了近代以来始终“挨打”的问题，改革开放以来随着中国经济的发展解决了曾经的“挨饿”的问题，那么中国要真正“强”起来，就必须解决“挨骂”的问题。全球疫情就像无边的黑暗，而中国是这个世界上唯一的灯塔。若中国无法照亮这个世界，全球就会被资本主义体系下群体免疫所带来的死亡或灾难吞没。尽管互联网时代往往被看作“后真相时代”，可是自媒体的发展让每个人都有能力突破互联网巨头、网络大V对舆论的操控和封锁，从中美贸易战到美国在疫情防控上的表演，美国这座“灯塔”的光芒在世界各国的心目中逐渐暗淡下来。伴随着中国的崛起，中国的年青一代越来越拥有文化自信心，以平常心态来平视西方和世界，不再对西方资本主义及其话语体系顶礼膜拜，而是越来越心怀朴素的良知和正义观念对西方资本主义及其话语体系展开批判。

2020年这一年，世界正处于“百年未有之大变局”。一场疫情将这场变局以更加明显的方式展现出来，其中最重要的就是突显了在全球经济彼此依存的世界上，社会主义的中国与资本主义的美国之间更加紧张的竞争与对抗。在新冠疫情冲击下，全球经济面临着全面衰退、分工链条趋向区域分割自保的境况，区域主义、民粹主义兴起意味着全球化的退潮，尤其面对美国对中国科技和产业领域的打压，中国必须调整经济发展战略，并持续推动国家治理方式转型。

就2020年而言，中国最重要的国家战略集中展现在以下几个方面。

其一，中国经济发展格局必须从过去过分依赖出口和国际外部循环所形成的产业链的分工布局，转向关注中国本土内部的产业链相互衔接，在扩大全球市场的同时迅速培育并服务于国内市场，从而形成国内和国际“双循环”的经济发展新格局。

其二，中国经济必须解决“卡脖子”问题，这就意味着真正将国家经济发展重心从互联网独大的虚拟经济转向支持产业发展的实体经济，利用新型举国体制的优势，推动科技创新和产业升级的新发展理念，以最快的经济发展速度在经济总量上超过美国，从而用最短的时间度过中美竞争不稳定期，为重新协调中美关系奠定坚实的经济基础。这无疑是“新阶段”理论的核心要义，即在新形势下以新理念和新举措来重申“发展才是硬道理”，矫正以“供给侧改革”名义来遏制经济发展的做法。

其三，经济加速发展必然进一步激化中美之间的竞争和矛盾，这就意味着政治上必须围绕国家主权和国家安全展开艰苦的工作。

无论是军队改革，还是处理香港问题；无论是生物安全、粮食安全，还是技术安全、数据安全；无论是“法治中国”，还是“平安中国”；等等，都是在筑牢底线，夯实国家安全的根基，以便抵御美国打压所引发的各种风险。

其四，面对全球化退潮的趋势，尤其是美国推动“脱钩”战略，企图围堵、孤立和遏制中国，中国必须以更大的胸怀和力量来推动全球化，将中国的市场经济与全球经济紧密地结合在一起。因此，中国不断推动围绕对外开放和市场经济的管理体制改革，构建有利于市场经济和对外开放发展的法律制度，包括提出自贸区战略、制定民法典、推出有利于维护公平竞争的一系列制度举措，就成为推进国家治理体系和治理能力现代化中的重中之重。

其五，中美竞争既是力量的竞争，也是道路的竞争。中国必须坚定不移地走自己的发展道路，不断巩固和完善中国特色社会主义制度，从制度上理顺政党与人民、政党与国家、政党与政府、政党与法治的关系，整顿党的作风和政法队伍，推动以保障人权和公平正义为主题的司法改革，全面开展脱贫攻坚与基层治理，从而为对抗外来压力和风险凝聚力量。

其六，中美之间的竞争归根结底是创新机制和创新人才的竞争，而不断深化的教育改革始终围绕科技创新人才的培养展开。与此同时，培养扎根中国大地、拥有“四个自信”、坚定不移走中国特色社会主义道路的接班人，无疑是教育改革的重点。

因此，被写进历史的2020年，无疑是历经淬炼、极不平凡、难以忘怀的一年。它是21世纪20年代的起点，是决胜全面建成小康社会、决战脱贫攻坚之年，也是乘势而上开启全面建设社会主义现代化国家新征程、向第二个百年奋斗目标进军的关键节点。2020年的中共十九届五中全会无疑是一次具有战略意义的重要会议，标志着中国进入新的历史发展阶段，以新的理念开创新的格局，积极推进国家治理体系和治理能力现代化。

从全球历史的角度看，中国发展正在进入一个前所未有的历史“瓶颈期”。如能克服困难，突破这个“瓶颈期”，中国必将实现民族复兴的伟业。然而，如果不能突破这个“瓶颈期”，那么中国发展就会陷入停滞甚至出现倒退。中国的发展不是孤立的，而是处于近代以来西方发达资本主义国家所构建起来的世界体系中。按照沃勒斯坦的划分，西方资本主义国家始终处在世界体系的“中心区”。如果说 1840 年以来的近代史反映的是中国在世界体系中处于“边缘区”的悲惨境遇，那么 1949 年中华人民共和国成立以来的现代史就是中国人民付出巨大代价努力改变自己命运的奋斗史，即从世界体系中的“边缘区”上升到“半边缘区”。改革开放以来中国经济崛起的历史奇迹，实际上就是中国在世界体系中从“半边缘区”迈向“中心区”的伟大历史进程。而庞大的中国一旦挤入世界体系的中心区，必然在世界体系中引发剧烈的政治经济震荡，必然会将原来处在世界体系“中心区”的一些国家和地区挤到“半边缘区”。由此我们才能理解中美之间的竞争源于世界体系发展过程中的结构性矛盾。因此，中国崛起带来的巨变必然是“百年未有之大变局”。如果从地理大发现推动了西方崛起进而征服整个世界的角度看，这场大变局也是过去五百年来未有之大变局。

大国竞争、文明兴衰乃历史发展的永恒主题。西方崛起与所谓“东方停滞”构成了世界近代史的基本历史图景。欧洲列强在全球展开竞争，甚至不惜引发两次世界大战和漫长的冷战。这一切构成了今天中国发展的基本历史背景。在哥伦布发现新大陆以来的全球史中，欧洲列强竞争力量不断更替，建立起支配全球的世界帝国：15、16 世纪的葡萄牙帝国和西班牙帝国，17 世纪的荷兰帝国，18、19 世纪的大英帝国，到 20、21 世纪的美利坚帝国。几百年来，支配世界的力量虽然在不断变化，但不外乎西方列强，而非西方国家只是在这种被支配的历史背景下，艰难地迈向现代化。其中，苏联一度成为社会主义现代化强国，甚至与美国展开了全球争霸战，但最终失败并导致解体，今日的俄罗斯虽然有其现代化的家底，但已从世界体系的“中心区”跌入“半边缘区”，而印度则在“半边缘区”中苦苦挣扎，既希望能够迈向“中心区”，但又担心会不小心落入“边缘区”。而唯有中国在经历了近代的苦难以后，从 1949 年中华人民共和国成立就一路高歌猛进，差不多用一甲子的时间就挤入了世界体系的“中心区”，这无疑对长期以来维持世界体系的美国霸权构成巨大挑战，以致中美关系普遍被认为正在陷入“修昔底德陷阱”。因此，从特朗普政府到拜登政府，美国对中国在高科技产业领域的发展进行全面的围攻和打压已经成为朝野共识，只是二者采取的手段和战略有所不同。而美国对中国发起的全面打压，恰恰构成了中国发展进入“瓶颈期”的最主要的外部环境。

面对“百年未有之大变局”，面对中国发展环境越来越恶劣的“瓶颈期”，中国究竟应当怎么办？不少人主张，面对美国打压，中国应当采取一种妥协退让、委曲求全、消极防御的战略，以稳定中美关系大局，但这就意味着中华民族伟大复兴将会变得遥遥无期。然而，面对维持其世界帝国的霸权地位的美国，中国始终围绕中华民族伟大复兴的战略，始终将推进国家治理体系和治理能力现代化作为开展各项工作的着力点，以“新的伟大斗争”的精神，采取积极进取的战略，按照“以斗争求团结”的思路，积极推进中国迈向现代化强国，并在此基础上最终实现构建人类命运共同体的宏伟战略目标。可以说，从中共十九大以来，在经历了特朗普政府对中国打压的洗礼之后，中国人在这个问题上凝聚起了最大多数的共识，即以“无比坚定、无比自信”的姿态迈向中华民族伟大复兴的目标。为此，面对美国的打压和国际环境的变化，中央紧紧抓住一个“变”字。在 2020 年 10 月中共十九届五中全会上，中央明确提出要“认识和把握发展规律，发扬斗争精神，树立底线思维，准确识变、科学应变、主动求变，善于在危机中育先机、于变局中开新局，抓住机遇，应对挑战”，积极推动中国发展迈入新阶段。在新发展阶段，必须创造性地开展工作，必须用新的发展理念开辟新的发展格局。可以说，从中共十九大提出的“新时代”到中共十九届五中全会提出的“新发展阶段”，都是在积极回应并推动“百年未有之大变局”。

第一章

百年变局

新阶段、新思想和新战略

2020年虽然经历了新冠疫情的冲击，然而，新冠疫情毕竟是短期的历史事件。从中长期历史来看，中国正面临“百年未有之大变局”。中国正在经历一场前所未有的社会革命，这是一场漫长的社会转型，即从鸦片战争以来中国经历的传统社会迈向现代社会的转变。然而，这场漫长的转变在过去30多年中变成一场蔚为壮观的集中巨变，这是一个从量变到质变的社会革命时代。在短短几十年间，中国从一个传统的小农社会转变为工商业社会，甚至迅速步入互联网、人工智能时代的信息社会；从一个熟人社会迈向一个大规模城市化带来的陌生人社会；从一个相对封闭、文化单一的社会迈向一个向全球开放而形成文化观念多元的社会。可以说，当代中国社会是一个极其复杂的体系，它在地理空间上呈现出不同历史发展阶段的不同经济生产方式和社会生活方式，从西部边疆的游牧社会到中西部地区的农业社会，再到中部、东南部地区的工商业社会乃至沿海地区的信息化社会。而这种地理空间的内部分工实际上为中国构建起一个自我循环的垂直分工体系，从而推动中国经济从东南沿海地区向西北地区进行渐次发展的替代和转移。

改革开放之后，中国发展的重点是积极参与全球市场分工，用全球外向的分工来推动中国内部的垂直分工，由此推动中国经济发展一波一波从沿海地区向内地的波浪式发展。比如在20世纪90年代，中国的制造业集中在东南沿海地区，然而到了2008年之后，随着东南沿海地区的“腾笼换鸟”政策，劳动密集型产业向内地转移，而沿海地区开始发展高技术产业。也正是在这种背景下，郑州、武汉、成都、重庆成为制造业中心，从而推动了“中部崛起”。由此可见，改革开放推动了中国社会关系的巨大变化，推动了“中国崛起”，创造了“中国奇迹”，这必然对18世纪以来西方主导的全球秩序构成冲击。一方面，中国经济增长持续推动全球经济增长，中国成为世界经济的引擎，加速了全球化的历史进程，因此没有中国参与的全球化就不可能是真正的全球化；但另一方面，中国崛起不断推动中国在全球产业链中的地位上升，结果就是中国的科技产业发展开始挑战美国所垄断的高端产业市场。由此，中美贸易战的核心在于科技和产业争夺战。这不仅是全球市场高端利润的争夺战，更重要的是由于高技术的溢出效应，高技术的争夺战也就变成军事技术、工业能力和综合实力的争夺战。经济主导权的争夺必然导致全球政治力量对比关系的改变，并由此形成新的国际体系。因此，中国崛起必然引发后冷战以来唯一的超级大国美国的担忧和恐惧，美国对中国发起了前所未有的全面打压，由此引发了中美“脱钩”乃至中美“注定一战”的“修昔底德陷阱”争论。可以说，中美贸易战爆发的原因实际上是中国的崛起对美国所构建的“世界帝国”造成了挑战。[1]而2020年，中国近乎完美地快速控制住了新冠疫情，西方国家的新冠疫情失控，由此中美之争就从经济产业问题上升到制度、文化和文明的竞争，这无疑加剧了中美之间的紧张关系。

若要将中国如此复杂多样乃至发展多变的社会整合在一起，必

1 强世功：《中美“关键十年”——“新罗马帝国”与“新的伟大斗争”》，《东方学刊》2020年第3期。

然需要构建一个多元一体的制度体系，一方面这需要具有足够的弹性来容纳不同的社会形态，另一方面还必须有一个强大的中央权力来提供政治稳定的制度基础。“百年未有之大变局”必然引发国家治理的难题，中国共产党必须面对新的历史形势，经受新的历史挑战，并提供新的思想和理论来为中国的未来发展指明方向，指明道路。正是在这种历史大背景下，习近平新时代中国特色社会主义思想就构成了中国共产党应对“百年未有之大变局”的思想武器和理论指南，其核心就是着眼于完善和发展中国特色社会主义制度，积极推进国家治理体系和治理能力现代化，构建一套与中国特色社会主义市场经济的经济基础相匹配的上层建筑。国家治理现代化意味着中国在经济发展、国家治理和文化思想观念上都会有一个全面的提升，从而迈向现代化发展的新阶段，推动中国从一个区域性大国迈向全球性强国；国际的紧张局势意味着中国必须针对美国的打压而建立起维护国家主权、安全和发展利益的国家安全体系。这种国家发展战略的布局在 2020 年尤为明显。

本章主要概述 2020 年中央推出的国家发展战略。第一节概述中央提出的对中国经济社会发展迈入新阶段的判断，并围绕这个判断构思新的发展理念，推动形成新的发展格局。这个判断既是中国经济社会发展的内在要求，又是回应西方霸权压力的需要。在新阶段中国必须推动科技产业的加速发展，实现将中国建成社会主义强国的战略目标，而在新阶段必须坚持“创新、协调、绿色、开放、共享”的新理念，进而推动形成国内国际“双循环”新发展格局。中国之所以有底气来应对美国的打压和挑战，关键在于中国经过近代以来漫长的历史探索，已经找到了一条适合中国迈向现代化的发展轨道，那就是中国特色社会主义道路。因此，中国的发展始终紧紧围绕建设中国特色社会主义这个主题，积极开展国家治理现代化，而其中法治是最重要的一环，在法治的轨道上实现国家治理现代化，实现党和国家的长治久安与中华民族伟大复兴。

第二节概述习近平法治思想提出的时代背景、习近平法治思想的核心要义和历史意义。如果说毛泽东时代提出“以阶级斗争为中心”，邓小平时代提出“以经济建设为中心”，那么“以人民为中心”就是习近平新时代中国特色社会主义的价值目标。“以人民为中心”既要保障人民当家做主的地位，形成党的领导、人民当家做主和依法治国的有机统一，又要保障公民的基本权利。而《民法典》就是一部保护公民权利的法典，中国民法典的编纂既吸收了民法传统中的有益要素，又形成了中国自己的特点。尤其要注意的是，这是一部中国特色社会主义传统中的民法典，必然有其不同于西方的独特内容。

第三节概述中国民法典编纂的背景、特点和历史意义。虽然中国往往被称为大陆法系国家，但这是新中国第一部以“法典”命名的法律。民法典的颁布虽然被普遍解读为“人权保障”的标志，从而标志着中国进入权利保护的新时代，但不同于西方资本主义制度下将民法看作“市民社会的宪法”，中国的民法典依然是中国特色社会主义法治秩序的一部分。

第四节概述面对美国对中国的打压所导致的外部环境恶化，中国围绕“总体国家安全观”，在各个领域“补漏洞”“扎篱笆”。可以说，从 2014 年提出“总体国家安全观”之后，中国是以近乎跑步的姿态推进构建与世界强国相匹配的国家安全体系的，为中国在新阶段的发展夯实国家安全的基础。2020 年这一年，中国的国家安全体系终于迈上了一个新台阶。一方面，从传统的“社会治安综合治理”迈向总体国家安全观下的“平安中国建设”，进而提出“建设更高水平的平安中国”；另一方面，通过了《香港国安法》，保障了国家在香港的主权、安全和发展利益；更重要的是，总结了军事改革的成果，推出联合作战的新型战争指挥体系，并拓展了国防的空间领域，这意味着中国正在从一个军事大国迈向军事强国。

第一节

中国经济社会发展迈进新阶段

2020 年 10 月，中共中央召开十九届五中全会，审议通过了《中共中央关于制定国民经济和社会发展第十四个五年规划和二〇三五年远景目标的建议》(以下简称《十四五规划建议》)。这次会议是在中美贸易战和新冠疫情冲击这个特殊的历史背景下召开的，“十四五”规划如何展开，实际上包含着中央统筹中华民族伟大复兴战略全局和世界“百年未有之大变局”的战略思考。也正是在这次会议上，中央明确提出了新发展阶段的理论，并要求以新理念来推动经济社会发展，构建发展的新格局。

一、中国经济社会发展面临的问题与挑战

2020 年，中国面临各种各样的挑战，对这些挑战的回应推动着中国迈进历史发展的新阶段。首先是新冠疫情防控。疫情暴发以来，中国政府承受着巨大的舆论压力，虽然之后中国利用新型举国体制的优势迅速遏制住了疫情的蔓延，并率先在全球实现了经济增长，但中国也为此付出了巨大代价。新冠疫情不仅暴露出中国在公共卫生体系上的短板，更暴露出中国在国际公共舆论领域欠缺话语权的弱点。

其次是中美战略竞争的全面升级。中美贸易战迄今已经过去四

年，这场本在贸易领域点燃的战火迅速蔓延到了科技、经济、外交、国家安全等多个领域，甚至出现了中美“脱钩”的倾向。美国政府对华为等中国高科技公司的全面打压，暴露出中国在科技自主创新领域的短板。中国在一些高精尖领域有多项关键技术被卡脖子，典型的如芯片、光刻机、核心算法、操作系统等，而一旦被西方国家扼住这一咽喉，整个行业乃至整个国家都将陷入被动之中。因此，科技自立自强必须提上日程。此外，美国遏制政策的多样化与中国的反击手段的匮乏形成了鲜明的对比。美国拥有诸如关税、金融制裁、法律战、实体清单等多种强制性经济措施作为武器，这些措施不仅系统、灵活，同时还具有西方长期形成的学理、法理的支持。而中国在对外政策领域长期缺乏相关的系统研究，“美国陷阱”“长臂管辖”“法律战”等概念在最近几年才进入主流学术界的视野。因此，中国在面对美国的强制性经济措施时总是陷入被动。总而言之，科技自主创新能力和应对域外风险的能力已成为中国综合国力中亟待提高的两个方面。

再次是脱贫攻坚与乡村振兴。自 1978 年改革开放以来，中国开始实行强有力的扶贫政策，经过 40 多年的努力，上亿人口成功摆脱了贫困，取得了举世瞩目的成就。但脱贫之后如何保证不返贫，这无疑成了“后扶贫时代”亟待关注和解决的问题。中国的贫困人口大多集中在农村地区，贫困问题同样构成城乡分化问题的一部分。这就意味着“后扶贫时代”必须将扶贫与乡村振兴结合起来，没有乡村振兴就不可能从根本上解决贫困。然而，2020 年山东省推行的“合村并居”政策引发舆论抨击，这表明乡村发展政策不能盲目制定、急于求成，城乡一体化并不是城乡同质化，而需要在城乡差异中对城市和乡村的功能进行重新定位，实现城乡功能互补。

最后是经济发展的脱实向虚趋势和资本的无序扩张问题。在这方面，美国的发展就像一面镜子。美国民粹主义的兴起很大程度上可以归因于经济的过度虚拟化。金融业的发达让社会资本纷纷流向金融领域，这在加剧金融风险的同时也加速了美国国内实体经济的衰落。在构建全球分工体系的背景下，美国国内低端产业开始转移至国外，工厂工人下岗，社会绝大多数财富掌握在资本家和金融从业者手中，底层群众收入减少，社会分化加剧，阶级冲突恶化。过去很多年来，不少人希望中国模仿美国的发展模式，但金融全球化使中国经济发展开始出现脱实向虚的趋势，尤其近年来在政策激励和监管放松双重作用下，互联网金融开始无序扩张，并逐渐暴露出资本的嗜血本质。2020年蚂蚁集团上市争议、外卖平台调度纷争、大型平台员工过劳危机、平台深入社区与民争利等都与此相关。大型互联网平台集合了先进技术、巨量资本和高效组织，但若不加以引导和规训，就会损害人民群众的根本利益。因此，如何规训数字技术寡头，让金融和高科技推动实体经济发展而非无序扩张以致损害人民根本利益，就成为未来国家治理中的重点和难点。

以上问题叠加在一起，意味着中国经济和社会发展面临的问题不是局部问题，而是全局性问题，即中国经济在实现了快速增长之后，如何转向高质量增长？中国在实现小康之后，如何确立新的发展目标？如何应对中国经济发展水平在超越美国时可能遇到的挑战？这些问题需要新的理念和新的思路。在2020年8月召开的经济社会领域专家座谈会上，习近平总书记首次提出“我国将进入新发展阶段”，即在全面建成小康社会、实现第一个百年奋斗目标之后，中国正在面临迈向第二个百年奋斗目标，而这个目标就是全面建设社会主义现代化强国。“新发展阶段”这个概念明确了我国发展所处的历史方位，而在新发展阶段就必须要有新的发展理念，构建新的发展格局。这一切都集中地体现在《十四五规划建议》中。

二、新发展阶段：全面建成社会主义现代化强国

不同于西方资本主义国家目前所流行的“历史终结论”，中国始终秉持社会主义的发展阶段论，即社会主义是迈向共产主义的一个漫长的历史发展阶段，这就是社会主义初级阶段的理论。在整个社会主义初级阶段，随着社会生产力的发展和生产关系的调整，随着经济、政治、文化、社会、生态文明等方面的进步和发展环境的变化，我国经济社会发展将在不同时期呈现出不同的阶段性特征和发展要求，即进入不同的发展阶段。只有对经济社会发展的阶段性特征做出准确的判断，才能明确不同发展阶段的主要任务，进而做出体现不同阶段性发展要求的战略部署。[1]因此，“新发展阶段”的提出实际上需要对当前我国发展出现的新问题、面临的内外部环境发生的新变化、经济社会发展取得的新成就有一个准确的认识，从而对发展所处的历史方位做出总的判断，并以此指导下一阶段的实践。

具体而言，“新发展阶段”的“新”体现在以下五个方面：一是“新”的发展基础。2020年是“十三五”规划的收官之年，经过五年的发展，我国的经济实力、科技实力和综合国力迈上了新的大台阶，我国发展站在了新的历史起点上。二是“新”的发展任务。新发展阶段的任务已经在实现第一个百年奋斗目标——全面建成小康社会——的基础上，开始转向实现第二个百年目标——全面建成社会主义现代化强国。三是“新”的发展主题。进入新发展阶段，经济社会发展的重心将逐步从过去重视经济规模的“高增速”转到提高效率和质量上来，实现“高质量”的发展，这就需要贯彻新的发展理念。四是“新”的发展环境。中美竞争冲突加剧使中国面临的外部环境更加复杂，而国内的经济发展态势虽然良好，但也存在诸多问题，尤其新冠

1 何毅亭：《谈谈我国新发展阶段》，新华网，2021年2月19日。

疫情暴发加剧了国内外环境的复杂性。五是“新”的发展难度。新的发展任务、发展主题和发展环境，也意味着新发展阶段面临着前所未有的发展难度，必须具有底线思维，才能应对各种可能风险和挑战。

如果把这五个方面放在一起看，就会发现新阶段其实就是要推动中国经济加速发展并成为现代化强国，在世界体系中从“半边缘区”发展为“中心区”。这必然对美国主导的世界体系构成挑战，并引发世界体系的剧烈变革。面对这种不可避免的局面，中国既要坚定不移地回应美国可能的打压，又要坚定不移地推动公平合理的世界新秩序的构建。

三、新发展理念：推动科技创新和产业升级

在 2015 年 10 月召开的中共十八届五中全会第二次会议上，为了解决发展的思路、方向和着力点的问题，中央首次提出了“创新、协调、绿色、开放、共享”的新发展理念。当时提出新发展理念是针对我国发展过程中存在的不平衡、不全面、不可持续的问题提出来的，然而，自 2015 年以来，中国经济社会出现了结构性变化。

一是在 2015 年前后，我国经济发展迎来“刘易斯拐点”，人口红利正在迅速消失，在此背景下维持经济较快增长，就必须转变生产方式，通过创新（特别是技术创新）来加快产业升级步伐、提高企业生产效率、增强产业竞争力。二是我国进入工业化中期发展阶段，这一阶段是城市化快速发展阶段，基础设施建设的相关领域快速发展，对资源开发和利用产生巨大压力，环境问题尤为严重。三是工业化发展中后期也是社会矛盾尖锐、冲突多发的转型关键期，采取积极措施，主动消除经济社会发展中的各种矛盾和风险，这是消除“中等收入陷阱”，持续推进工业化、城市化进程的必然选择。四是工业化中后期的主导产业还有资本密集、规模经济效应显著的

特征。这一方面带来了资本扩张的强势地位，拉大了收入差距和城乡差距；另一方面带来社会生产能力的极大提高，使产能过剩的问题更加严重。在这种背景下，积极推动发展成果共享成为中国特色社会主义的必然要求。[1]

新发展理念是为了解决五年前发展所面临的问题提出来的，因此关键不仅在于理论的“新”，而且在于如何在实践中“贯彻”。在新发展理念的指引下，“十三五”期间我国经济社会保持了较快的发展势头，新发展理念已经转化为了我国经济社会发展的有益经验，但许多问题依然没有解决，核心问题就在于过去中国经济政策单纯着眼于国际大循环的格局，从而以供给侧改革为轴心，采取“去产能”的措施，人为地调低了经济发展的速度，而中国经济的停滞必然导致中国内部的“内卷”，内部社会矛盾由此上升。因此，要贯彻新发展理念就必须推动形成新的发展格局，而在新的发展格局中，必须通过科技产业创新来推动经济的高速发展。

如果我们比较中央关于《十三五规划建议》和《十四五规划建议》，就会发现《十三五规划建议》中，“创新、协调、绿色、开放、共享”五大发展理念分别布局，统领全篇；然而在《十四五规划建议》中，不再分别布局五大发展理念，而是将其内涵融入每一个具体的重要任务中，如经络串联起各章节的枝枝叶叶，推动新发展理念在更深更广层面落深落细落实。在《十四五规划建议》十二项具体重要任务中，第一项就是“坚持创新驱动发展，全面塑造发展新优势”，尤其针对近年来西方发达国家对中国的科技封锁，提出要“把科技自立自强作为国家发展的战略支撑”，运用新型举国体制的优势，加快建设科技强国。紧随其后的重大任务就是“加快发展

1　张俊伟：《牢牢把握“新发展阶段、新发展理念、新发展格局”的内涵》，《中国发展观察》2020年第24期。

现代产业体系，推动经济体系优化升级”，强调要“坚持把发展经济着力点放在实体经济上”，从而“推进产业基础高级化、产业链现代化，提高经济质量、效益和核心竞争力”。这里尤其要强调的就是“加快”两个字，即面对美国全球打压的态势，不是自觉地压缩经济发展规模、调低经济发展速度，而是知难而上，加快产业体系的升级换代，甚至在经济发展总量上超过美国。这样的发展思路就必须不能简单地只依赖出口外贸型的国际经济循环，而要以国内经济整体崛起的内循环为主体，国内国际双循环相互促进。

四、构建新发展格局：以国内循环推动国内国际双循环

2020 年 4 月 10 日，习近平总书记在中央财经委员会第七次会议上的讲话中提出：“国内循环越顺畅，越能形成对全球资源要素的引力场，越有利于构建以国内大循环为主体、国内国际双循环相互促进的新发展格局，越有利于形成参与国际竞争和合作新优势。”[1] 这是党的领导人首次在公开场合提到“新发展格局”。

“新发展格局”的提出是为了回应我国发展阶段、环境、条件出现的新变化。改革开放之前，我国经济以国内循环为主，较为封闭。改革开放以后，我国经济逐步融入国际循环。2001 年是一个转折点，加入世贸组织后，我国积极参与国际大循环，有力地带动了国内经济发展。2001 年到 2008 年，我国的外贸进出口年均增长 21%，经济年均增长 10.7%。2008 年国际金融危机的发生也是一个转折点，此后我国经济逐步转向以国内大循环为主体，中国经济再平衡取得了显著进展。与此同时，随着全球政治经济环境变化，逆全球化趋势加剧，单

1 该篇讲话随后以《国家中长期经济社会发展战略若干重大问题》为题发表在《求是》2020 年第 21 期上。

边主义、保护主义、霸权行径上升，在这种情况下，市场、资源“两头在外”的发展模式将很难维系，必须把发展立足点放在国内，更多依靠国内市场实现经济发展，这样才不至于出现发展“受制于人”的局面。而如果单纯以外部循环作为目标，那就必须单方面压缩经济发展规模和发展速度。

这种外向型的国际循环推动国内每个产业都与西方产业链接轨，从而让中国产业发展在“条条”的思路上与西方的产业形成分工，但这样的结果很容易导致西方在其主导的产业链分工上锁定中国的产业发展，中国科技产业发展需要依赖西方科技产业的进步。与此同时，中国产业内部未能形成相互支撑的有效分工，以致中国虽然有完整的产业链，但是这个产业链未能形成国内本土“块块”上的循环和促进，而在中美贸易战中最直接地暴露出了中国科技产业链的脆弱性。

然而，我国拥有14亿人口，人均国内生产总值已突破1万美元，是全球最大和最有潜力的消费市场，具有巨大的增长空间，那就意味着不需要压缩经济发展规模和发展速度，只需要将国内循环做大做强，这无疑会推动经济快速发展。由此，推动国内经济循环就成为新的发展重点。这不仅让中国有足够的实力来回应外部的挑战，更让中国能够以更大的力量来推动国际循环，推动全球化继续向前发展。因此，《十四五规划建议》在提出科技创新和加快产业升级这两个任务之后，紧随其后的就是强调要“形成强大国内市场，构建新发展格局”，明确提出要“把实施扩大内需战略同深化供给侧结构性改革有机结合起来”。换句话说，所谓的“供给侧改革”就不再是面对国际需求下降而压缩供给，而是为了实现扩大内需，针对中国国内庞大的市场来调整供给结构，从而形成国内产业链之间的配套和全面提升，这就是《十四五规划建议》提出的“畅通国内大循环”，即本土“块块”层面的相互分工体系。为了实现这个战略目标，《十四五规划建议》明确提出“优先发展农业农村，全面推进乡村振兴”和“优化国土空间布局，推进区域协调发展和新型城镇化”这两大任务，而这两项任务无疑是全力推动国内大循环的重大配套举措。只有在国内形成良性循环的基础上，才能将国际循环推向一个新的发展水平。

第二节

新时代、新理论和新法治

2020 年 11 月 16 日至 17 日，中央全面依法治国工作会议在北京召开。这次会议最重要的成果就是明确提出了“习近平法治思想”，并将其确立为全面依法治国工作的指导思想。会议强调，习近平法治思想深刻回答了新时代为什么实行全面依法治国、怎样实行全面依法治国等一系列重大问题，是顺应实现中华民族伟大复兴时代要求应运而生的重大理论创新成果，是马克思主义法治理论中国化最新成果，是习近平新时代中国特色社会主义思想的重要组成部分，是全面依法治国的根本遵循和行动指南。[1] 然而，如果我们要从理论上真正理解和把握习近平法治思想的精髓，就必须以一种大历史观来理解中国发展道路的选择，习近平法治思想是对中国特色社会主义道路下开展中国特色社会主义法治实践的理论阐述和观念升华，并反过来指导中国的法治实践。

一、法治与国家治理现代化：习近平法治思想的时代背景

人类历史经历了从传统迈向现代的进程，而这个历史进程也往

1 《习近平在中央全面依法治国工作会议上强调：坚定不移走中国特色社会主义法治道路，为全面建设社会主义现代化国家提供有力法治保障》，新华网，2020 年 11 月 17 日。

往被称为现代化进程。由于西方率先实现了现代化转型，中国作为一个后发达国家在迈向现代化的进程中，必然遭遇传统与现代、西方与中国之间的冲突。因此，从鸦片战争以来，近代中国的历史既是一部中国人民英勇地反抗西方殖民主义和帝国主义侵略和压迫从而探索民族独立和人民解放的历史，也是一部中国人民革除传统封建制度、不断探索迈向现代化发展道路的历史。在这痛苦而漫长的历史中，中国人民终于在中国共产党的领导下凝聚起了人民的力量，从而找到自己的发展道路，那就是社会主义道路。

新中国成立后，以毛泽东为核心的党中央明确提出了到 20 世纪末实现“四个现代化”的宏伟目标。新中国成立后 30 年的社会主义建设实践探索，虽然经历了曲折，但也取得了巨大成就，最核心的就是建立起独立的、比较完整的工业体系和国民经济体系，为经济独立自主、持续发展奠定了牢固的物质基础和技术基础。改革开放之后，以邓小平为核心的党中央在和平与发展成为时代主题的历史条件下，提出建设中国特色社会主义的战略目标，将实现“四个现代化”目标发展成为建设“富强、民主、文明”的社会主义现代化建设目标。中国经济飞速发展，人民生活水平显著提高，创造了中国经济腾飞的历史奇迹。

可以说，随着改革开放后经济的发展，中国社会正在经历着巨大的社会变革，在短短的几十年间，中国从一个传统的小农社会迈向一个工商业社会，甚至快速步入互联网、人工智能的信息社会，中国从一个熟人社会迈向一个大规模城市化带来的陌生人社会，中国从一个相对封闭、文化单一的社会迈向一个向全球开放而形成文化观念多元的社会。中国社会秩序的巨变也引发全球秩序的巨变，中国崛起必然会挑战西方主导的全球秩序。可以说，中国正在经历着百年未有之大变局。如此巨大的变局必然引发国家治理的难题，中国共产党必须面对新的历史形势，经受新的历史挑战，并提供新的思想和理论来为中国的未来发展指明方向，指明道路。习近平新时代中国特色社会主义思想就是以习近平同志为核心的党中央面对新的历史时代的挑战，提供的一整套回答上述问题的系统思想和理论阐释。在这些思想中，最重要的就是2013年中共十八届三中全会通过的《关于全面深化改革若干重大问题的决定》，明确将“完善和发展中国特色社会主义制度，推进国家治理体系和治理能力现代化”作为全面深化改革的总目标，2014年中国共产党十八届四中全会通过的《关于全面推进依法治国若干重大问题的决定》明确提出全面推进中国特色社会主义法治建设。

“国家治理体系和治理能力现代化”是继“四个现代化”后的“第五化”，它表明中国共产党遵循着历史唯物主义的路径，达到了现代化的最高层次。历史唯物主义把社会形态解构为经济基础（与生产力的物质基础密切联系）、上层建筑（离不开相应的意识形态）这两个主要方面，“四化”主要从生产力和物质基础的层面探索现代化；“第五化”强调国家治理体系和治理能力问题，主要从上层建筑和思想文化意识形态的层面探索现代化。[1]因此，“国家治理现代化”从根本上回答了两个问题。

其一就是中国发展的道路和制度选择问题，即中国的改革开放绝不会走“改旗易帜”的邪路，不会在经济现代化条件下走向西方资本主义的道路，不会采取西方政治体制和文化价值，中国现代化道路必须坚定不移地走中国特色社会主义道路，而中国共产党的领导就是中国特色社会主义的本质特征。可以说，先有中国特色社会主义道路和中国特色社会主义制度，然后才有中国特色社会主义法治。发展道路和制度模式决定了法治模式。在这个意义上，中国法治发展的争论归根到底是道路选择和制度模式的争论。中国近代以来的法治建设历程始终贯穿着这两条道路、两条法治建设思路的分歧和斗争。在改革

1　许耀桐：《应提“国家治理现代化”》，中国共产党新闻网，2021年2月19日。

开放之后，我们提出了依法治国战略，加快了法治建设的步伐，但法治道路的目标定位始终存在着分歧。面对这个法治道路选择的根本问题，习近平特别指出："全面推进依法治国，必须走对路。如果路走错了，南辕北辙了，那再提什么要求和举措也都没有意义了。"为此，他明确提出中国法治建设必须走中国特色社会主义法治道路这个重要思想。他从马克思主义法理学关于政治和法律关系的一般原理出发，强调："每一种法治形态背后都有一套政治理论，每一种法治模式当中都有一种政治逻辑，每一条法治道路底下都有一种政治立场。我们要坚持的中国特色社会主义法治道路，本质上是中国特色社会主义道路在法治领域的具体体现。"

其二，中国特色社会主义道路绝不能走"僵化封闭"的老路，而必须适应市场经济和互联网时代的社会变革所带来的新变化，在这个基础上推进国家治理现代化，其中最核心的就是法治，即将国家治理现代化建立在法治的轨道上。可以说，法治是实现国家治理现代化的必然要求。在现代国家，法治是国家治理的基石，是国家治理现代化的重要标志，国家治理法治化是国家治理现代化的必由之路。[1]法治是作为治理主体的人民运用预定的、稳定的、具有共识的制度和规则来引导、约束和规范百姓行为，促使其服从和接受其政策方针的治理方式。相比人治而言，法治建立于制度权威而非个人权威的基础上，因而更具稳定性和持久性，并且旨在创造治理者与被治理者之间的平等型社会关系，是现代社会最为有效的天下归心方式。[2]习近平明确指出："综观世界近现代史，凡是顺利实现现代化的国家，没有一个不是较好解决了法治和人治问题的。相反，一些国家虽然也一度实现快速发展，但并没有顺利迈进现代化的门槛，而是陷入这样或那

1 张文显：《法治与国家治理现代化》，《中国法学》2014 年第 4 期。

2 韩春晖：《人治与法治的历史碰撞与时代抉择》，《国家行政学院学报》2015 年第 3 期。

样的‘陷阱’，出现经济社会发展停滞甚至倒退的局面。后一种情况很大程度上与法治不彰有关。”[1] 法治兴则国家兴，法治衰则国家乱，治国理政须臾离不开法治，法治化既是现代化的应有之义，也是现代化的必由之路。

基于此，习近平明确提出了“全面依法治国”的概念，将“全面依法治国”纳入“四个全面”战略布局，科学阐释了全面依法治国的战略地位和重大意义。习近平指出，中国特色社会主义进入新时代，我国社会主要矛盾发生深刻变化，经济发展和国民财富不断积累，信息化、智能化和大数据时代到来，人民对美好生活的需求越来越广泛，对人身权、财产权、环境权、发展权、参与权等各项权利的享有和保护越来越迫切，对党和国家厉行法治的渴望越来越显著。这就要求“把依法治国摆在更加突出的位置，把党和国家工作纳入法治化轨道，坚持在法治轨道上统筹社会力量、平衡社会利益、调节社会关系、规范社会行为，依靠法治解决各种社会矛盾和问题，确保我国社会在深刻变革中既生机勃勃又井然有序”。[2] 中共十八大以来，习近平多次指出，全面推进依法治国是一个系统工程，是国家治理领域一场广泛而深刻的革命。全面依法治国将彻底实现从封建制到民主制、从人治到法治的革命性转型，完成新民主主义革命和社会主义革命应当完成而没有彻底完成的历史任务，彻底改变国家治理模式。[3]

二、习近平法治思想的核心要义

习近平法治思想全面而细致地论述了全面依法治国的政治方向、

1 中共中央文献研究室编：《习近平关于全面依法治国论述摘编》，中央文献出版社 2015 年版。

2 中共中央宣传部：《习近平总书记系列重要讲话读本（2016 年版）》，学习出版社、人民出版社 2016 年版，第 87 页。

3 张文显：《习近平法治思想的基本精神和核心要义》，《东方法学》2021 年第 1 期。

工作布局、重点任务和重要保障。理解习近平法治思想的核心要义，关键在于把握中央提出的“十一个坚持”以及理解政治与法治、改革与法治、德治与法治、依法治国与依规治党之间的辩证关系。

（一）全面准确地理解“十一个坚持”

中央提出的“十一个坚持”实际上包括四个方面的内容。

其一，关于全面依法治国的政治方向。方向决定道路，道路决定命运。全面依法治国的政治方向问题归结起来就是由谁领导、为了谁和依靠谁以及走什么路。其中包括：

1. 坚持党对全面依法治国的领导。全面推进依法治国是一个系统性工程，必须发挥党总揽全局、协调各方、总体设计、统一布局的领导作用。党的领导是我国社会主义法治之魂，是我国法治同西方资本主义法治最大的区别。2. 坚持以人民为中心。中国特色社会主义制度保证了人民当家做主的主体地位，也保证了人民在全面推进依法治国中的主体地位，这是我国法治区别于资本主义法治的根本所在。坚持以人民为中心就要区别于毛泽东时代的以阶级斗争为中心和邓小平时代的以经济建设为中心，依法保障人民权益，积极回应人民群众的新要求、新期待，系统研究、谋划和解决法治领域人民群众反映强烈的突出问题，不断增强人民群众的获得感、幸福感、安全感，用法治保障人民安居乐业。3. 坚持中国特色社会主义法治道路。习近平指出：“走什么样的法治道路、建设什么样的法治体系，是由一个国家的基本国情决定的。”坚持从我国实际出发，不等于关起门来搞法治。我们要学习借鉴世界上优秀的法治文明成果，但绝不能照搬别国模式和做法，绝不能走西方“宪政”“三权鼎立”“司法独立”的路子。4. 坚持依宪治国、依宪执政。宪法的生命在于实施，宪法的权威也在于实施。党领导人民制定宪法法律，领导人民实施宪法法律，党自身要在宪法法律范围内活动。

其二，关于全面依法治国的总体布局。习近平法治思想深刻回答了全面依法治国如何谋篇布局的问题，具有战略性、统领性、全局性。包括：

5. 坚持在法治轨道上推进国家治理体系和治理能力现代化。现代法治为国家治理注入良法的秩序、公正、人权、效率、和谐等基本价值，提供了善治的创新机制。国家治理现代化突出表现为“实现党、国家、社会各项事务治理制度化、规范化、程序化，不断提高运用中国特色社会主义制度有效治理国家的能力”。[1] 6. 坚持建设中国特色社会主义法治体系。要加快形成完备的法律规范体系、高效的法治实施体系、严密的法治监督体系、有力的法治保障体系，形成完善的党内法规体系。同时要坚持依法治国与以德治国相结合，实现法治和德治相辅相成、相得益彰。这标志着中国法治走向了一条涵盖党规党法、国家法律和法规以及社会性规范和道德习惯法在内的多元一体的法治模式：党规和国法处于核心地位，其中党章和宪法共同奠定了中国特色社会主义法治的宪制基础。[2] 7. 坚持依法治国、依法执政、依法行政共同推进，法治国家、法治政府、法治社会一体建设。这里的关键是“共同推进”和“一体建设”。依法治国、依法执政、依法行政是一个有机整体，关键在于党要坚持依法执政、各级政府要坚持依法行政。

其三，关于全面依法治国的重点任务。全面依法治国的工作布局确立了全面依法治国总体性、长期性的工作规划，要实现这一工作布局，就不能不抓住当前和今后一个时期全面依法治国的重点任务。包括：

---

1 张文显：《习近平法治思想的基本精神和核心要义》，《东方法学》2021 年第 1 期。

2 强世功：《立足中国大地　建构中国法治——习近平法治思想的时代意义》，《北京大学校报》2021 年 1 月 21 日。

8. 坚持全面推进科学立法、严格执法、公正司法、全民守法。科学立法的核心在于尊重和体现客观规律，民主立法的核心在于为了人民、依靠人民。严格执法是把纸面上的法律变为现实生活中活的法律的关键环节。公正是司法的灵魂和生命，要努力让人民群众在每一个司法案件中都感受到公平正义。全民守法是全面依法治国的长期基础性工作，要加强法治宣传教育，要通过保障人民权益来维护法律权威，促进全民守法。[1] 9. 坚持统筹推进国内法治和涉外法治。要加快涉外法治工作战略布局，协调推进国内治理和国际治理，更好维护国家主权、安全、发展利益。要推动全球治理变革，推动构建人类命运共同体。

其四，关于全面依法治国的重要保障。习近平法治思想深刻回答了全面依法治国需要什么保障的问题，科学地指明了全面依法治国的人才支撑和“关键少数”，从而在学理上突破西方法理学中将人治与法治对立起来的形而上学思维方式，将法治的优越性与法治和人治的积极性辩证地结合起来。包括：

10. 坚持建设德才兼备的高素质法治工作队伍。要加快推进法治专门队伍的革命化、正规化、专业化、职业化建设，加强理想信念教育，做到忠于党、忠于国家、忠于人民、忠于法律。要加强法律服务队伍建设，教育引导法律服务工作者坚持正确政治方向，依法依规诚信执业，认真履行社会责任。11. 坚持抓住领导干部这个“关键少数”。必须引导领导干部做尊法学法守法用法的模范。必须推动领导干部提高运用法治思维和法治方式治国理政的能力，习近平提出四点要求，即守法律、重程序，法定职责必须为、法无授权不可为，保护人民权益，行使权力受监督。[2]

1　卓泽渊：《习近平法治思想要义的法理解读》，《中国法学》2021 年第 1 期。

2　卓泽渊：《习近平法治思想要义的法理解读》，《中国法学》2021 年第 1 期。

（二）辩证地看待全面依法治国

要准确理解习近平法治思想，必须把握马克思主义的系统思维和辩证逻辑，把法治放在与经济社会的各项关系中来把握，通过法治手段来治国理政，实现国家治理现代化。

其一，政治和法治的关系。习近平指出，法治当中有政治，没有脱离政治的法治；每一种法治形态背后都有一套政治理论，每一种法治模式当中都有一种政治逻辑，每一条法治道路底下都有一种政治立场。[1] 现代政治是政党政治，国家政权掌握在执政党手中，执政党的基本理论、基本路线、基本政策深刻影响着法律制度、法治体系及其运行，因此，政治和法治的关系集中反映为执政党与法治的关系。习近平以敏锐的洞察力，旗帜鲜明地指出党与法的关系不能归结为"党大还是法大"这个似是而非的问题。"'党大还是法大'是一个政治陷阱，是一个伪命题。"[2]"社会主义法治必须坚持党的领导，党的领导必须依靠社会主义法治"，是习近平对党法关系的科学论述：一方面，社会主义法治必须坚持党的领导，充分发挥党总揽全局、协调各方的领导核心作用；另一方面，党的领导必须依靠社会主义法治，法治有利于巩固党的执政地位、完成党的执政使命、改善党的执政方式、提高党的执政能力。[3]

其二，改革和法治的关系。改革和法治的关系是相辅相成的，集中体现为在法治下推进改革、在改革中完善法治。一方面，要运用法治思维和法治方式深化改革，确保重大改革于法有据，做到在法治的轨道上推进改革；另一方面，法律不能成为改革的绊马索，要把法

1　习近平：《在省部级主要领导干部学习贯彻党的十八届四中全会精神全面推进依法治国专题研讨班上的讲话》（2015 年 2 月 2 日），见中共中央文献研究室主编：《习近平关于全面依法治国论述摘编》，中央文献出版社 2015 年版，第 34 页。

2　同上。

3　张文显：《习近平法治思想的基本精神和核心要义》，《东方法学》2021 年第 1 期。

治改革纳入全面深化改革的总体部署，立法要主动适应改革的要求，加强重点领域、新兴领域、涉外领域立法，及时修改和废止不适应改革开放要求的法律，完善中国特色社会主义法治体系。[1]

其三，以德治国和依法治国的关系。德治与法治的关系问题历来是政治学、法学的基本问题，是经国序民、治国理政的焦点问题。习近平在一系列讲话和文章中深刻论述了法律和道德、法治和德治的辩证关系，他指出："法律是成文的道德，道德是内心的法律。法律和道德都具有规范社会行为、调节社会关系、维护社会秩序的作用，在国家治理中都有其地位和功能。法安天下，德润人心。法律有效实施有赖于道德支持，道德践行也离不开法律约束。"[2] 我国历史上历来就有德刑相辅、儒法并用的思想。法是他律，德是自律，需要二者并用。如果人人都能自觉进行道德约束，违法的事情就会大大减少，遵守法律也就会有深厚的基础。[3]

其四，依规治党和依法治国的关系。国家法律和党内法规同属于中国特色社会主义法治体系，同属于国家治理体系，治党与治国相辅相成、缺一不可。依规治党是依法治国的必然要求和重要前提。治国必先治党。中国共产党是国家和社会的领导党，也是执掌国家政权的执政党，要履行好执政兴国的重大职责，必须依据党章从严治党、依据宪法治国理政。坚持依规治党和依法治国有机统一：首先，要注重党内法规同国家法律的衔接和协调；其次，要统筹推进依法治国和依规治党。中国共产党能不能履行好执政兴国的重大历史使命，关键一条就是能不能做到依法治国和依规治党有机统一、同向发力。[4]

---

1 张文显：《习近平法治思想的基本精神和核心要义》，《东方法学》2021 年第 1 期。

2 习近平：《加快建设社会主义法治国家》，《求是》2015 年第 1 期。

3 张文显：《习近平法治思想研究（上）——习近平法治思想的鲜明特征》，《法制与社会发展》2016 年第 2 期。

4 张文显：《习近平法治思想的基本精神和核心要义》，《东方法学》2021 年第 1 期。

三、习近平法治思想的历史意义

习近平法治思想是马克思主义法学理论中国化的最新成果，是中华民族伟大复兴的时代精神在法学领域中的理论表达。它既是对中国特色社会主义法治实践的理论升华，又是对中国特色社会主义法治未来发展的思想指南。习近平法治思想具有深远的哲学思考、丰富的理论内涵和科学的结构体系，而贯穿其始终的一条主线则是如何扎根中国大地，探索构建中国特色社会主义法治。习近平法治思想的最大贡献就在于旗帜鲜明地主张“党的领导是中国特色社会主义最本质的特征，是社会主义法治最根本的保证。坚持中国特色社会主义法治道路，最根本的是坚持中国共产党的领导”。由此，将“党的领导”上升为中国特色社会主义法治的首要原则，从而实现了党的领导、人民当家做主和依法治国的有机统一。

中国法治建设不仅要立足于建设中国特色社会主义这个伟大的历史实践，而且要立足于推动中华民族的伟大复兴，推动中华文明传统的“创造性转化”，推动中华文明从传统文明向现代文明转型，从而将现代法治与古典传统融合在一起，实现党和国家的长治久安。正如习近平所言：“全面推进依法治国，是着眼于实现中华民族伟大复兴中国梦、实现党和国家长治久安的长远考虑。”要实现“全面建成小康社会、实现中华民族伟大复兴的中国梦，全面深化改革、完善和发展中国特色社会主义制度，就必须在全面推进依法治国上做出总体部署，采取切实措施、迈出坚实步伐”。可见，中国梦中也包含着法治梦，建设中国特色社会主义法治的最终政治目的就是实现党和国家长治久安、实现中华民族伟大复兴的中国梦。

就实现党和国家长治久安而言，当年毛泽东在延安著名的“窑洞对话”中，面对中国历史王朝兴衰的“周期率”问题给出了破解答案，那就是“民主”，实现人民当家做主。而今天，同样面对党和国家长治久安的历史性难题，习近平在新的历史条件下给出了新的破解答案，那就是“法治”，实现全面依法治国。在这方面苏联破坏民主法治，导致权力不受约束，无疑是一面重要的历史镜子。正是在总结历史兴衰的经验教训基础上，习近平将法治上升到“驾驭人类自身”的哲学高度，将法治看作人类实现自我治理的重要途径，反复强调要“把权力关进制度的笼子里”。为此他特别指出：“法治的精髓和要旨对于各国国家治理和社会治理具有普遍意义，我们要学习借鉴世界上优秀的法治文明成果。”

就文明复兴而言，法治在文明秩序的构建中扮演着重要的角色。一方面，文明的核心价值贯穿于整个法治秩序，为法治秩序奠定了正当性和规范性基础；另一方面，法治秩序必须要体现这种核心价值，并借助法律的强制力来捍卫和弘扬这种核心价值。因此，法治秩序渗透在整个文明秩序中，每一个文明秩序必然要形成自己独特的法治秩序，这就是我们经常所说的“法系”。不同的文明秩序也自然形成具有自身文明特征的法系。法系一方面是文明秩序的反映，另一方面又是构建文明秩序的重要力量。

中国是一个拥有辉煌文明传统的世界性大国。中国法治建设不可能简单照搬照抄西方的法治秩序，成为西方法系的一部分，而必须融入自己的文明传统中，探寻与自己的文明秩序相匹配的法治秩序。要实现中华民族伟大复兴的中国梦，中国法治建设就必须在中国法治文明的历史基础上创建新的法治文明。正如习近平所言：“我国古代法制蕴含着十分丰富的智慧和资源，中华法系在世界几大法系中独树一帜。要注意研究我国古代法制传统和成败得失，挖掘和传承中华法律文化精华，汲取营养、择善而用。”因此，接续传承传统中华法治文明，在现代法治的基础上实现中华法系的“创造性转化”理应成为中国法治建设的历史使命。[1]

1　强世功：《立足中国大地　建构中国法治——习近平法治思想的时代意义》，《北京大学校报》2021年1月21日。

第三节

《民法典》：民权保障新时代

2020 年 5 月，第十三届全国人民代表大会第三次会议表决通过《中华人民共和国民法典》（以下简称《民法典》）。这是新中国成立以来第一部以“法典”命名的法律。它作为中国特色社会主义法律体系这座“大厦”的重要支柱，具有中国特色，体现时代特点，反映人民意愿，是一部固根本、稳预期、利长远的基础性法律。

一、《民法典》出台的历史背景和过程

新中国成立以来，民法典的编纂一直受到党和国家的高度重视，从 20 世纪 50 年代开始，我国就已经在尝试编纂一部将民事领域各个单行法统一在一个体系内的民法典，曾于 1954 年、1962 年、1979 年和 2001 年先后四次启动制定工作，但均受制于社会转型和理论准备不足等多种原因，没有能够形成一部真正意义上的民法典。

从历史经验来看，民法典的编纂与社会变革之间具有相互促进、相辅相成的关系。大陆法系国家有代表性的民法典大都是在社会急剧变动时期颁布和施行的。1804 年的法国民法典第一次确立了自由资本主义精神，同时也奠定了大陆法系的重要基石。1896 年的德国民法典正是在从自由资本主义向垄断资本主义转型的时期制定，以合同和所有权为中心，以私法自治为基本理念，其颁行充分动员了

社会经济资源，促进了德国工业化的进一步发展，使德国成为欧洲的工业强国。可以说，法典是社会变革的工具，更是巩固改革成果的工具。

我国的民事立法贯穿于改革开放的进程之中，改革的不断深化与发展为民事立法的发展奠定了基础、创造了条件，加速了我国民事立法的完善。自 1986 年为适应改革开放需要立法机关颁行了《民法通则》以来，中共十四大明确提出我国经济体制改革的目标是建立社会主义市场经济体制，立法机关展开了大规模的民事立法，先后颁行了《担保法》《公司法》《城市房地产管理法》《保险法》《票据法》《合伙企业法》《合同法》等市场经济领域的法律，构建了市场经济法律体制。为适应加入世界贸易组织的需要，2007 年制定的《物权法》确立了平等保护原则，构建了产权制度的基本框架，为我国市场经济的深入发展奠定了制度基础。不同历史时期颁行的不同民事法律，虽然反映了不同时期的具体社会需要，但缺乏统一设计，缺乏一致性。因此，需要通过编纂一部民法典加以整合，构建科学合理的、富有逻辑性和内在一致性的法律体系，对于不同部分的价值导向进行整体性的梳理与统一。

中共十八大以来，以习近平同志为核心的党中央把全面依法治国摆在突出位置，把形成完备的法律规范体系作为建设中国特色社会主义法治体系的首要任务，推动党和国家事业发生了历史性变革、取得了历史性成就，中国特色社会主义进入新时代。可以说，随着市场经济的繁荣发展、法治建设的实践积淀与以人民为中心发展思想的坚持落实，编纂民法典的条件日臻成熟。顺应实践发展要求和人民群众期待，2014 年 10 月 23 日，中共十八届四中全会审议通过《中共中央关于全面推进依法治国若干重大问题的决定》，明确提出了“加强市场法律制度建设，编纂民法典”的目标，标志着第五次民法典编纂工作正式启动。

编纂民法典不是制定全新的民事法律，也不是简单的法律汇编，而是一项复杂的系统工程，是对国家以往所有立法、执法、司法、守法实践的重新整理，是我国法治建设对时代命题的全面回应。在民法典编纂过程中，坚持党领导立法，科学、民主、依法立法，为民法典编纂工作提供了正确的政治方向和价值导向，确保了民法典具有先进性、科学性、民主性、合宪性的法理品质。民法典的编纂自始至终坚持党的领导，2016 年 6 月、2018 年 8 月、2019 年 12 月，习近平总书记三次主持中央政治局常委会会议，听取并原则同意全国人大常委会党组就民法典编纂工作所做的请示汇报，对民法典编纂工作做出重要指示，为民法典编纂工作提供了重要指导和基本遵循。立法机关需要向党的最高领导层请示工作，体现出国家立法机关在党的领导下进行民法典的编纂工作，这能确保立法工作不偏离党的意志，不偏离人民的意愿，体现党领导立法的显著优势。

自决定编纂民法典以来，根据当时学术界的意见，主要有两个编纂思路。以孙宪忠教授为代表的学者主张“两步走”，即第一步制定民法总则，第二步编纂民法典；以王利明教授为代表的学者主张“三步走”，即第一步制定民法总则，第二步制定人格权法，第三步编纂民法典。最终，第十二届全国人民代表大会常务委员会明确了“两步走”的编纂思路。2017 年 3 月 15 日，《民法总则》经第十二届全国人民代表大会第五次会议审议通过并公布，完成了民法典编纂的第一步；在此基础上，全国人大常委会法工委与最高人民法院、最高人民检察院、司法部、中国社会科学院、中国法学会五家民法典编纂工作参加单位紧锣密鼓地全力推进民法典各分编的编纂工作。在民法典制定过程中，许多民法学者从我国实际情况出发，在借鉴比较法经验的基础上，总结我国的立法和司法实践经验，通过向立法机关提交学者建议稿、草案修改意见以及重大疑难问题的论证报告等方式，对民法典的编纂提出了建设性意见和建议以及各种切实可行的规则设计方案，为民法典编纂规则设计提供了合理的选择，也提高了法典的科学性和可操作性。[1] 可以说，民法典的编纂得益于专家学者的建言献策，也实际推进了民法学理论体系的发展。

2016 年 6 月，《民法总则（草案）》提请全国人大常委会审议；2019 年 12 月，《民法典（草案）》首次合体亮相。这期间《民法典（草案）》共 10 次提请全国人大常委会进行审议，累计收到约 42.5 万人提出的约 102 万条意见和建议。每次审议修改都聚焦立法中的难点和热点问题，广泛听取各方面意见建议，充分保障公民建言献策、表达主张的民主参与权利。2020 年 5 月 28 日，《中华人民共和国民法典》由第十三届全国人民代表大会第三次会议通过，宣告民法典编纂任务圆满完成。

二、《民法典》的重要内容及争议焦点

孟德斯鸠说过："在民法的慈母般的眼里，每个个人就是整个国家。"[2] 中国特色社会主义法治建设的根本目的是保障人民权益。改革开放以来，我国民事法律制度逐步得到完善和发展，公民的民事权利也得到越来越充分的保护。

《民法典》全篇 7 编（加"附则"），共 84 章 1 260 条。其中，第一编总则是对民法基本原则、主体制度、权利制度和法律行为制度的总括性规定，是整个民法制度的共同基本制度，共计 204 条；除总则外包括 6 编，第二编至第七编依次是物权、合同、人格权、婚姻家庭、继承、侵权责任，共 1 056 条，总计 12 万多字，涉及日常生活的方方面面。《民法典》以确认基本权利开始，以侵权保护（救济）

1　王利明：《民法典编纂与中国民法学体系的发展》，《法学家》2019 年第 3 期。

2　孟德斯鸠：《论法的精神》（下册），张雁深译，商务印书馆 1997 年版，第 190 页。

结尾，立足中国实际，在借鉴两大法系经验的基础上，构建了体现时代精神、反映人民意愿的体例和制度，注重回应社会现实需求和体现时代发展特色，做出了不少创新和贡献，在许多方面令人瞩目。

（一）构建了以人民为中心、以权利为本位的完整权利体系

《民法典》超越了传统民法典以财产权为中心的编纂思路，专门设立独立的人格权编，以对生命权、身体权、健康权等民事权利做出明确规范，将公民的宪法基本权利以民事规范形式有效落到了实处，进一步深化了体现国家意志的法律对人格尊严的重视、确认和保护，对坚持以人民为中心的发展思想、依法维护人民权益、推动我国人权事业发展具有重大意义。

“权利”二字是贯穿《民法典》始终的一条主线。古典民法典体系以财产关系为中心，其所规定的人的制度都是从“主体”的角度而言，着眼点在于解决主体参与法律关系的资格与能力，并没有肯定人格权的独立地位，在价值上对人的地位重视不够。[1]我国《民法典》第二条规定：“民法调整平等主体的自然人、法人和非法人组织之间的人身关系和财产关系。”人格权是民事主体的核心权利，是实现财产权的前提。我国《民法典》将人身关系置于财产关系之前，将人格权独立成编，明确了民法作为“人法”的本质，有助于改变传统民法“重物轻人”的体系缺陷。

其实，自然人的人身自由和人格尊严首先是由宪法规定的权利。《中华人民共和国宪法》第三十三条确认了国家尊重和保障人权的基本原则，第三十八条也确认了人格尊严不受侵犯的基本原则。那么为何又需要通过民事法律进行保护呢？对照境外经验，人格权的保护一般有两种范式：一是通过宪法保护，二是通过侵权责任法保护。由法

1　陈华彬：《中国制定民法典的若干问题》，《法律科学（西北政法学院学报）》2003 年第 5 期。

官援引宪法的相关原则和规则对人格权进行保护是许多国家通行的做法。如德国提出“基本权利对第三人的效力”理论，主张宪法也可以对平等的民事主体发生效力，使法官可以通过宪法来确认和保护各项人格权。我国宪法无法直接在司法裁判中适用，由全国人大常委会行使解释宪法的权力，无法效仿境外经验，宪法规定的包括保障人权、保护人格尊严在内的基本原则和精神需要转化为民事法律才能落地，通过由法官援引人格权的相关规定的方式，最终实现宪法原则的具体化，使之真正得到落实。[1] 因此，《民法典》第一百零九条规定：“自然人的人身自由、人格尊严受法律保护。”将人身自由、人格尊严通过民法规定下来，与宪法对接，体现了宪法关于人格尊严和人身自由的人文主义思想，更是夯实了借助民法的侵权救济手段来实现人格权保护的制度基础。

（二）人格权制度的独立成编

《民法典》将人格权独立成编并进行科学细致的规范设计，为公民的民事权利提供了全方位保护，是人权保护制度的完善，是人权保护法治化的具体表现，体现了我国民法典在人权保护上的深入，更是世界民法典立法史上里程碑式的创举。

在民法典编纂过程中，关于人格权能否独立成编引发了民法学界的激烈争论。首先是学术问题。一是人格权与人格能否分离。以梁慧星教授为代表的反对者主张，人格与人格权具有本质联系，“作为人格权客体的自然人的生命、身体、健康、自由、姓名、肖像、名誉、隐私等，是人格的载体，因此，人格权与人格相始终，不可须臾分离，人格不消灭，人格权不消灭”[2]。以王利明教授、杨立新教授为

---

1 王利明：《〈民法典〉人格权编的立法亮点、特色与适用》，《法律适用》2020 年第 17 期。

2 梁慧星：《中国民法典编纂中的最大争论和我的态度——在四川大学法学院的讲座》，法制宣传

代表的支持者认为，人格权与人格可以分离。人格和人格权是两个完全不同的概念，人格是民事主体享有民事权利能力的资格，人格权是保证民事主体享有与物权、债权等相同类型的民事权利。

二是人格权与其他民事权利的关系问题。梁慧星教授等学者认为，人格权是存在于主体自身的权利，不是存在于人与人之间的关系上的权利。人格权就像权利能力、行为能力、出生、死亡一样，属于主体自身的事项，只有在人格权受到侵害时才涉及与他人的关系。而王利明教授、杨立新教授等学者认为，人格权法律关系本身就是绝对性法律关系。人格权构成民事权利，必然有民事义务相伴，因而构成人格权法律关系。就支配自己的人格利益而言，属于具有支配性的绝对权，当人格权受到侵害时，构成的侵权法律关系其性质属于相对性法律关系。这两个法律关系的性质不同，但都客观存在。[1]

其次是立法技术问题。人格权是在总则中规定，还是在侵权责任编中规定，抑或在分则中单独设置人格权编？以梁慧星教授为代表的反对者认为，应该在总则中“自然人”一章对人格权做一般性规定，人格权法律制度的先进性不在于规定的权利类型多少，而在于侵权法是否先进。[2] 以王利明教授为代表的支持者认为，人格权独立成编符合以“权利为中心”的民法典编纂理念，也有利于加强对人格权和人权的保护。民法调整的对象包括人身关系和财产关系，物权、债权、身份权和继承权都独立成编，人格权也应该独立成编。[3]

最终，我国立法机关采纳了将人格权独立成编的观点，也使我国成为大陆法系国家中第一个在民法典中将人格权独立成编的国家，

网，2021 年 2 月 21 日。

1 杨立新：《对民法典规定人格权法重大争论的理性思考》，《中国法律评论》2016 年第 1 期。

2 梁慧星：《民法典编纂中的重大争论——兼评全国人大常委会法工委两个民法典人格权编草案》，《甘肃政法学院学报》2018 年第 3 期。

3 王利明：《论人格权独立成编的理由》，《法学评论》2017 年第 6 期。

将我国法律对人身自由、人格尊严的保护提升到了新高度，不仅从民事法律规范的角度规定了民事主体人格权的内容、边界和保护方式，而且体现了我国成熟的立法技术，更夯实了人民当家做主的法治根基。

就人格权的内涵而言，《民法典》对法人、非法人组织人格权与自然人的人格权进行了区分，对法人和非法人组织采取了封闭性保护，而对自然人人格权益采取开放性保护。《民法典》第九百九十条规定："人格权是民事主体享有的生命权、身体权、健康权、姓名权、名称权、肖像权、名誉权、荣誉权、隐私权等权利。除前款规定的人格权外，自然人享有基于人身自由、人格尊严产生的其他人格权益。"采用概括性条款来规定人格尊严，是对人格权保护的根本目的和基本价值的宣示。该条也形成人格权益保护的兜底条款，即凡是司法实践中出现的各项新型人格利益，即使在人格权编的具体人格权中没有做出规定，也可以适用一般人格权的条款，这就使人格权益的保护保持了开放性。[1]而对于法人和非法人组织，《民法典》第一百一十条规定："法人、非法人组织享有名称权、名誉权和荣誉权。"这与《民法总则》第一百一十条所规定的"法人、非法人组织享有名称权、名誉权、荣誉权等权利"相比，少了一个"等"字，意味着对法人、非法人组织人格权的保护仅限于名称权、名誉权和荣誉权三项。

（三）回应时代需求，注重个人信息保护

中国特色社会主义进入新时代，随着我国社会主要矛盾的变化、经济发展和国民财富的不断积累、信息化和大数据时代的到来，人民群众在民主、法治、公平、正义、安全、环境等方面的要求日益增

1　王利明：《体系创新：中国民法典的特色与贡献》，《比较法研究》2020 年第 4 期。

加，希望对权利的保护更加充分、更加有效。[1]个人信息保护是数字经济的基石，如何在利用互联网的同时有效保护个人信息，应对许多互联网企业违法违规采集和过度使用个人信息的乱象，成为当下亟待解决的难题。《民法典》适应数字时代发展态势，回应了当今社会的现实需求，为数据保护提供原则性的法律依据，为司法实践有序、有预期性和系统性地进行隐私权与个人信息保护划定了重要的规范基础。

对于个人信息含义的界定，《民法典》不是对以往法律规定的简单归纳，而是为适应个人信息的新变化做了进一步拓展。其中，最重要的就是拓展到互联网、大数据的领域，包括电子邮箱、健康信息、行踪信息以及私密信息等，从而具有鲜明的时代特征。同时，《民法典》也关注到个人信息与隐私权的关系，表明了个人信息保护与隐私权保护分属于两种不同的法律制度，两者属于保护范围上的交叉关系，从而明晰了个人信息保护与隐私权保护的差别。[2]

个人信息利益的保护也并非无限扩张，《民法典》注重平衡个人信息保护与信息利用之间的关系，《民法典》第一千零三十五条、第一千零三十六条规定对互联网企业提供了更细致的规则指引。个人信息的处理包括个人信息的收集、存储、使用、加工、传输、提供、公开。保护个人信息并不意味着不能利用个人信息，为了使个人信息得到有效开发或满足社会公共利益的需要，个人信息在有些情况下可以被例外使用，但应当遵循合法、正当、必要原则，不得过度处理，其中最重要的前提是，除非例外的免责情况，须取得信息主体或其监护人的同意。

---

1 王晨：《关于〈中华人民共和国民法典（草案）〉的说明——二〇二〇年五月二十二日在第十三届全国人民代表大会第三次会议上》，《人民日报》2020 年 5 月 23 日。

2 乔榛、蔡荣：《〈民法典〉视域下的个人信息保护》，《北方法学》2021 年第 1 期。

三、《民法典》的历史意义与中国特色

民法是社会经济生活在法律上的反映，《民法典》更是一国生活方式的总结和体现。[1]在追求良法善治目标的今天，《民法典》的编纂符合中国历史发展乃至人类文明发展的一般规律，实现了增进人民福祉的政治愿景。中国特色社会主义法治道路的根本目的是保障人民权益。作为"公民权利的宣言书""社会生活的百科全书""市民社会的基本法"，《民法典》系统整合了新中国成立 70 多年来长期实践形成的民事法律规范，汲取了中华民族历史上优秀的法律文化，借鉴了人类法治文明建设的有益成果，全面回应了新时代人民对美好生活的向往。将民本观念与成熟的立法技术相融合，始终坚持实践导向，回应人民期盼，既保持了我国民法的连续性和稳定性，又适时地把党和人民在实践中取得的重大理论创新、实践创新、制度创新成果通过法律的形式确定下来。毋庸置疑，这将进一步发挥民事法律制度的引领、规范、保障等功能，有力夯实全面依法治国的社会基础和群众基础。

同时，《民法典》的颁布实施是以法治化方式推进国家治理体系现代化迈出的关键步伐，其确立的主体制度、物权制度、合同制度、侵权制度、婚姻家庭制度等都与国家治理体系密切关联，是实现国家治理体系现代化的重要载体和具体体现。作为国家治理体系现代化的制度保障、中国特色社会主义法律体系的重要组成部分，《民法典》通过全面保障民事权利，贯彻了法治所包含的"规范公权、保障私权"的价值[2]，对于推进国家治理体系和治理能力现代化具有重要意

1　王利明：《彰显时代性：中国民法典的鲜明特色》，《东方法学》2020 年第 4 期。

2　王利明：《民法典：国家治理体系现代化的保障》，《中外法学》2020 第 4 期。

义。中国法学界对《民法典》期许很高："我国民法典应当反映21世纪的时代特征。如果说1804年法国民法典是19世纪风车水磨时代的民法典的代表，1900年德国民法典是20世纪工业社会的民法典的代表，我国的民法典则应当成为21世纪民法典的代表之作。"传统上民法典是以财产主义作为基本原则的，中国的《民法典》格外重视人文关怀，最重要的体现便是人格权独立成编；21世纪的特征在于信息社会和大数据时代、高科技时代和知识经济、经济全球化、资源环境恶化、风险社会，中国《民法典》都要对此有所回应。[1]

尽管如此，我们不能忘记，这是一部镶嵌在中国特色社会主义制度中的民法典。正如习近平总书记所言，《民法典》"是一部体现我国社会主义性质、符合人民利益和愿望、顺应时代发展要求的民法典"[2]。中国宪法确认了公有制的主体地位，对社会主义公有财产采取倾向性的优位保护，这必然会影响民法典的编纂，我国《民法典》不可能仅仅是一部"市民社会基本法"。[3]中国《民法典》带有社会主义的色彩，其精神实质超越了法国民法典或者德国民法典的自由资本主义框架，不同价值之间的张力与整合也体现了中国法治建设的一大特色，以实用主义的视角将多种传统融合在一部法典之中。由此，中国的社会主义理论与实践面临"通三统"的命题，传统的孔夫子儒家传统、新中国成立之后的社会主义传统以及改革开放后逐渐形成的自由主义传统共同在中国产生影响。[4]同样，中国的正义体系中也包含着古代"中华法系"传统、清末民国时期从西方法系尤其是大陆法系移植的成文法传统和20世纪中国的革命传统。[5]因此，民法典的编纂必

---

1 参见王利明：《民法典的时代特征和编纂步骤》，《清华法学》2014年第6期。
2 参见习近平：《充分认识颁布实施民法典重大意义 依法更好保障人民合法权益》，《求是》2020年第12期。
3 参见林来梵：《关于民法典编纂的宪法学透析》，《法学研究》2016年第4期。
4 参见甘阳：《通三统》，生活·读书·新知三联书店2007年版。
5 参见黄宗智：《中国正义体系的三大传统与当前的民法典编纂》，《开放时代》2017年第6期。

然要综合这三个传统。在社会主义市场经济的宪法框架中对国有财产和私人财产采取平等保护的原则，以实现发展生产力的根本要求。

如果说中国的《民法典》有自己的特殊之处的话，恰恰不在于其 21 世纪的时间维度，而在于其国家的政治性质，即如何综合西方历史形成的社会主义与资本主义对立，构建出中国特色社会主义市场经济以及与其相适应的上层建筑。

第四节

夯实大国崛起的安全基础

“风调雨顺，国泰民安”“人命关天”“平安是福”“好人一生平安”……从这些广泛使用的日常用语中，我们可以看出“平安”实际上构成中国人重要的核心价值观之一。近代以来漫长的半殖民地历史，尤其是经历了分裂割据、外族入侵、内乱战争，使得新中国成立之后的每一代人都对国家的主权独立与安全、百姓生活富足与平安，有着强烈的向往。从某种意义上讲，社会制度本身就是给每个人，尤其是普通百姓，提供生活保障和安全的制度。从中共十九大对新中国成立以来“站起来”“富起来”“强起来”这三个历史阶段的划分和概括，就足以看出主权独立、安全、富强这样的价值观念在国家政治生活中扮演的重要角色。

一、建设更高水平的“平安中国”

改革开放以来，随着市场经济的发展，尤其是伴随着城市化进程的快速推进，以农村为重心的社会治理体系必须转向以城市为重心的社会治理体系，为此 1991 年中共中央提出了“社会治安综合治理”这个概念，并做出一系列制度和政策安排。2005 年，中央政法委和中央社会治安综合治理委员会提出将“平安建设”作为社会治安综合治理的新举措，致力于构建社会主义和谐社会。然而，随着中国迅速崛起并深度融入全球经济体系中，中国发展面临的外部风险和内部风险也随之发生了重大变化。在这种背景下，习近平总书记在2014年成立的中央国家安全委员会的第一次会议上，首次提出了“总体国家安全观”，强调以人民安全为宗旨，以政治安全为根本，走出一条中国特色国家安全道路。[1]随着国家安全观的变化，传统的社会治安综合治理也需要纳入总体国家安全观的框架下进行重组和发展。在2018年出台的《深化党和国家机构改革方案》中，中央决定不再设立中央社会治安综合治理委员会及其办公室，而是酝酿成立新的机构。

在2013年中共十八届四中全会决议中，中央已经提出要想创新社会治理体系、提高社会治理水平，就必须“全面推进平安中国建设”，以此来维护国家安全，确保人民安居乐业、社会安全有序。这就意味着着眼于国家安全这个立意更高的“平安中国建设”开始取代过去着眼于基层社会、着眼于治安的社会治安综合治理，成为贯彻落实总体国家安全观、推动社会治理、实现长治久安的新理念。2016年，习近平总书记进一步提出：“要继续加强和创新社会治理，完善中国特色社会主义社会治理体系，努力建设更高水平的平安中国，进一步增强人民群众安全感。”[2] 2017年，中共十九大报告提出：“建设平安中国，加强和创新社会治理，维护社会和谐稳定，确保国家长治久安、人民安居乐业。”

随着我国进入以高质量发展为主题的新发展阶段，建设更高水平的“平安中国”也成为时代必然。2020年10月，中共十九届五中

1　习近平总书记在会议上强调要准确把握国家安全形势变化新特点新趋势，坚持总体国家安全观，走出一条中国特色国家安全道路。要注意处理好内部安全与外部安全、国土安全与国民安全、传统安全与非传统安全、发展问题与安全问题、自身安全与共同安全的关系。（参见《中央国家安全委员会第一次会议召开　习近平发表重要讲话》，中国政府网，2014年4月15日。）

2　习近平：《完善中国特色社会主义社会治理体系　努力建设更高水平的平安中国》，新华网，2016年10月12日。

全会审议通过的《中共中央关于制定国民经济和社会发展第十四个五年规划和二〇三五年远景目标的建议》，明确提出要“统筹发展和安全，建设更高水平的平安中国”。从此，“建设更高水平的平安中国”就会随着规划而逐步落实。从“平安”到“更高水平的平安”，“平安”二字涵盖的领域更广、平安建设的要求更高。习近平总书记强调，建设更高水平的平安中国意义重大，必须落实总体国家安全观，坚持共建共治共享方向，聚焦影响国家安全、社会安定、人民安宁的突出问题，深入推进市域社会治理现代化，深化平安创建活动，加强基层组织、基础工作、基本能力建设，全面提升平安中国建设科学化、社会化、法治化、智能化水平。[1]“建设更高水平的平安中国”，既充分肯定过去我们建设平安中国取得的成就，又对未来平安中国的建设提出更高要求。

（一）发扬政治优势和制度优势，创新平安中国建设体制机制

要从更宽领域、更高层次谋划推进平安中国建设，就需要加强组织保障、完善顶层设计，将党的集中统一领导贯穿到平安中国建设的全过程。2020 年 4 月，中央平安中国建设协调小组成立，由中央政治局委员、中央政法委书记郭声琨担任组长。在 4 月 21 日召开的第一次会议上，郭声琨组长强调，成立平安中国建设协调小组是顺应我国社会主要矛盾历史性变化的长远之策，是彰显“中国之治”政治优势和制度优势的战略之举。其中，2020 年的主要任务就是依法防范打击危害国家政治安全的活动，深入开展涉疫矛盾纠纷排查化解，打好扫黑除恶专项斗争决胜战，推进市域社会治理现代化试点，加强公共安全管理，有效防控网络安全风险，切实维护安全稳定，等等。由此可见，国家的政治安全、基层社会的稳定、城市治理与安全、网

1　《习近平对平安中国建设作出重要指示》，新华网，2020 年 11 月 11 日。

络空间安全成为平安中国建设的重点领域。

更高水平的平安中国建设除了依靠各级党政机关，尤其是政法机关的力量，更需要全民的自觉参与。这就意味着更高水平的平安中国建设需要发挥人民当家做主的政治优势和制度优势。从“朝阳群众”到“西城大妈”，人民群众的积极参与是夯实平安中国建设的根基。在“枫桥经验”的发源地浙江省，将“最多跑一次”的改革理念从经济领域延伸到社会治理领域，探索将群众矛盾纠纷一站式接收、一揽子调处、全链条解决。[1]而 2020 年的新冠疫情防控，从一开始就是利用中国的政治优势打一场“人民战争”。全国上下坚决贯彻落实习近平总书记“把‘枫桥经验’坚持好、发展好，把党的群众路线坚持好、贯彻好”的重要讲话精神，聚焦基层社区，采取干部下沉，联防联控，把专业性疾病预防控制机构与群众性疾病防控工作有机结合起来，建起了社会全覆盖的防护网络。这实际上是把化解矛盾、防范风险的“枫桥经验”成功地运用到新冠疫情防控中，从而凸显了“中国之治”的巨大优越性。[2]

（二）依法加强公共安全治理，不断提升社会治安水平

“十三五”期间，各地各部门组织开展一系列专项行动，着力解决各类困扰人民群众安全的问题，不断提升社会治安水平。

在经济民生领域，公安部针对近年来经济犯罪的新形式新特点，部署开展了打击非法集资犯罪专项行动、打击涉税犯罪“百城会战”、“猎狐 2019”缉捕在逃境外经济犯罪嫌疑人等一系列专项打击行动，成功侦破了“团贷网”“轻易贷”等一大批涉案金额高、涉及

---

1 《平安中国成为亮眼名片！我国是世界上最有安全感的国家之一》，《人民日报》2021 年 2 月 16 日。

2 《夯实“平安中国”的社会根基》，《人民日报》2020 年 8 月 21 日。

人员多的重大案件。2020 年 4 月，公安部部署全国公安机关开展“云剑－2020”行动，依法严厉打击电信网络诈骗犯罪、民族资产解冻类诈骗犯罪。针对百姓关心的高空抛物带来的安全隐患，最高人民法院于 2019 年年底出台了《关于依法妥善审理高空抛物、坠物案件的意见》，明确认定高空抛物属于危害公共安全的行为；2020 年生效的《民法典》和《刑法修正案（十一）》从立法的角度再次对高空抛物的法律责任予以明确，守护百姓头顶上的安全。

在社会治安领域，2020 年是从 2018 年开始为期三年的扫黑除恶专项斗争的收官之年，各级政法机关联合发力，依法查办云南孙小果案、湖南“操场埋尸案”、黑龙江“呼兰四大家族案”等重大复杂案件，缉捕涉黑涉恶在逃人员 1 609 名。在这个过程中，各级纪委监委查处涉黑涉恶腐败和“保护伞”问题 8.14 万起，给予党纪政务处分 6.81 万人，移送司法机关 9 220 人。配合组织部门整顿软弱涣散村党组织 10 余万个，查处以贿选等不正当手段干扰影响村“两委”换届选举问题 400 余个。专项行动圆满收官，扫黑除恶成效显著，社会治安秩序明显改善，基层社会、政治、经济生态明显好转。与此同时，2020 年全国公安机关深入开展命案积案攻坚专项行动，成功破获了江苏省南京市曾在 1992 年 3 月 24 日发生的南京医学院强奸杀人案等一大批重大积案，大多数案件的发生时间都在 10 年以上，甚至 20 年以上，案发时间最长的达 42 年。

二、“法治中国”蓝图下的国家主权、安全和发展利益

1997 年 9 月，中共十五大首次明确提出“建设社会主义法治国家”的战略目标，从此法治建设始终是推进国家治理现代化的主旋律。2013 年召开的全国政法工作会议明确提出要推进“平安中国”和“法治中国”建设。从此，“法治中国”建设就成为推进中国特色

社会主义法治建设的重要抓手。2021 年 1 月，中共中央印发的《法治中国建设规划（2020—2025 年）》，纲举目张地提出了 2020—2025 年五年间国家法治建设的任务、目标和路线，将维护国家主权、安全和发展利益纳入国家法治战略的轨道。

（一）军队建设与国防安全：拓展国防空间与联合作战体系

军队建设和国防基础设施建设是维护主权和领土安全的基础。军队建设越是现代化，治理就越需要法治化。2020 年，我国国防与军队建设领域最大的变动莫过于在习近平强军思想和总体国家安全观的指引下，制定和颁布《中国人民解放军联合作战纲要（试行）》，并通过了新修订的《中华人民共和国国防法》。前者着眼于认识未来战争规律、设计未来战争打法、提高我军联合作战能力；后者着眼于适应国家安全和发展形势的重大变化，对国防空间和国防政策做出相应的调整。这两部法律实际上是对中共十八大以来国防和军队建设改革取得的重大成果予以法律上的确认。

随着我国面临的安全环境的深刻变化，霸权主义、强权政治、单边主义时有抬头，恐怖势力、分裂势力活动猖獗；现代战争形态也在不断发生变化，武器装备精确化、智能化、隐身化、无人化加速发展，多兵种联合作战已经成为未来战争的发展趋势；加之我军体制编制发生变化，国防和军队领导指挥体制改革、规模结构和力量编成改革已基本完成，这就意味着我军联合作战的水平进入新的阶段。在这种背景下，作为“新时代作战条令体系的顶层法规”，《中国人民解放军联合作战纲要（试行）》（以下简称《纲要》）于 2020 年 11 月 7 日正式实施。相比于过去的作战条令，《纲要》主要有以下三个方面的突破：一是瞄准未来战争，从制度层面回答未来“打什么仗、怎么打仗”的重大问题；二是瞄准新使命新任务，对新时代我军联合作战样式和行动方法进行了规范、创新和发展，赋予其新的时代内涵；三是瞄准新体制新编制，在强化军委战略指挥、突出战区主战、注重新型作战力量运用、完善联合作战指挥体制、创新作战方式方法等方面，都实现了历史性突破。作为新时代第一部有关联合作战的指挥条令，《纲要》是我军组织实施未来联合作战的基本法规依据，标志着我军对战争形态演变、联合作战规律有了全新的认识和把握。

2020 年 12 月 26 日，全国人大常委会对《中华人民共和国国防法》(以下简称《国防法》)进行了修订，并于 2021 年 1 月 1 日正式实施。这次《国防法》修订主要聚焦在以下几个方面：一是确立了习近平新时代中国特色社会主义思想在国防活动中的指导地位。二是调整了国家机构的国防职权，如对国务院和中央军委的部分国防职权做出调整，增加了军委主席负责制的内容。三是完善了国防活动的适用范围，如增加规定了“制止分裂”和“保护国家发展利益”等。四是拓展重大安全领域防卫政策，如将传统边海空防拓展至边防、海防、空防和其他重大安全领域防卫，明确太空、电磁、网络空间等重大安全领域防卫政策。五是改进国防科研生产和军事采购制度。六是充实完善国防教育和国防动员制度。七是强化军人地位和权益保护。八是充实对外军事关系政策制度，例如：新增“坚持共同、综合、合作、可持续的安全观”“推动构建人类命运共同体”等内容；增加了我国武装力量海外运用的原则要求、基本样式等内容；为维护国家海外利益和其他行动提供法律依据，明确了遵循以《联合国宪章》宗旨和原则为基础的国际关系基本准则等。

新修订的《国防法》着眼于“让军人成为全社会尊崇的职业”，而要实现这个目标，需要有一系列的制度保障。2018 年 3 月，全国人大批准设立了中华人民共和国退役军人事务部。2020 年 11 月 11 日，全国人大常委会通过《中华人民共和国退役军人保障法》，对退役军人的移交安置、教育培训、抚恤优待等保障问题做出了系统的规定。与此同时，为了加大对破坏军事设施、侵占军用土地等涉军公益诉讼案件的办理力度，积极稳妥地探索办理在国防动员、国防教育、国防资产、军事行动、军队形象声誉、军人地位和权益保护等方面的公益诉讼案件的机制。2020 年 5 月 12 日，最高人民检察院和中央军委政法委员会联合印发《关于加强军地检察机关公益诉讼协作工作的意见》，对办理军地互涉公益诉讼案件的重点难点问题提出了一系列指导，采取灵活的办案机制，加强了军地在办案各环节的协作，有利于保护军队和军人的利益。

（二）《香港国安法》："一国两制"进入制度重建时期

自香港回归以来，关于如何在香港维护国家安全的问题始终未能得到有效解决，以致由香港的政制发展引发的政治争拗逐渐演变为"占领中环"的"雨伞革命"、"旺角暴乱"以及"修例风波"引发的大规模社会骚乱。与此同时，香港"本土主义"盛行、"港独"思潮愈演愈烈，甚至"港独"分子被公然选入立法会。这不仅严重危及香港的社会稳定，更冲击"一国两制"的底线，危及中央对香港的主权、安全和发展利益。鉴于特区政府在维护国家安全的机构设置、力量配备和执法权力等方面明显缺失，《中华人民共和国香港特别行政区基本法》（以下简称《香港基本法》）第二十三条规定的立法任务实际上难以落实，在这种情况下，中央依照宪法和基本法的规定，主动承担起维护国家主权、安全和发展利益的宪制责任。为此，中央采取"决定 + 立法"两步走的方式，从国家层面建立健全香港特别行政区维护国家安全的法律制度和执行机制。

2020 年 5 月 28 日，第十三届全国人民代表大会第三次会议审议并通过了《全国人民代表大会关于建立健全香港特别行政区维护国家安全的法律制度和执行机制的决定》，就香港特别行政区建立健全维护国家安全的法律制度和执行机制相关问题做出若干基本规定，同时授权全国人大常委会制定相关法律，并将其列入《香港基本法》附件三中，由香港特别行政区在当地公布实施。在此基础上，于6月30日，第十三届全国人大常委会通过了《中华人民共和国香港特别行政区维护国家安全法》(以下简称《香港国安法》)，该法经特区行政长官林郑月娥签署后当晚即在香港刊宪生效。

《香港国安法》是一部兼具实体法、程序法和组织法内容的综合性法律，也是一部主要针对涉港国家安全制定的全国性法律，一共有6章66条，其主要内容或可简要概括为6个方面：一是从制度的顶层设计入手，分别规定中央政府对涉港国家安全事务负有最终意义上的最高责任，而香港特区也同样负有维护国家安全的宪制责任。二是明确规定了在香港特区维护国家安全应遵循的一些法治原则。这些法治原则特别尊重、兼顾到香港普通法的传统，有一些在国家刑法典中尚未明确提出来。三是明确规定了香港特区维护国家安全相关机构的职责与活动的准则。设立以行政长官为首的香港特别行政区维护国家安全委员会，该委员会设立由中央政府指派的国家安全事务顾问；在特区政府警务处设立维护国家安全的专门部门，作为主要的执法力量；在律政司设立专门负责国家安全犯罪案件的检控部门；等等。四是明确规定了防范、制止和惩治四类危害国家安全的罪行：分裂国家罪、颠覆国家政权罪、恐怖活动罪、勾结外国或者境外势力危害国家安全罪。五是明确规定了案件管辖、法律适用、程序等内容。除个别案例外，香港特区对该法规定的犯罪案件行使管辖权，并适用该法和香港本地法律；行政长官从现有法官中指定法官来专门负责审理此类案件。六是明确规定了中央政府驻香港特区维护国家安全的机构。该机构定名为中央人民政府驻香港特别行政区维护国家安全公署(以下简称驻港国公署)。驻港国公署和国家有关机关在特定情况下可对危害国家安全犯罪案件行使管辖权，即驻港国公署负责立案侦查，最高人民检察院指定有关检察机关行使检察权，最高人民法院指定有关法院行使审判权，而且可适用全国性法律。

《香港国安法》是继《香港基本法》《香港驻军法》之后中央专门为香港特区制定的又一部重要法律，它的出台是“一国两制”实践阶段性发展的重大成果，是“一国两制”事业的重要里程碑。从“一国两制”的制度设计看，该法弥补了《香港基本法》的漏洞和不足，这意味着“一国两制”事业进入了新一轮的制度建设周期，实际上是对“一国两制”和《香港基本法》的制度重建，也将成为香港特区发展由乱返治、重归正轨的重要转折点。

三、后疫情时代的生物安全与粮食安全

（一）生物安全：开展制度建设

“生物安全”本是一个象牙塔中的学术概念，然而新冠疫情的全球性暴发使其变成一个鲜活案例，成为大众热议的焦点。生物安全涵盖的范围很广，不仅包括敌对势力以生化武器为载体发动的隐蔽战争，还包括国家重要遗传资源和基因数据的管理、防止外来物种对本土生态系统的入侵、保证生物实验室的安全等。与此同时，生物科技也是新一轮科技革命的核心组成部分，世界各主要国家纷纷制定国家战略，加速抢占生物技术的制高点，推动生物经济的发展。

在 2014 年提出的总体国家安全观中，生物安全也被纳入其中。我国在实践中建立起了以国家公共卫生体系为主体的生物威胁防御体系，还成立了国家和省市各级突发公共卫生事件应急指挥中心，在非典、高致病性 H5N1 禽流感等重大传染病疫情防控中发挥了重要作用。尽管如此，此次新冠疫情还是暴露出我国在生物威胁监测预警、应急处置等方面存在的薄弱环节。为此，借助这次抗击新冠疫情，中央全面推进有关生物安全的制度建设。

在 2020 年 2 月召开的中央全面深化改革委员会第十二次会议上，

习近平总书记明确指出，要把生物安全纳入国家安全体系，系统规划国家生物安全风险防控和治理体系建设，全面提高国家生物安全治理能力。这一重要论断为维护我国生物安全的工作指明了方向和路径。2020 年 10 月 17 日，第十三届全国人大常委会第二十二次会议审议通过了《中华人民共和国生物安全法》，明确了生物安全的重要地位和原则，系统梳理了各项生物安全风险，制定了完善生物安全风险防控基本制度，包括生物安全风险监测预警制度、风险调查评估制度、信息共享制度、信息发布制度、名录和清单制度、标准制度、生物安全审查制度、应急制度、调查溯源制度、国家准入制度和境外重大生物安全事件应对制度，共 11 项基本制度。该法还规定开展生物技术研究、开发与应用活动之主体的义务，明确我国对遗传资源的主权，并规定了对违犯本法所承担的各种法律责任。

此次疫情还揭示了生物安全与野生动物保护、公共卫生安全管理体系建设之间的不可割裂的联系。2020 年 2 月 3 日，习近平主持召开中央政治局常委会会议研究应对新型冠状病毒肺炎疫情工作时指出，这次疫情暴露出我们在城市公共环境治理方面还存在短板死角，要进行彻底排查整治，补齐公共卫生短板。我们早就认识到，食用野生动物风险很大，但“野味产业”依然规模庞大，对公共卫生安全构成了重大隐患。有关部门要加强法律实施，加强市场监管，坚决取缔和严厉打击非法野生动物市场和贸易，坚决革除滥食野生动物的陋习，从源头上控制重大公共卫生风险。[1] 2 月 24 日，第十三届全国人大常委会第十六次会议表决通过了《全国人民代表大会常务委员会关于全面禁止非法野生动物交易、革除滥食野生动物陋习、切实保障人民群众生命健康安全的决定》，在《野生动物保护

1　习近平：《在中央政治局常委会会议研究应对新型冠状病毒肺炎疫情工作时的讲话》，《求是》2020 年 2 月 15 日。

法》的基础上，进一步扩大法律调整范围，为全面禁止食用野生动物提供了法律保障。在此基础上，各地纷纷出台相应的地方性法规，加以具体落实。

（二）粮食安全：防止耕地“非粮化”

在疫情常态化之下，保障口粮和日用品供给成为民生中的民生。为此，各国纷纷启动粮食库存计划，部分粮食出口国甚至出台严格的粮食出口管控措施，一度引发全球供应链的紧张。与此同时，病毒随进口冷链而入的问题时常见诸报端。这一系列问题引发中国作为传统农业大国对粮食安全的关注。尤其是中美贸易战，引发了人们对全球化趋势的怀疑，新冠疫情进一步冲击了脆弱的全球化，中国人的口粮能否依赖粮食进口这个老问题又重新回到公众的视野。

事实上，作为十几亿人口的大国，中国人的粮食安全必须依赖自己，不可能完全依赖全球粮食进口。因此，划定“18 亿亩耕地”这根红线，始终是中央坚定不移的基本国策。在 2020 年 12 月召开的中央经济工作会议和中央农村工作会议上，习近平特别强调：“要牢牢把住粮食安全主动权，粮食生产年年要抓紧。要严防死守 18 亿亩耕地红线，采取‘长牙齿’的硬措施，落实最严格的耕地保护制度。要建设高标准农田，真正实现旱涝保收、高产稳产。要把黑土地保护作为一件大事来抓，把黑土地用好养好。”[1] 然而，近年来，部分地区出现了耕地“非粮化”倾向。一些地方把农业结构调整简单理解为压减粮食生产，一些经营主体违规在永久基本农田上种树挖塘，一些工商资本大规模流转耕地改种非粮作物等。[2] 为此，2020 年 9 月 10 日，国务院办公厅印发《关于坚决制止耕地“非农化”行为的通知》，主

1 《习近平出席中央农村工作会议并发表重要讲话》，新华网，2020 年 12 月 29 日。
2 《防止耕地“非粮化”——守住国家粮食安全生命线》，《人民日报》2020 年 12 月 6 日。

要针对一些地方仍然存在的违规占用耕地和永久基本农田开展非农建设、威胁国家粮食安全的行为，要求各地落实好最严格的耕地保护制度，坚决制止各类耕地“非农化”行为，坚决守住耕地红线。而在一个月后的11月4日，国务院办公厅又印发了《关于防止耕地“非粮化”稳定粮食生产的意见》(以下简称《意见》)，进一步推行严格落实粮食安全省长责任制。《意见》提出要科学合理利用耕地资源，明确耕地利用优先序。永久基本农田要重点用于发展粮食生产，特别是保障稻谷、小麦、玉米三大作物的种植面积；一般耕地应主要用于粮食和棉、油、糖、蔬菜等农产品及饲草饲料生产；在优先满足粮食和食用农产品生产基础上，适度用于非食用农产品生产。对市场明显过剩的非食用农产品，要加以引导，防止无序发展。针对工商资本下乡开展土地流转经营等情况，《意见》提出要鼓励和引导工商资本发挥比较优势，到农村从事良种繁育、粮食加工流通和粮食生产专业化、社会化服务等适合企业化经营、效益高、不与农民争利的领域，支持其与农户建立紧密利益联结机制，形成利益共同体，参与粮食全产业链发展，让农民成为土地流转和规模经营的积极参与者和真正受益者。

然而，粮食安全问题不仅涉及耕地的问题，而且涉及转基因引发的种子安全问题。这个问题一直是社会广泛关注争论的焦点。2016年中央一号文件首次单独提出“加快推进现代种业发展”，“提升种业自主创新能力，保障国家种业安全”。此后，种业安全被提升到国家安全的高度。2018年4月，习近平总书记考察国家南繁科研育种基地时强调，十几亿人口要吃饭，这是我国最大的国情。要下决心把我国种业搞上去，抓紧培育具有自主知识产权的优良品种，从源头上保障国家粮食安全。而在2020年中央经济工作会议上，“解决好种子和耕地问题”被列为2021年的八大重点任务之一，明确提出要“开展种源‘卡脖子’技术攻关，立志打一场种业翻身仗”。

四、大国竞争中的技术安全和数据安全

（一）出口管制：科技产业竞争中的法律战

科技兴则国家兴，科技强则国家强。科技安全是国家安全的重要保障。一方面我国经济发展要想从高速增长向高质量发展转变，就需要依赖科技进步来推动发展方式的转变；可另一方面中美双方在高科技产业领域的竞争又趋白热化。事实上，西方国家之所以长期在世界体系中处于“中心区”，根本原因在于它们垄断着最新的科技发展，并通过一系列法律技术，比如出口管制、知识产权、反垄断等，保证西方国家始终处在科技产业链的上游，并将其他国家锁定在科技产业链的末端。这方面最典型的就是美、英、日等国在1996年就签署了《瓦森纳协定》，规定成员国自行决定是否发放敏感产品和技术出口许可证，并在自愿基础上向其他成员国通报有关信息。该协定虽然声称不针对任何国家和国家集团，不妨碍正常民间贸易，但实际上明显是针对中国等发展中国家。如捷克拟向中国出口“无源雷达设备”时，美国甚至直接出面干涉，迫使捷克停止这项交易。而中国当前半导体产业相对落后，很大程度上就源于这份协定的制约。近年来美国对中国展开的贸易战、科技产业战实际上也是一场法律战，尤其是通过其国内法的“长臂管辖”，全球追杀华为5G通信技术，同时还对中国的量子技术、人工智能技术等进行歼灭。2020年5月15日晚，美国商务部宣布了对华为及其附属公司的“最严”出口管制措施，禁止华为及其关联公司使用美国的软件和技术设计芯片，也不能利用美国的设备来生产芯片。6月，印度政府以保护主权领土安全、国防国家安全等公共秩序为名，也对来自中国的59款应用程序宣布禁用令。

在这种科技竞争愈演愈烈的背景下，中国政府也开始重新审视科技安全，思考如何运用法律武器来保护国家科技安全。中国一直严格履行防止大规模杀伤性武器扩散等国际义务，在先后制定了《中华

人民共和国监控化学品管理条例》《中华人民共和国核出口管制条例》《中华人民共和国军品出口管理条例》等6部有关出口管制的行政法规。当前保护主义抬头，高技术产品出口管制已经成为大国博弈的法律筹码，目前中国现有的法律框架已难以适应新形态下出口管制工作的需要。进一步规范我国的进出口管理制度，不仅调整了《中国禁止出口限制出口技术目录》（以下简称《限制出口技术目录》），而且制定了《中华人民共和国出口管制法》（以下简称《出口管制法》），从而在日益激烈的大国竞争中限制敏感技术出口以捍卫国家安全。

对技术出口实行负面清单管理早已是国际通行的做法。根据《中华人民共和国技术进出口管理条例》，2020年8月28日，商务部、科技部发布了调整后的《限制出口技术目录》，以规范技术出口管理，促进科技进步和对外经济技术合作，维护国家经济安全。其中，除了删除4项禁止出口的技术条目和5项限制出口的技术条目之外，引人注目的是新增了23项限制出口技术条目，包括3D打印技术、无人机技术、语音合成技术、人工智能交互界面技术、基于数据分析的个性化信息推送服务技术、信息防御技术、信息对抗技术、密码安全技术、农业野生植物人工繁育技术、绒山羊繁育和品种培育技术、空间材料生产技术、大型高速风洞设计建设技术、航空航天轴承技术、激光技术等。与此同时，对21项技术条目的控制要点和技术参数进行了修改，涉及农作物繁育技术、水产种质繁育技术、化学原料生产技术、生物农药生产技术、航天器测控技术、空间数据传输技术、地图制图技术、信息处理技术、真空技术等领域。

需要注意的是，这次禁止技术出口发生在中美科技战的背景下。由于北京字节跳动科技有限公司（以下简称字节跳动）开发的“抖音”短视频应用程序（海外版本名为“TikTok”）运用了人工智能的算法技术而风靡全球，这不仅对美国的互联网巨头构成挑战，而且也在深刻地改变着由美国高科技公司控制的舆论场。在这种背景下，

2020年8月，美国总统特朗普签署行政令，以威胁美国国家安全为借口，要求字节跳动在90天内剥离TikTok在美业务，以此威胁字节跳动将其在美业务卖给美国的互联网巨头。这种赤裸裸的巧取豪夺被中国外交部发言人称为“数字炮舰政策”[1]。在这种背景下，中国政府公布的新调整的《限制出口技术目录》中，新增的第21条关于“基于数据分析的个性化信息推送服务技术”、新增的第18条关于“人工智能交互界面技术”等都可能涉及字节跳动关于TikTok的交易方案。中国公司的技术自然不能出售给美国的商业巨头。当然，中国政府在这个时候调整《限制出口技术目录》不仅仅是支持中国海外公司，更重要的是着眼于全面捍卫国家科技安全。

相对于《限制出口技术目录》和其他散见于法律、法规、规章中的出口管制规定而言，2020年10月17日，全国人大常委会通过的《出口管制法》，提升了立法层级，是我国出口管制领域的第一部专门法律。虽然，对于建立完善的出口管制制度而言，这部法律仍需要一系列配套的法律，但当前通过《出口管制法》制度设计已相当清晰，具有较强的可操作性，有效提高了监管执法的水平。该法不仅通过常规管制清单、临时管制清单和全面管制清单三种制度确保了对应当实施出口管制物项的全面覆盖，还完善了出口许可制度，规定了违犯本法的详细的法律责任，明知出口经营者从事出口管制违法行为仍为其提供代理、货运、寄递、报关、第三方电子商务交易平台和金融等服务的也将承担相应的法律责任。

尤其需要注意的是，这部法律建立起最终用户和最终用途风险管理制度。出口经营者必须提交由管制物项的最终用户和最终用途所在国家和地区政府出具的证明文件，且最终用户应当做出承诺，未经允许不得改变管制物项的最终用户或者向第三方转让。此举强化了企

---

1 《特朗普签署行政命令禁止美企业与字节跳动、腾讯交易》，《新京报》2020年8月7日。

业出口管制的合规义务。同时，赋权国家出口管制管理部门对出口国和地区的风险进行评估，根据风险等级采取相应的管制措施，并针对不同的国家或地区和管控名单实施差异化管理。这就意味着国家可以根据情况的变化灵活地调整出口管制清单。

更重要的是，这部法律规定了阻断措施、域外管辖与反制措施。其中，阻断措施就是中国境内的组织和个人向境外提供出口管制相关信息应依法进行，不得危害国家安全和利益。如果企业被列入美国出口管制“实体清单”或遭遇外国出口管制调查，此等规定将起到一定的阻断外国域外管辖权滥用的作用。域外管辖权就是规定违犯本法规定、危害国家安全和利益、妨碍履行防扩散等国际义务的中国境外的组织和个人，会被依法处理并追究责任。同时，本法在最终用户和最终用途管控方面增加了核查制度，为将来我国实行境外实地核查提供了法律依据。本法规定的反制措施为任何国家或地区滥用出口管制措施危害我国国家安全和利益的，我国可以根据实际情况对该国家或地区对等采取措施。此条与商务部在 2020 年 9 月 19 日通过的《不可靠实体清单规定》形成呼应，成为我国反制其他国家滥用管制措施的利器。[1]

在全球经济体系中，技术、产品在全球范围内流通，而出口管制则意味着国家主权基于国家安全理由对这种技术和产品在全球流通中的限制，而在法律领域也就意味着国家法很容易随着技术和产品向全球延伸，从而不可避免地形成“长臂管辖”的局面。在这种背景下，如果缺乏相应的国际法和国际条约来规制，那就意味着一个国家的国内法的管辖权伸入其他国家的时候，其他国家必然通过其国内法加以阻断。由此，“长臂管辖”与“阻断法案”就成为全球化时代主

1 张国勋等:《立足国家安全提升国际贸易管理水平——〈出口管制法〉解读》,“中伦视界”公众号，2020 年 10 月 26 日。

权国家之间展开法律战的常态。而法律效力需要由暴力来背书，这就意味着在这场法律战中，国家主权意志和国家主权能力才是最终的关键。面对美国通过“长臂管辖”对中国高科技产业进行的打压，中国敢不敢应战，如何迎战，不仅考验国家主权意志，更考验国家主权能力，其中就包括运用法律技术来赢得科技产业竞争的能力。从《出口管制法》和《限制出口技术目录》中，我们不难看出中国加强出口管制监管、维护国家安全的主权意志。这两部重要文件的实施不仅仅是为了维护中国自身的安全和利益，也是在当前复杂的国际贸易环境下，中国政府对公平和对等原则的坚定主张和立场宣誓，对于全球发展格局前景和走向具有十分积极的意义和价值。然而，和西方发达国家几百年来形成的法律传统相比，如何在国际法领域中积极地开展法律战，提升中国运用法律技术进行全球政治和经济的博弈能力，提升中国积极参与全球治理的能力，对这些问题的积极回应必然推动中国的法治建设从国内法治向涉外法治和国际法治领域迈进。

（二）数据安全：基于数据主权的全球合作

随着信息技术和人类生产生活交汇融合，各类数据迅猛增长、海量聚集，对国家治理、人民生活都产生了重大而深刻的影响。承载于其上的关键信息直接涉及国防、军事、金融等国家秘密，对传统国家安全的影响举足轻重；5G、大数据、人工智能等新型科技在推动数字经济繁荣的同时，也给个人信息安全与隐私保护带来了新的挑战，而在国家安全的内涵和外延比历史上任何时候都要丰富的时代，海量的个人信息往往也与国家安全息息相关。数据已然成为大国博弈的新领域。例如 2019 年，中资企业北京昆仑万维科技股份有限公司对全球最大的同性交友平台 Grindr 的收购完成 3 年后，被美国外资投资委员会以该项交易对美国国家安全构成了严重威胁为名撤销。2020 年美国对 TikTok 发起的围攻也是以用户数据安全为名。在这种背景下，世界各国正在通过不断完善数据安全立法争夺他国数据资源，有的国家甚至正在依仗技术优势推行数据霸权。如欧盟 2018 年以个人数据保护为名通过了《通用数据保护条例》，确立了对虽未在欧盟国家境内设立法人实体但只要为欧盟境内个人提供商品或服务、为欧盟境内法人实体提供数据服务的企业的管辖权，据此最大限度地获取他国数据资源。因此，加快数据安全立法进程，有效遏制数据资源流失或被他国掠夺，是夯实大国崛起安全基础的迫切要求。

然而，数据一方面涉及国家安全问题，但另一方面数字经济的发展必须迈向全球化，因此，在数据领域始终存在着主权安全的法律分割与技术上跨境流动形成的超主权形态的张力。这既是主权国家与跨国公司之间的博弈，也是在强大互联网数据收集能力的强国与弱国之间的博弈。在这种背景下，中国对数据安全的基本原则就是秉持数据主权和国家安全原则，从而强调在数据主权原则的基础上展开国际合作，推动数据的跨境流动和数字经济的发展。

在总体国家安全观下，数据安全的重要性不言而喻。2017 年 12 月，习近平总书记在中共中央政治局就实施国家大数据战略进行第二次集体学习时指出，要切实保障国家数据安全，强化国家关键数据资源保护能力。然而，我国的数据安全管理并不完善，数据的采集、传输、存储、互联、共享、应用、交易、安全管理等权责不明确，亟待加快法规制度建设，提高国民数据安全意识，强化关键数据资源保护能力。2020 年 6 月 28 日，全国人大常委会提出《中华人民共和国数据安全法草案》（以下简称《草案》），面向社会征求意见。作为数据安全领域的基本法律，《草案》按照总体国家安全观的要求，确立数据分级分类管理以及风险评估、监测预警和应急处置等数据安全管理各项基本制度；明确开展数据活动的组织、个人的数据安全保护义务，落实数据安全保护的主体责任；建立政务数据安全管理制度和开放利用规则。更重要的是，面对数据跨境流动引发的风险和安全问题,《草案》一方面试图确立数据主权原则，但另一方面也积极开展数据国际交流合作和国际标准制定，促进数据跨境安全、自由流动。

在全球分工合作日益密切的背景下，主权国家不仅有责任保护涉及本国的数据信息安全，还有义务参与数据的全球治理。2020 年 9 月 8 日，“抓住数字机遇，共谋合作发展”国际研讨会在北京举行，国务委员兼外交部部长王毅在会上发表题为“坚守多边主义　倡导公平正义　携手合作共赢”的主旨讲话，提出《全球数据安全倡议》（以下简称《倡议》），为建立全球数据安全方面的“多边机制”、优化数字处理提供了中国智慧、中国方案。《倡议》一方面强调数据领域的国家主权原则，强调要保障国家、公共和个人数据安全，反对利用信息技术破坏他国的关键基础设施或窃取重要数据，以及利用其从事危害他国国家安全和社会公共利益的行为；强调要尊重他国主权、司法管辖权对数据的安全管理权。未经他国法律允许不得直接向企业或个人调取位于他国的数据等。另一方面，强调推动互惠共赢的全球经济数据安全，信息技术产品和服务供应企业不得在产品和服务中设置后门，非法获取用户数据、控制或操纵用户系统和设备等。

面对不断涌现的个人信息安全问题，2020 年 10 月 13 日，全国人大常委会提出《中华人民共和国个人信息保护法（草案）》，向社会公开征求意见，这将成为我国第一部专门规定个人信息保护的法律。该草案试图规定以“告知 – 同意”为核心的个人信息处理规则，规定国家机关对个人信息的保护义务，但同时也规定公共利益豁免规则，并平衡个人信息保护与数据的利用。

五、全球化时代的涉外法治：“向搅局者说不”

中共十九大报告提出：“推动形成全面开放新格局。开放带来进步，封闭必然落后。中国开放的大门不会关闭，只会越开越大。”随着我国全方位对外开放的不断推进和共建“一带一路”的深入实施，中国企业和公民“走出去”的步伐加快，对外投资合作领域逐步拓展，对外投资规模不断扩大，海外利益几乎遍布全球所有国家和地区。而在技术、产品、人员、信息、货币不断全球化的过程中，必然产生随之而来的不同的法律制度、法律传统和法律规定之间的法律冲突问题，这就意味着中国的法律体系不能简单地采用国内法和国际法这种边界清晰、泾渭分明的传统划分方法，而必须增加一个新的法律维度：涉外法治。

早在 2014 年中共十八届四中全会通过的《中共中央关于全面推进依法治国若干重大问题的决定》就明确提出要“加强涉外法律工作”。2019 年的中共十九届四中全会再次对涉外法治建设做出部署和规划：加强涉外法治工作，建立涉外工作法务制度，加强国际法研究和运用，提高涉外工作法治化水平。从“涉外法律”到“涉外法治”，这一字之差反映出中央对综合运用立法、执法、司法手段，统筹国内法、外国法、国际法，积极参与全球治理、维护国家利益的认识进一步深化。对这个认识的深化过程实际上是对中美贸易战不断向法律战延伸的经验总结。

在法治建设领域，近代以来中国始终以西方为师，要么吸收西方大陆法系国家的成果，要么吸收英美法系国家的成果。我们将法治看作一种神圣价值体现的时候，也就将西方法治，尤其是美国法治，捧上了神坛。由此，当美国运用其国内法对中国的企业行使“长臂管辖”时，不少人站在美国法治的立场上批评中国企业不遵守法律，未能做到严格的合规审查，从而检讨中国法治的不足。然而，正是针对特朗普对中国发起的贸易战，尤其是对华为公司的不合理打压，甚至在加拿大扣押孟晚舟，使得中国人认识到美国所说的“规则治理的世界”不过是服务于美国利益和美国霸权的世界，同时也让中国人意识到，当中国企业深刻融入全球体系时，中国如何积极参与构建一个公平合理的全球规则体系，保护中国企业和中国人在全球的合法权益。这就意味着中美之间的竞争或较量也就变成法律规则的较量，中美之间的贸易战、科技产业战、金融战争乃至“新冷战”，同时也要变成法律战。

正是在这种背景下，中国开始采取“师夷长技以制夷”，用“涉外法治”这个概念来推进区域性法治秩序建设和全球性法治秩序建设。一方面着眼于制度建设，推动中国成为国际法治领域的制度供给者和法治秩序的维护者，比如围绕促进共建“一带一路”国际合作，推进国际商事法庭建设与完善，推动我国仲裁机构与共建“一带一路”国家仲裁机构合作，建立联合仲裁机制，积极参与国际规则制定，推动形成公正合理的国际规则体系，等等。另一方面着眼于法律保护，面对国际斗争勇敢地运用法律武器，加快推进我国国内法域外适用的法律体系建设，强化涉外法律服务，维护我国公民、法人在海外及外国公民、法人在我国的正当权益。在这方面，及时地制定《出口管制法》、调整《限制出口技术目录》以及对特朗普政府的 28 名高官实施制裁就是一次有益的尝试。2018 年 8 月 24 日，习近平总书记在中央全面依法治国委员会第一次会议上强调：“中国走向世界，以负责任大国参与国际事务，必须善于运用法治。在对外斗争中，我们要拿起法律武器，占领法治制高点，敢于向破坏者、搅局者说不。”

第二章

应对新冠疫情大考

国家治理能力的检验

中共十九届四中全会审议通过的《中共中央关于坚持和完善中国特色社会主义制度　推进国家治理体系和治理能力现代化若干重大问题的决定》指出，我国国家制度和国家治理体系具有多方面显著优势，其中之一是“坚持全国一盘棋，调动各方面积极性，集中力量办大事”。2020年的新冠疫情，是新中国成立以来在我国发生的传播速度最快、感染范围最广、防控难度最大的一次重大突发公共卫生事件。正是在这样一场特殊大考中，中国的国家治理能力和执政党的执政能力得到了极具说服力的检验。

防控新冠疫情的挑战对于当今世界任何政府而言都是全方位、高难度的。相比之下，中国政府在疫情暴发初期面临的防控施策难度比其他国家还要高。这是因为：第一，引发本次全球疫情的病毒虽属冠状病毒，但致病机理和传播机制与此前医学界熟悉的冠状病毒均有不同，监测、预防和传播控制都要做有针对性的方案规划和设计，而这就使得“第一时间”决定如何对本轮疫情加以有效应对极其困难。第二，新冠疫情的社区传播最初发生在武汉这样的超大规模城市，是全国乃至国际性综合交通枢纽，如要为防控疫情而采取严厉措施，仅直观可见的社会经济成本规模巨大，决策者在相关问题上面临的决策压力是空前的。第三，疫情暴发正值中国经济发展转入增速减缓、由追求增速转向追求质量的时期，且2020年是中国决胜脱贫攻坚的关键之年，无论疫情本身对我国公共卫生系统的威胁，还是疫情防控措施对中国经济健康运行的影响，都可能是长期性和系统性的，而对此类系统性风险进行分析、评估并做出合理有效的政策应对向来都极为困难。第四，新冠疫情发生时，中国面临的国际地缘政治形势异常复杂，特别是中美关系自特朗普任期中段以来持续恶化，尽管疫情暴发最初时两国刚达成第一阶段经贸协议，但随着疫情在2020年1月末开始逐渐蔓延至包括美国在内的西方各国，后者为转移国内矛盾纷纷发起向中国“甩锅”的政治外交操作，极大地考验了中国在全球战疫大环境中的战略定力和突围能力。

由此可见，新冠疫情带来的政策挑战远远超出公共卫生领域本身，而有效应对则要求一国决策者和施政者全方位调动制度与政策资源，在极为复杂的多目标决策结构中，用最短的时间找出既能避免系统崩溃的最坏结果又能在最大程度上兼顾保障社会经济发展、促进人民福祉等多元价值的方案，并付诸强有力的推行和实施。

在2020年年末回眸，有充分理由认为，中国在这场大考中交出的答卷总体上是令人满意的。在疫情突如其来的暴发初期和社区传播时有反复、零星局部暴发的常态防控时期，中国政府和人民共同承受了包括患者生命健康损害、社会经济暂停乃至生活便利度降低等在内的诸多损失。但在付出这些重大牺牲的基础上，中国于2020年上半年便已在全球范围内率先取得了疫情防控阶段性胜利。特别是基于国际比较，能够看到，中国实际上突破了被大部分西方国家决策者视为不可能突破的无法兼顾挽救生命与保护经济两大政策目标的困境，不但在公共卫生层面实现了真正抑制社区传播、“动态清零”的防疫成效，而且也在经济领域成为当年唯一取得GDP正增长的世界主要经济体。更为可贵的是，这样的成绩是在中国作为全球首个面临明确疫情威胁、必须自行探路而没有任何他国“作业”可“抄”的前提下取得的。中国自2020年年初以来抗击新冠疫情的决策与施策经验，应成为未来持续获得深入研究的重要案例；综合了公共卫生、经济调控和法律配套的治理组合拳，也应在有效提炼总结的基础上，成为中国乃至世界在未来应对类似复杂的系统性风险和威胁的模板。

本章概述2020年中国为有效抗击新冠疫情采取的各项政策。第一节介绍了中央应对新冠肺炎疫情的总体方针。在人口庞大、国情复杂的中国，任何一项系统性工程的开展，都要以顶层设计为前提和基础，进行前瞻性思考、全局性谋划、战略性布局和整体性推进。抗击新冠疫情这一关系人民生命健康安全、关系经济社会发展命运的时代大考，更加考验决策者和施政者充分调动一切资源、统筹规划行动方案、协调部署各方力量的决心和智慧。在疫情防控过程中，决策层迅速建立以党中央坚强领导和国务院联防联控机制为核心的指挥体系，坚持“全国一盘棋”，统一部署，通盘指挥；充分发挥组织和制度优势，凝聚、调动包括党员、医护人员、基层群众等在内的抗击疫情的全国性力量；平衡疫情防控与经济社会发展的目标，适时收缩严防严控措施，抓好常态化疫情防控，恢复正常生产生活秩序；及时总结吸取防控过程中的经验教训，健全国家公共卫生应急管理体系，全面提高依法防控、依法治理能力。

第二节聚焦经济调控政策。“双循环”格局是在全球疫情常态化、国际政治经济环境日趋复杂的新形势下，中国维护经济和产业链安全的重大战略部署。决策层指出，“双循环”格局尤“以国内大循环为主体”，这就要求从供给端和需求端入手，提高产业链和供应链的稳定性和竞争力，并提振内需，扩大国内市场，从而更好地抵御外部不确定性的冲击。2020年经济调控政策也正是以此为主线展开的。从供给端来看，突出“有序推进复工复产”“保障产业链和供应链稳定”两大主题。决策层提出以“六稳”“六保”作为当前政策调节的着力点，通过财政、金融、执法、司法多种手段，有序推动复工复产，保障居民就业和基本民生，将疫情及防控工作对人民生活的影响降到最低；在此基础上，主张“积极的财政政策更加积极有为”“稳健的货币政策更加灵活适度”，有效提振制造业复苏，并在保障产业链、供应链稳定畅通的同时，紧扣产业链、供应链部署创新链，加快推动制造业迈向价值链的中高端，提升核心竞争力。这些举措不仅为疫情防控工作的顺利开展提供了基础性的保障作用，更有效助推了现代产业体系的构建与经济体系的优化升级。从需求端来看，以“扩大内需”作为战略基点，以提振消费，改善“硬设施”和“软环境”。中国通过复工复产、减税降费、社会保障等措施增加居民工资性收入、经营净收入和转移性收入，提升居民可持续消费能力；与此同时，着眼于长期、持续释放消费需求，加强技术创新，加快新型消费基础设施建设，培育新型消费模式与新的消费增长点。

第三节聚焦公共卫生治理体系法治化建设。决策层高度重视我国公共卫生法治体系存在的不足，特别是“法律上仍有空白、弱项、短板，缺乏全覆盖和硬约束、硬条款，有些法律规定相互衔接不够，甚至出现矛盾”等问题，提出要“全面加强和完善公共卫生领域相关法律法规建设”，“构建系统完备、科学规范、运行有效的疫情防控法律体系”。据此，全国性立法规划先行，把人民群众生命安全和身体健康放在第一位，明确了立法修法的时间表、路线图；地方人大及其常委会积极响应党中央关于人大工作的要求，认真履行宪法法律所赋予的立法与监督职能，及时出台了关于依法全力做好当前新型冠状病毒感染肺炎疫情防控工作的决定，有效回应了地方各级部门在疫情防控工作中急迫的法治需求。

第四节围绕疫情防控执法和司法保障展开。首先是积极回应疫情防控工作的要求。在疫情防控特殊时期，坚持“严”字当头，依法严惩暴力伤医、抗拒防控、制假售假等妨害疫情防控与社会秩序有序运行的行为，为疫情防控工作提供有力保障；积极推动严格、规范、公正、文明执法，保证疫情防控工作在法治轨道上运行；运用远程立案、网上审判、智慧执行等智慧司法建设成果，在有效满足疫情防控期间人民群众司法需求的同时，服务和保障疫情防控工作大局。其次是平衡疫情防控与经济社会发展的需要。司法执法部门贯彻落实中央加强“六稳”“六保”工作的部署，通过指导意见等司法政策文件的出台及保障疫情防控期间复工复产民商事典型案例的发布，传递司法的柔情与温度，为助力疫情防控、促进经济发展、维护社会秩序提供了有力的制度保障。

第一节

统一部署，通盘指挥

一、全国一盘棋

（一）建立统一高效的指挥体系

疫情防控是一场人民战争。坚持全国一盘棋，全面动员、全面部署、全面加强疫情防控工作，是打赢这场战役的关键。[1]习近平总书记高度重视疫情防控工作，全面加强集中统一领导，强调把人民生命安全和身体健康放在第一位，提出“坚定信心、同舟共济、科学防治、精准施策”的总要求，明确坚决打赢疫情防控的人民战争、总体战和阻击战。习近平总书记主持召开了14次中央政治局常委会会议、4次中央政治局会议，以及中央全面依法治国委员会会议、中央网络安全和信息化委员会会议、中央全面深化改革委员会会议、中央外事工作委员会会议、党外人士座谈会，等等，听取中央应对疫情工作领导小组和中央指导组汇报，因时因势调整防控策略，对加强疫情防控、开展国际合作等进行全面部署，并亲赴北京、武汉等地一线进行考察、指导，时刻关注疫情动态和防控进展，及时做出决策部署。[2]

1　参见《坚持全国一盘棋（人民观点）》，人民网，2019年11月13日；《疫情防控要坚持全国一盘棋》，人民网，2020年2月4日。

2　参见中华人民共和国国务院新闻办公室：《抗击新冠肺炎疫情的中国行动》（白皮书），新华网客户端，2020年6月7日。

国务院建立了由国家卫健委牵头、32个成员单位组成的应对新冠状病毒感染的肺炎疫情联防联控工作机制，下设疫情防控、医疗救治、科研攻关、宣传、外事、后勤保障、前方工作等工作组，分别由相关部委负责同志任组长。在疫情防控过程中，国务院联防联控机制充分发挥协调作用，持续召开例会，跟踪分析研判疫情形势，根据疫情发展变化及时调整防控策略和工作重点，加强医务人员和医疗物资调度，明确职责，分工协作，推动防控疫情有效合力的形成。[1]

以党中央坚强领导和国务院联防联控机制统一调度为核心的指挥体系，为打赢疫情防控的人民战争、总体战、阻击战提供了有力保证。党和国家提出“早发现、早报告、早隔离、早治疗”的防控要求，确定“集中患者、集中专家、集中资源、集中救治”的救治要求，把提高收治率和治愈率、降低感染率和病亡率作为突出任务来抓。全力以赴救治患者，不遗漏一个感染者，不放弃一位病患者，坚持中西医结合，费用全部由国家承担，最大限度提高了治愈率，降低了病亡率。注重科研攻关与临床救治、防控实践相协同，第一时间研发出核酸检测试剂盒，加快有效药物筛选和疫苗研发，充分发挥科技对疫情防控的支撑作用。迅速建立全国疫情信息发布机制，实事求是、公开透明地发布疫情信息。时刻挂念海外中国公民的安危，千方百计保障我国公民健康安全和工作生活，向留学生等群体发放“健康包”，协助确有困难的中国公民有序回国。在国内疫情获得初步有效控制、趋于稳定后，我国及时将总体防控策略调整为“外防输入、内防反弹”，推动防控工作由应急性超常规防控向常态化防控转变，并健全了“及时发现、快速处置、精准管控、有效救治”的常态化防控机制。[2]

---

1 《32个部门建立联防联控机制》，《人民日报》2020年1月22日。

2 中华人民共和国国务院新闻办公室：《抗击新冠肺炎疫情的中国行动》（白皮书），新华网客户端，2020年6月7日；习近平：《在全国抗击新冠肺炎疫情表彰大会上的讲话》，《人民日报》2020年9月9日。

（二）凝聚、调动全国力量抗击疫情

疫情发生后，全国上下紧急行动，依托强大综合国力，开展全方位的人力组织战、物资保障战、科技突击战、资源运动战，全力支援湖北省和武汉市抗击疫情，在最短的时间集中最大力量阻断疫情传播。“中方行动速度之快、规模之大，世所罕见，展现出中国速度、中国规模、中国效率。”[1]

2020 年 1 月 28 日，中共中央印发《关于加强党的领导、为打赢疫情防控阻击战提供坚强政治保证的通知》，强调各级党委（党组）、各级领导班子和领导干部、基层党组织和广大党员要不忘初心、牢记使命、挺身而出、英勇奋斗、扎实工作，团结带领广大人民群众坚定不移地把党中央决策部署落到实处，坚决打赢疫情防控阻击战。全国各省、市、县成立由党政主要负责人挂帅的应急指挥机制，自上而下构建统一指挥、一线指导、统筹协调的应急决策指挥体系。各地方坚决贯彻中央决策部署，形成了全面动员、全面部署、全面加强、横向到边、纵向到底的疫情防控局面。[2]

党和国家调动全国医疗资源和力量，全力支持湖北省和武汉市的医疗救治，开展了新中国成立以来规模最大的医疗支援行动。自 2020 年 1 月 24 日除夕至 3 月 8 日，全国共调集 346 支国家医疗队、4.26 万名医务人员、900 多名公共卫生人员驰援湖北省和武汉市。19 个省份以对口支援、以省包市的方式支援湖北省除武汉市以外 16 个地市。人民解放军派出 4 000 多名医务人员支援湖北，承担火神山医院等三家医疗机构的医疗救治任务，空军出动运输机紧急运送医疗物

---

1 中华人民共和国国务院新闻办公室：《抗击新冠肺炎疫情的中国行动》（白皮书），新华网客户端，2020 年 6 月 7 日。

2 《中共中央印发〈关于加强党的领导、为打赢疫情防控阻击战提供坚强政治保证的通知〉》，新华社“新华视点”微博，2020 年 1 月 28 日；中华人民共和国国务院新闻办公室：《抗击新冠肺炎疫情的中国行动》（白皮书），新华网客户端，2020 年 6 月 7 日。

资。在各方努力下，医用物资保供实现从“紧缺”到“紧平衡”“动态平衡”“动态足额供应”的跨越式提升。医疗企业克服工人返岗不足等困难，以最快速度恢复医疗用品生产，最大限度扩大医用物资产能。其他行业企业迅速调整转产，生产口罩、防护服、消毒液、测温仪等防疫物资，有效扩大了疫情防控物资的生产供应。快速启动防控医疗物资应急审批程序，全面加强质量安全监管，确保以最快的速度批准上市、促产保供。[1]

凭借多年来基层治理体系改革建设成效，各地在疫情期间构建起全民参与的疫情防控体系与社会保障体系。2020 年 1 月 25 日，国家卫健委发布《新型冠状病毒感染的肺炎疫情社区防控工作方案（试行）》，明确街道（乡镇）和社区（村）等基层主体在疫情防控中的主体作用，提出“实行网格化、地毯式管理”“加强人员追踪”“做好密切接触者管理”“大力开展爱国卫生运动”“加强健康宣教”五项具体任务。各地加强群众自治，实施社区封闭式、网格化管理，把防控力量、资源、措施向社区下沉，组建专兼结合工作队伍，充分发挥街道（乡镇）和社区（村）干部、基层医疗卫生机构医务人员、家庭医生团队作用，将一个个社区、村庄打造成为严密的安全“抗疫堡垒”，把防控措施有效落实到终端和末梢。按照“追踪到人、登记在册、社区管理、上门观察、规范运转、异常就医”的原则，依法对重点人群进行有效管理，开展主动追踪、人员管理、环境整治和健康教育。

除了政府机关和卫生机构等专业防控力量发挥主力军作用之外，还包括志愿者队伍在内的各种社会力量在疫情防控中也发挥了重要作用。各地志愿者响应政府号召，自愿奔走在疫情防控第一线，牺牲个人时间，冒着染病风险，有组织地参加接送医护人员往返，帮助被隔

1　参见中华人民共和国国务院新闻办公室：《抗击新冠肺炎疫情的中国行动》（白皮书），新华网客户端，2020 年 6 月 7 日。

离群众购买生活用品。2020 年 2 月 23 日，中宣部、中央文明办在武汉开展“志愿服务关爱行动”，在全市范围内专项招募志愿者，主要在小区内为居民提供食品、药品代购代送等生活服务。城乡居民、企业、社会组织等也纷纷捐款捐物、献出爱心，港澳台同胞和海外侨胞通过各种方式和渠道伸出援手，积极捐款和捐赠各类防疫物资，为疫情防控工作添砖加瓦。[1]

二、“两手抓”：统筹推进疫情防控和经济社会发展工作

2020 年 2 月 23 日，习近平总书记在统筹推进新冠肺炎疫情防控和经济社会发展工作部署会议上发表重要讲话，明确提出统筹推进疫情防控和经济社会发展工作的重点任务和重大举措。习近平总书记指出，新冠疫情是新中国成立以来在我国发生的传播速度最快、感染范围最广、防控难度最大的一次重大突发公共卫生事件。经过艰苦努力，疫情防控工作在 2020 年 2 月下旬已取得阶段性成效。但在依然严峻复杂的疫情形势面前，习近平总书记仍强调要继续毫不放松地抓紧抓实抓细各项防控工作，并提出七项具体要求：第一，坚决打好湖北保卫战、武汉保卫战。第二，全力做好北京疫情防控工作。第三，科学调配医疗力量和重要物资。第四，加快科技研发攻关。第五，扩大国际和地区合作。第六，提高新闻舆论工作有效性。第七，切实维护社会稳定。[2]

在毫不放松加强疫情防控的同时，习近平总书记同时指出，要

1　参见《关于加强新型冠状病毒感染的肺炎疫情社区防控工作的通知》，国家卫健委网站，2020 年 1 月 25 日；中华人民共和国国务院新闻办公室：《抗击新冠肺炎疫情的中国行动》（白皮书），新华网客户端，2020 年 6 月 7 日；莫于川、任肖容：《为疫情防控志愿者提供良好权益保障》，《检察日报》2020 年 2 月 22 日。

2　《习近平出席统筹推进新冠肺炎疫情防控和经济社会发展工作部署会议并发表重要讲话》，中华人民共和国中央人民政府网，2020 年 2 月 23 日。

稳妥有序放开经济和社会活动，做好“六稳”工作，落实“六保”任务，形成同疫情防控相适应的经济社会运行秩序，努力将疫情对经济社会发展的冲击或影响降到最低，为抗击疫情提供有力的物资保障和社会保障。根据习近平总书记的要求，全国自2020年2月下旬起从八个方面的工作入手，有序推进复工复产：第一，落实分区分级精准复工复产；第二，加大宏观政策调节力度；第三，全面强化稳就业举措；第四，坚决完成脱贫攻坚任务；第五，推动企业复工复产；第六，不失时机抓好春季农业生产；第七，切实保障基本民生；第八，稳住外贸外资基本盘。[1]

三、补短板：依法防控，提升公共卫生应急管理能力

新冠疫情暴露出国家公共卫生应急管理体系存在的不足。习近平总书记在中央全面依法治国委员会第三次会议及中央全面深化改革委员会第十二次会议上指出，要“全面提高依法防控依法治理能力”，“健全国家公共卫生应急管理体系”。

（一）全面提高依法防控依法治理能力

2020年2月5日，中央全面依法治国委员会第三次会议在北京召开，习近平出席会议并强调：“要始终把人民群众生命安全和身体健康放在第一位，从立法、执法、司法、守法各环节发力，切实推进依法防控、科学防控、联防联控。要完善疫情防控相关立法，加强配套制度建设，完善处罚程序，强化公共安全保障，构建系统完备、科

1　参见中华人民共和国国务院新闻办公室：《抗击新冠肺炎疫情的中国行动》（白皮书），新华网客户端，2020年6月7日；《习近平出席统筹推进新冠肺炎疫情防控和经济社会发展工作部署会议并发表重要讲话》，中华人民共和国中央人民政府网，2020年2月23日。

学规范、运行有效的疫情防控法律体系。”[1]

在立法层面，会议强调要强化公共卫生法治保障，要全面加强和完善公共卫生领域相关法律法规建设，认真评估《传染病防治法》《野生动物保护法》等法律法规的修改完善，必须从保护人民健康、保障国家安全、维护国家长治久安的高度，把生物安全纳入国家安全体系。要全面研究全球生物安全环境、形势和面临的挑战、风险，深入分析我国生物安全的基本状况和基础条件，系统规划国家生物安全风险防控和治理体系建设，全面提高国家生物安全治理能力。尽快推动出台生物安全法，加快构建国家生物安全法律法规体系、制度保障体系。[2]

在执法司法领域，会议要求各级党委和政府要全面依法履行职责，坚持运用法治思维和法治方式开展疫情防控工作，在处置重大突发事件中推进法治政府建设，提高依法执政、依法行政水平。各有关部门要明确责任分工，积极主动履职，抓好任务落实，提高疫情防控法治化水平，切实保障人民群众生命健康安全。要严格执行疫情防控和应急处置法律法规，加强风险评估，依法审慎决策，严格依法实施防控措施，坚决防止疫情蔓延。尤其加大对危害疫情防控行为执法力度，严格执行《传染病防治法》《传染病防治法实施办法》《野生动物保护法》《动物防疫法》《突发公共卫生事件应急条例》等法律法规，依法实施疫情防控及应急处理措施。要加强治安管理、市场监管等执法工作，加大对暴力伤害医务人员的违法行为打击力度，严厉查处各类哄抬防疫用品和民生商品价格的违法行为，依法严厉打击抗拒疫情防控、暴力伤医、制假售假、造谣传谣等破坏疫情防控的违法犯罪行

1 习近平：《全面提高依法防控依法治理能力　健全国家公共卫生应急管理体系》，中华人民共和国中央人民政府网，2020 年 2 月 29 日。

2 同上。

为，保障社会安定有序。要依法规范捐赠、受赠行为，确保受赠财物全部及时用于疫情防控。[1]

在守法领域，会议要求用法律保障人民权益，靠人民维护法律权威。加强疫情防控法治宣传和法律服务，组织基层开展疫情防控普法宣传，弘扬社会主义法治精神，建设社会主义法治文化，引导广大人民群众增强法治意识，增强全社会厉行法治的积极性和主动性，形成守法光荣、违法可耻的社会氛围，依法支持和配合疫情防控工作。强化疫情防控法律服务，加强疫情期间矛盾纠纷化解，为困难群众提供有效法律援助。[2]

（二）健全国家公共卫生应急管理体系

习近平总书记多次要求研究和加强疫情防控工作，既要立足当前，科学精准打赢疫情防控阻击战，更要放眼长远，总结经验、吸取教训，针对这次疫情暴露出来的短板和不足，抓紧补短板、堵漏洞、强弱项，完善重大疫情防控体制机制，健全国家公共卫生应急管理体系。[3]

为此，首先是要改革完善疾病预防控制体系。预防是最经济最有效的健康策略，要坚决贯彻以预防为主的卫生与健康工作方针，坚持常备不懈，将预防关口前移，避免小病酿成大疫。要健全公共卫生服务体系，优化医疗卫生资源投入结构，加强农村、社区等基层防控能力建设，织密织牢第一道防线。要加强公共卫生队伍建设，健全执业人员培养、准入、使用、待遇保障、考核评价和激励机制。要持续

1　习近平：《全面提高依法防控依法治理能力　健全国家公共卫生应急管理体系》，中华人民共和国中央人民政府网，2020 年 2 月 29 日。

2　石伟：《为疫情防控提供有力法治保障》，《学习时报》2020 年 2 月 10 日。

3　习近平：《全面提高依法防控依法治理能力　健全国家公共卫生应急管理体系》，中华人民共和国中央人民政府网，2020 年 2 月 29 日。

加强全科医生培养、分级诊疗等制度建设，推动公共卫生服务与医疗服务高效协同、无缝衔接，健全防治结合、联防联控、群防群治工作机制。要强化风险意识，完善公共卫生重大风险研判、评估、决策、防控协同机制。卫健委进一步明确在改革完善疾病预防控制体系方面的三项具体工作：一是强化监测预警，做到"早发现、早报告、早处置"；二是完善功能定位，创新医防协同机制，对国家、省、市、县级的疾病预防控制机构区分定位，优化资源配置，有条件的省市应面向社会提供公共卫生技术服务；三是加强人才队伍建设，建立保障与激励相结合的运行机制，适当提高疾控人员待遇。[1]

其次是要改革完善重大疫情防控救治体系。要健全重大疫情应急响应机制，建立集中统一高效的领导指挥体系，做到指令清晰、系统有序、条块畅达、执行有力，精准解决疫情第一线问题。要健全科学研究、疾病控制、临床治疗的有效协同机制，及时总结各地实践经验，形成制度化成果，完善突发重大特大疫情防控规范和应急救治管理办法。要平战结合、补齐短板，健全优化重大疫情救治体系，建立健全分级、分层、分流的传染病等重大疫情救治机制，支持一线临床技术创新，及时推广有效救治方案。要鼓励运用大数据、人工智能、云计算等数字技术，在疫情监测分析、病毒溯源、防控救治、资源调配等方面更好发挥支撑作用。为配合 2020 年 6 月 1 日起实施的《基本医疗卫生与健康促进法》，卫健委强调，要健全突发性急性传染病大流行应对预案体系，加大执法力度，健全直达监督机制，提高公民法治意识，构建体系完备、相互衔接、运行高效的公共卫生法律体系。同时，在建设重大疫情应急指挥机制方面，要建立集中的领导指

1　参见习近平:《全面提高依法防控依法治理能力　健全国家公共卫生应急管理体系》，中华人民共和国中央人民政府网，2020 年 2 月 29 日；又见卫健委:《完善重大疫情防控体制机制　健全国家公共卫生应急管理体系》，求是网，2020 年 3 月 2 日。

挥体系，健全平战结合、上下联动的防控机制，强化部门和地区间的协调机制，加强对专业人员和社会公众的培训和演练，提升重大疫情的应急响应能力。[1]

再次是要健全重大疾病医疗保险和救助制度。习近平总书记指出，建立全民医保制度的根本目的就是要解除全体人民的疾病医疗后顾之忧。要及时总结此次疫情防控过程中出现的“先收治”“医疗费用财政兜底”等行之有效的做法，推动形成制度性成果。健全应急医疗救助机制，在突发疫情等紧急情况时，确保医疗机构先救治、后收费，并完善医保异地即时结算制度。要探索建立特殊群体、特定疾病医药费豁免制度，有针对性免除医保支付目录、支付限额、用药量等限制性条款，减轻困难群众就医就诊后顾之忧。要统筹基本医疗保险基金和公共卫生服务资金使用，提高对基层医疗机构的支付比例，实现公共卫生服务和医疗服务有效衔接。[2]

最后是要健全统一的应急物资保障体系。在此次疫情防控过程中，医用设备、防护服、口罩等物资频频告急的现象，反映出国家应急物资保障体系存在突出短板。要把应急物资保障作为国家应急管理体系建设的重要内容，按照集中管理、统一调拨、平时服务、灾时应急、采储结合、节约高效的原则，尽快健全相关工作机制和应急预案。要优化重要应急物资产能保障和区域布局，做到关键时刻调得出、用得上。对短期可能出现的物资供应短缺，建立集中生产调度机制，统一组织原材料供应、安排定点生产、规范质量标准，确保应急物资保障有序有力。要健全国家储备体系与应急物资专项储备制度，科学调整储备的品类、规模、结构，提升储备效能。要建立国家统一

---

1 参见习近平：《全面提高依法防控依法治理能力 健全国家公共卫生应急管理体系》，中华人民共和国中央人民政府网，2020 年 2 月 29 日。

2 同上。

的应急物资采购供应体系和集中生产调度机制，完善跨部门跨地区联防联控物资供应工作机制，建立从供应到使用全链条的信息动态监测系统，对应急救援物资实行集中管理、统一调拨、统一配送，推动应急物资供应保障网更加高效安全可控。[1]

1 参见习近平：《全面提高依法防控依法治理能力 健全国家公共卫生应急管理体系》，中华人民共和国中央人民政府网，2020 年 2 月 29 日。

第二节

多措并举，全面实施经济调控

2020 年 7 月 30 日，中共中央政治局召开会议，研判国内国际形势，总结上半年经济工作，定调和部署下半年经济工作。会议指出，2020 年以来，面对新冠疫情的严重冲击，党中央坚持把人民生命安全和身体健康放在第一位，加大宏观政策应对力度。面对更加不确定、不稳定的外部环境，会议同时提出，要坚持稳中求进的工作总基调，坚持新发展理念，更好统筹疫情防控和经济社会发展工作，坚持以供给侧结构性改革为主线，坚持深化改革开放，牢牢把握扩大内需这个战略基点，大力保护和激发市场主体活力，扎实做好“六稳”工作，全面落实“六保”任务，推动经济高质量发展，维护社会稳定大局，努力完成全年经济社会发展目标任务。[1]会议还提出，要构建“双循环”格局，落实新发展理念，加快形成以国内大循环为主体、国内国际双循环相互促进的新发展格局。

一、坚持“六稳”“六保”，构建“双循环”格局

2020 年 4 月 17 日，中共中央政治局会议去掉了“努力完成全年

1　参见《决定召开十九届五中全会　分析研究当前经济形势和经济工作》，《光明日报》2020 年 8 月 1 日。

经济社会发展目标任务”的提法，首次提出了“保居民就业、保基本民生、保市场主体、保粮食能源安全、保产业链供应链稳定、保基层运转”的“六保”任务。此后决策层多次提出，当前政策调节的着力点要放在“六稳”“六保”上，李克强总理在2020年政府工作报告中亦未提出全年经济增速的具体目标，以期引导各方面集中精力抓好“六稳”“六保”工作。就二者的关系而言，“六保”是底线和基础，是针对新形势的积极举措和当前经济工作的主线，只有切实做到“六保”任务，才能实现“六稳”目标，才能稳住经济基本盘，为全面实现小康社会夯实基础。[1]

“六保”作为“六稳”工作的着力点，首要任务在于保居民就业、保基本民生与保市场主体。其中，“就业”是“六稳”（即稳就业、稳金融、稳外贸、稳外资、稳投资、稳预期）与“六保”的唯一交集，是民生之本、发展之基，也是财富创造的源头活水。2020年政府工作报告提出当年“劳动市场目标包括：城镇调查失业率为6%左右，城镇登记失业率为5.5%左右，城镇新增就业900万人以上”（对比2019年相关目标为5.5%、4.5%和1 100万人）。[2]但在疫情冲击的损失尚未得到完全弥补的情况下，推动经济回归正常水平还需艰苦努力，保就业目标仍面临较大压力。此外，保就业要通过保市场主体来实现，疫情对就业造成的巨大压力正是从影响企业尤其是中小企业的正常经营开始的。

2020年5月23日，习近平总书记在全国政协十三届三次会议经济界委员联组会上提出，要“着力打通生产、分配、流通、消费各个环节，逐步形成以国内大循环为主体、国内国际双循环相互促进的新发展格局”。7月30日，中共中央政治局会议提出：“加快形成以

1　参见王静文：《一文看清过去一个月的政策脉络（2020年5月）》，财新网，2020年5月31日。
2　《2020年政府工作报告（全文）》，新华网，2020年5月30日。

国内大循环为主体、国内国际双循环相互促进的新发展格局”，构建“以国内大循环为主体”的双循环新发展格局有望成为贯穿未来十年中国结构性改革的逻辑主线，也将成为“十四五”“十五五”规划时期的战略重点。[1]

二、有序推进复工复产

各部门各地方多措并举，为企业，特别是中小企业和个体工商户，减负纾困。各地方及时制定实施细则，将疫情防控、公共事业运行、群众生活必需等领域的1万多家企业列为重点，通过租用专车、专列、包机等方式“点对点”“一站式”帮助农民工返岗，并从个人防护物资、人流、物流等方面为企业复工提供全方位服务。针对公共交通运输、餐饮、住宿、旅游、体育、娱乐等受疫情影响较大的行业，采取免征增值税等税收优惠政策。阶段性减免企业社保费，缓缴住房公积金，免收公路通行费，降低企业用电用气价格，减轻小微企业和个体工商户房租负担。对中小微企业贷款实施临时性延期还本付息、新增优惠利率贷款。支持大学生、农民工等重点群体创业就业，扩大中小微企业稳岗返还政策受益面，发力稳就业，促进中小企业发展。用好用足出口退税、出口信用保险政策，扩大出口信贷投放，开拓多元化市场，加快压减外资准入负面清单，持续扩大外资市场准入，为企业“补血”“减负”“拓空间”。国有企业发挥主力军作用，带动上下游产业和中小企业全面复工复产。至2020年4月底，全国规模以上工业企业复工率超过99%，中小微企业复工率达到88.4%，重大项目复工率超过95%；湖北全省规模以上工业企业复工率、员工到岗率分别达到98.2%、92.1%，整体接近

1 参见《2020年7月30日中共中央政治局会议纪要》，新华网，2020年7月30日。

全国平均水平。一批国家重点科技专项、超级民生工程、重大标志性外资项目重现往日繁忙景象。[1]

多部门联合出台意见依法保障疫情防控期间复工复产。2020年2月26日，中央政法委会同最高人民法院、最高人民检察院、公安部、司法部联合印发《关于政法机关依法保障疫情防控期间复工复产的意见》(以下简称《意见》)，为疫情期间恢复正常生产活动提供执法和司法保障。《意见》针对各地企业陆续复工复产可能带来的法律问题，以相关法律和基本政策为依据，重点围绕如何完善法规政策、如何规范执法司法、如何调处化解矛盾纠纷、如何提供优质高效的政法公共服务等方面，明确多项工作举措和具体要求。一是推动健全完善促进复工复产的政策法规。《意见》要求，要推动出台维护中小企业合法权益的相关制度条例，密切配合有关部门出台复工复产、扩大内需、维护企业和职工合法权益方面的政策规定。加强依法防控疫情、保障企业复工复产有关法律政策问题研究。二是大力推动严格规范司法执法行为。《意见》对公、检、法三机关惩治疫情和影响复工复产的犯罪提出了明确的要求，三机关在严厉打击严重妨害疫情防控违法犯罪和其他违法犯罪行为的同时，要纠正制止简单粗暴的执法行为，认真贯彻少捕慎诉的司法理念，宽严相济地适用法律，准确把握法律政策界限，营造良好的司法环境，依法保障复工复产。三是切实做好矛盾纠纷排查调处工作。《意见》明确提出，要完善矛盾纠纷源头预防、排查预警、多元化解机制，及时发现各类风险隐患。主动做好心理疏导，引导全社会关心关爱确诊人员、隔离人员和病人家属。建立健全多层次、多类型的调解组织网络。加强多种调解机制之间衔接联动，实现资源整合和信息共享。

1　中华人民共和国国务院新闻办公室：《抗击新冠肺炎疫情的中国行动》(白皮书)，新华网客户端，2020年6月7日。

鼓励具有一定专业知识和工作经验的社会力量参与调解工作，为企业和职工提供便捷高效的调解服务。四是加强法律咨询服务和法律宣传教育。在司法部的指导下，各级司法行政机关和法律工作者调整工作方法，运用新媒体、新技术，提供法律咨询服务、进行法律宣传教育。既能够有效回应群众关切、疏导群众心理，维护人民群众和复工复产企业的合法权益，又能够方便一线防控工作人员和群众了解掌握有关防控的法律知识。[1]

中央其他部委也纷纷出台一系列政策措施，推动企业复工复产。2020 年 2 月 8 日，央行发布《财政部　发展改革委　工业和信息化部　人民银行　审计署关于打赢疫情防控阻击战　强化疫情防控重点保障企业资金支持的紧急通知》，要求中央财政安排贴息资金支持降低企业融资成本，并通过专项再贷款支持金融机构加大信贷支持力度。2 月 12 日，国务院扶贫办和中国银保监会联合印发通知，从适当延长还款期限、简化业务流程手续、保持扶贫小额信贷政策稳定性，不抬高贷款门槛，不缩短贷款期限等方面积极应对疫情影响。2 月 14 日，中国银保监会办公厅发布《关于进一步做好疫情防控金融服务的通知》，要求降低融资成本，提供优惠利率和优质金融服务，支持企业恢复产能和扩大生产。2 月 15 日，市场监管总局等三部门印发《支持复工复产十条》，简化企业复工面临的手续问题。此外，商务部、工信部、农业农村部、国家发展改革委、科技部、交通运输部、最高人民法院、海关总署、民航局等也分别就各自领域的工作重点发布通知支持企业复工复产。[2]

1　参见《中共中央政法委员会　最高人民法院　最高人民检察院　公安部司　法部关于印发〈关于政法机关依法保障疫情防控期间复工复产的意见〉的通知》，中国法学会，2020 年 2 月 29 日。

2　《“软举措 + 硬管控”：政策强力推动中国制造业复工复产》，中国经济网，2020 年 3 月 2 日。

三、加快复苏制造业，确保产业链、供应链稳定

2020 年 1 月 3 日，国务院常务会议明确指出，“制造业具有基础性支撑作用……（要）促进制造业稳增长”，并提出了“继续实施以制造业为重点的减税降费措施”“大力发展先进制造业”“扩大制造业开放”“深挖内需潜力”等推进制造业发展的具体施政方向。[1] 新冠疫情暴发后，在疫情防控要求下，传统劳动密集型制造企业受到较大冲击，而交通、物流、酒店、娱乐、餐饮、商业地产等上下游相关产业的停摆、外需疲软内需不振等经济下行压力也传导到加工制造环节，造成制造业复苏乏力。基于此，决策层加大宏观调控对冲力度，通过财政、货币“双策驱动”提振制造业。2020 年政府工作报告指出，积极的财政政策要更加积极有为。当年赤字率按 3.6% 以上安排，财政赤字规模比上一年增加 1 万亿元，同时发行 1 万亿元抗疫特别国债。稳健的货币政策要更加灵活适度。综合运用降准降息、再贷款等手段，引导广义货币供应量和社会融资规模增速明显高于 2019 年。保持人民币汇率在合理均衡水平上基本稳定。创新直达实体经济的货币政策工具，务必推动企业便利获得贷款，推动利率持续下行。

2020 年 7 月 30 日，中共中央政治局会议在提出继续实施积极的财政政策和稳健的货币政策的基础上，增设了增加制造业中长期融资的新目标，确保新增融资重点流向制造业、中小微企业，宏观经济政策要加强协调配合，促进财政、货币政策同就业、产业、区域等政策形成集成效应。稳健的货币政策降低了市场化手段融资成本，扩大了广义货币供应量和社会融资规模，为制造业发展积极“开源”；积极

---

1 《李克强主持召开国务院常务会议　确定促进制造业稳增长的措施等》，中国政府网，2020 年 1 月 3 日。

的财政政策以更大强度的减税降费举措进一步降低企业负担，为制造业发展有效“节流”。双策并举，将资金活水引向市场主体，对于帮助制造业走出疫情和全球经济衰退带来的下行压力、实现 2020 年全年 3.4%[1] 的正向增长具有非常重要的意义。

国家政策支持提高产业链、供应链的稳定性和竞争力。首先，保障产业链、供应链稳定畅通。2020 年 5 月 14 日，中共中央政治局常委会会议指出，要在做好常态化疫情防控的前提下，打通堵点、连接断点，加强要素保障，促进上下游、产供销、大中小企业协同复工达产，畅通产业循环、市场循环、经济社会循环；同时加强国际协调合作，共同维护国际产业链、供应链安全稳定。就具体工作内容而言：一是打通断点、堵点、难点，加强国内外合作。聚焦重点产业链，推动龙头企业带动上下游中小企业协同复产、达产、扩产，畅通物流、人流、资金流、信息流。二是贯彻落实财税、金融、社保等各项支持政策，切实降低企业成本，提升产业发展活力。三是落实扩大内需战略，鼓励互联网平台带动外向型企业出口转内销，加快推进 5G 等新型基础设施建设，释放消费潜力。四是巩固提升产业链优势，加快传统产业转型升级，培育一批先进制造业集群，增强产业链、供应链抗风险能力，推动制造业高质量发展。五是强化国际抗疫合作，持续深化对外开放，充分发挥外资企业在产业链中的作用，主动参与全球产业链重塑。

其次，在保障稳定性的基础上，决策层提出，要紧扣产业链、供应链部署创新链，不断提升科技支撑能力，将提升产业链、供应链现代化水平作为加快发展现代产业体系、推动经济体系优化升级的重点任务。要加快推动制造业迈向价值链的中高端，既要加强关键核心技术攻关，也要加快传统产业的高端化、智能化、绿色化改

1 《2020 年国民经济稳定恢复　主要目标完成好于预期》，国家统计局官网，2021 年 1 月 18 日。

造。一是在提升传统产业链中锻造长板。加大企业设备更新和技术改造力度，同时优化区域产业链布局，推动先进制造业集群化发展，培育一批新的经济增长极。二是补齐产业链、供应链的短板。实施产业基础再造工程，加快基础关键技术和重要产业工程化攻关，在重点领域布局一批国家制造业创新中心，加快科技成果的转化和产业化。三是发挥优质企业的重要作用。整合创新资源和要素，培养一批具有生态主导力的产业链"链主"企业。加强对中小微企业的政策支持，支持中小企业在产业优势领域精耕细作。在产业链的重要节点形成一批专精特新"小巨人"企业和制造业单项冠军企业，促进大中小企业融通发展。[1]

四、以扩大内需为战略基点，促进消费扩容提质

随着外部环境和我国发展所具有的要素禀赋的变化，国际大循环动能明显减弱，而我国内需潜力则不断释放，国内大循环活力日益强劲[2]，成为中国经济发展的基本动力。中国有14亿人口，中等收入群体超过4亿人，是全球最具潜力的大市场[3]。2020年年初以来，多个省份和地区以发放消费券、减免汽车和家电行业税费等措施来提振当地消费，对于短期内释放部分消费潜力影响显著。[4]例如，截至2020年4月，杭州发放的消费券已核销2.2亿元，带动消费23.7

---

1 参见《人民日报》刊文：《提升产业链供应链现代化水平》，新浪财经，2021年4月8日；《推动产业链协同复工复产 保持产业链供应链稳定畅通》，国务院新闻办公室网站，2020年7月23日；《胡春华强调：千方百计稳住外贸外资基本盘》，中国政府网，2020年7月9日；《提升产业链供应链现代化水平》，人民网，2020年12月25日。

2 习近平：《在经济社会领域专家座谈会上的讲话》，新华网，2020年8月24日。

3 《习近平在第三届中国国际进口博览会开幕式上的主旨演讲》，新华网，2020年11月4日。

4 参见习近平：《在经济社会领域专家座谈会上的讲话》，新华网，2020年8月24日；《习近平在第三届中国国际进口博览会开幕式上的主旨演讲》，新华网，2020年11月4日。

亿元，乘数效应达10.7倍；郑州首期发放5 000万元消费券，发放两日核销1 152.4万元，带动消费1.28亿元，乘数效应达11倍。[1]但从中长期来看，居民可支配收入和市场供给、消费环境等需求端、供给端要素在提升消费能力上起到了更为根本性的作用，这也正是国家施策的关键着力点。

政府从多方面着手，寻求切实提高城乡居民可支配收入和可持续消费能力。一是复工复产稳就业，增加居民工资性收入。随着疫情防控取得积极成效，复工复产复市持续推进，带动就业岗位逐步恢复，城镇就业人数持续增长。2020年9月份失业率回落至5.4%，12月份失业率降至5.2%，与2019年同期持平。[2]与此同时，提高失业保险稳岗返还标准、阶段性减免缓缴企业社保费、给予中小微企业一次性吸纳就业补贴等措施也进一步支持了企业稳定岗位、保障就业。[3]二是减税降费控成本，增加居民经营净收入。加强对小微企业、个体工商户和农户的普惠金融服务，包括对金融机构向小微企业、个体工商户、农户发放100万元及以下贷款的利息收入免征增值税；对向农户发放10万元及以下贷款的利息收入、为种养殖业提供保险业务的保费收入，按90%计入所得税应纳税所得额；对小贷公司10万元及以下农户贷款的利息收入免征增值税，并按90%计入企业所得税应纳税所得额，对其按年末贷款余额1%计提的贷款损失准备金，准予所得税税前扣除等具体措施。[4]三是基本民生保障有力，增加居民转移性收入。2020年1月至11月，全国一般公共预算支出中，就业、住房保障、扶贫支出分别增长9.8%、9.5%、9.2%[5]；城乡居民基础养

1　商务部：《消费券刺激消费成效积极》，《经济日报》2020年4月9日。
2　张毅：《就业形势总体改善　重点群体保障有力》，国家统计局官网，2021年1月19日。
3　《财政政策支持"六保"　税费减免补贴担保贴息齐上阵》，财新网，2020年7月17日。
4　国常会：《积极应对疫情影响努力稳住外贸外资基本盘》，财新网，2020年4月7日。
5　《国家统计局局长就2020年全年国民经济运行情况答记者问》，国家统计局官网，2021年1月18日。

老金标准继续提高，覆盖面持续扩大，全国居民人均养老金或离退休金增长 7.8%；最低生活保障政策不断完善，保障标准继续上调，各地普遍加大困难群众救助补贴力度，全国居民人均社会救济和补助收入增长 18.7%，人均政策性生活补贴收入增长 12.7%。[1] 保基本民生力度加大使得居民转移净收入快速增长，2020 年全国居民人均转移净收入为 6 173 元，同比增长 8.7%，对兜住居民收入增长底盘发挥了重要的“稳定器”作用[2]，在巩固疫情防控成果的同时实现了居民收入与经济同步增长。2020 年全年全国居民人均可支配收入 32 189 元，比上年增长 4.7%，扣除价格因素，实际增长 2.1%。[3] 居民收入的恢复与增长持续释放消费需求，对经济增长的拉动作用逐季回升：一至四季度最终消费支出分别拉动 GDP 增长 −4.3%、−2.3%、1.4% 和 2.6%，四季度比三季度提高 1.2 个百分点。[4]

有关部门同时大力推动加强技术创新，培育新型消费模式与新的消费增长点。2020 年 2 月 28 日，国家发展改革委、中宣部、财政部等 23 个部门联合印发《关于促进消费扩容提质加快形成强大国内市场的实施意见》（以下简称《意见》），从“市场供给”“消费升级”“消费网络”“消费生态”“消费能力”“消费环境”六个方面给出促进消费扩容提质的对策，以实现“抓防疫”“促发展”的双重要求。其中，针对疫情防控态势下持续升温的线上消费、新型消费、升级消费等趋势，《意见》提出，要加强消费物流基础设施建设，推动电商物流节点与铁路、公路、水运、航空运输网络统筹布局、融合发展，完善城乡物流配送网络；要加快新一代信息基础设施建设，加快

1 方晓丹：《全国居民收入比 2010 年增加一倍　居民消费支出稳步恢复》，中国经济网，2021 年 1 月 19 日。

2 同上。

3 盛来运：《不平凡之年书写非凡答卷——〈2020 年国民经济和社会发展统计公报〉评读》，国家统计局官网，2021 年 2 月 28 日。

4 赵同录：《经济持续稳定恢复　总量迈上新台阶》，中国经济网，2021 年 1 月 19 日。

5G 网络等信息基础设施建设和商用步伐，依托“互联网 +”推动公共服务向农村延伸，努力降低农村信息网络使用成本；要完善“互联网 +”消费生态体系，鼓励线上线下融合等新消费模式发展；要大力发展“互联网 + 社会服务”消费模式，促进教育、医疗健康、养老、托育、家政、文化和旅游、体育等服务消费线上线下融合发展，拓展服务内容，扩大服务覆盖面。[1] 2020 年，全国网上零售额比上年增长 10.9%，增速同比前三季度提高 1.2%。其中，实物商品网上零售额增长 14.8%，明显好于同期社会消费品零售总额；实物商品网上零售额占社会消费品零售总额的比重为 24.9%。在实物商品网上零售额中，“吃”类和“用”类商品零售额增速较快，分别增长 30.6% 和 16.2%。在线上消费快速增长带动下，全年快递业务量超过 830 亿件，比上年增长超过 30%。[2]

1　参见《关于促进消费扩容提质加快形成强大国内市场的实施意见》，国家发展改革委网站，2020 年 2 月 28 日。

2　董礼华：《消费市场经受住疫情冲击　消费结构持续升级》，中国经济网，2021 年 1 月 19 日。

第三节

推进公共卫生治理体系法治化建设

疫病防控能力是国家治理体系和治理能力的重要组成部分，而公共卫生法治体系则是强化与提升疫病防控能力的基础制度保障。此次新冠疫情防疫工作暴露出我国公共卫生法治体系存在的不足，特别是体现为“法律上仍有空白、弱项、短板，缺乏全覆盖和硬约束、硬条款，有些法律规定相互衔接不够，甚至出现矛盾”等问题，“确有系统进行修订、完善的必要”。

决策层高度重视新冠疫情的依法防控、依法治理工作，明确提出要“补短板、堵漏洞、强弱项”，“全面加强和完善公共卫生领域相关法律法规建设”，“构建系统完备、科学规范、运行有效的疫情防控法律体系”。全国与地方各省人大及其常委会积极落实中央精神，以“钉钉子”的精神和务实高效的作风，逐步完善公共卫生方面的法律，推动建立健全公共卫生法治保障体系。[1]

---

1 参见秦平：《把防控成功经验纳入公共卫生立法》，《法制日报》2020 年 6 月 4 日；《全国人民代表大会常务委员会法制工作委员会关于强化公共卫生法治保障立法修法工作有关情况和工作计划的报告》，中国人大网，2020 年 5 月 12 日；习近平：《全面提高依法防控依法治理能力健全国家公共卫生应急管理体系》，新华网客户端，2020 年 2 月 29 日；《为疫情防控提供有力法治保障》，央广网，2020 年 2 月 6 日。

一、全国性立法规划先行、逐步推进

2020 年 4 月 26 日，十三届全国人大常委会第十七次会议审议《全国人民代表大会常务委员会法制工作委员会关于强化公共卫生法治保障立法修法工作有关情况和工作计划的报告》(以下简称《报告》)，这是全国人大常委会首次听取专门领域立法工作情况的报告。《报告》着眼于进一步完善和强化公共卫生法治保障体系，明确了相关立法修法工作的原则和要求、三个阶段的重要任务，以及相关组织和工作方式，为全面加强公共卫生领域法治保障确定了任务书。6 月 1 日，十三届全国人大常委会第五十八次委员长会议通过了调整后的《全国人大常委会 2020 年度立法工作计划》，结合《十三届全国人大常委会强化公共卫生法治保障立法修法工作计划》(以下简称《工作计划》)，就 2020 年度公共卫生领域立法修法任务做出更具体安排，进一步细化了时间表、路线图。[1]

为落实党中央决策部署，结合各方面意见，《工作计划》统筹考虑提出需要制定修改的法律分为三个部分：第一部分是拟在 2020—2021 年制定修改的法律，共 17 件；第二部分是拟综合统筹、适时制定修改的相关法律，共 13 件；第三部分是其他需制定修改的相关法律。[2] 全国人大常委会从人大法定职责出发，及时做出有关决定，统筹做好立法工作，就疫情防控、强化公共卫生法治保障多次做出专门部署，推动贯彻落实《工作计划》，当年各项重点工作都取得重大进展。

首先是拟在 2020—2021 年制定修改的法律。审议通过关于全

1　孙梦爽：《让公共卫生立法成为保障人民生命健康安全的“护身符”》，《中国人大》2020 年第 14 期。

2　参见《全国人民代表大会常务委员会法制工作委员会关于强化公共卫生法治保障立法修法工作有关情况和工作计划的报告》，中国人大网，2020 年 5 月 12 日。

面禁止非法野生动物交易、革除滥食野生动物陋习、切实保障人民群众生命健康安全的决定，聚焦滥食野生动物的突出问题，在相关法律修改之前，全面禁止食用野生动物，严厉打击非法野生动物交易，为维护公共卫生安全和生态安全、保障人民群众生命健康安全提供有力的立法保障。[1]审议通过《固体废物污染环境防治法》修订草案三审稿，在总结疫情防控经验的基础上，加强医疗废物的管理，并对不得挪用生活垃圾处理费、禁止使用一次性塑料制品做出明确规定。[2]审议通过《生物安全法》，在2019年10月、2020年4月两次审议的基础上，第三次草案进一步完善了维护生物安全原则和生物安全管理体制，提出建立生物安全审查制度，并明确了相关法律责任。[3]审议通过《中华人民共和国民法典》，为打赢疫情防控阻击战提供民事保障，对不遵守传染病防治规定，给他人造成人身、财产损失的，违法者不仅要承担相关行政、刑事责任，更要承担民事赔偿责任；并总结汲取新冠疫情的防控经验和法治需求，及时增加、完善监护制度、财产征用制度等相关制度规定。[4]审议通过《刑法修正案（十一）》，强化公共卫生刑事保障，修改妨害传染病防治罪，进一步明确新冠肺炎等依法确定的采取甲类传染病管理措施的传染病，属于本罪调整范围；与《生物安全法》相衔接，增加规定了非法从事人类基因编辑、克隆胚胎犯罪，严重危害国家人类遗传资源安全犯罪和非法处置外来入侵物种犯罪。[5]此外，《动物防疫法》

---

1 《关于全面禁止非法野生动物交易、革除滥食野生动物陋习、切实保障人民群众生命健康安全的决定草案提请全国人大常委会审议》，中国人大网，2020年2月24日。

2 参见《固体废物污染环境防治法修订草案三审稿提请审议》，中国人大网，2020年4月27日。

3 参见《生物安全法草案完善生物安全管理体制　发生重大疫情由地方政府统一履行区域内防控职责》，中国人大网，2020年10月15日。

4 《民法典为打赢疫情防控阻击战提供民事保障》，澎湃新闻，2021年1月18日；《民法典针对疫情防控增加新内容》，新华网，2020年8月25日。

5 参见《刑法完成新一轮大修　刑事责任年龄作出调整》，新华网客户端，2020年12月26日。

修订草案和《野生动物保护法》修订草案业已提交全国人大常委会审议，《传染病防治法》《突发事件应对法》《国境卫生检疫法》《进出境动植物检疫法》《畜牧法》《农产品质量安全法》《执业医师法》《科学技术进步法》《治安管理处罚法》的修改工作以及《社会救助法》的制定工作，由有关部门牵头起草，正在按照《专项立法修法工作计划》的部署高效有序进行。

其次是拟综合统筹、适时制定修改的相关法律，包括涉及公共卫生管理体系的法律，如《基本医疗卫生与健康促进法》《中医药法》《药品管理法》《疫苗管理法》《献血法》《职业病防治法》《精神卫生法》《母婴保健法》等；涉及动植物和动物源性食品安全有关的法律，如《渔业法》《食品安全法》等；涉及疫情防控有关问题的法律，如《红十字会法》《慈善法》《公益事业捐赠法》等。对于上述立法项目，全国人大常委会法工委发言人、立法规划室主任岳仲明指出，要结合疫情防控和健全公共卫生应急管理体系的需要，开展深入评估。其中，有的制定修改时间不久，如《基本医疗卫生与健康促进法》《药品管理法》《疫苗管理法》等；有的需要与其他立法项目统筹考虑，如《渔业法》《食品安全法》等；有的部分内容涉及公共卫生保障问题，如《红十字会法》《慈善法》等。上述立法项目经评估论证后，有必要又可行的，可以采取多种形式，有针对性进行修改，适时安排审议。[1]

再次是其他需制定修改的相关法律。根据公共卫生领域深化改革、健全制度体系的需要，可能还要制定新的法律、修改其他法律，适时安排审议。按照将健康理念融入各项政策的精神，还要求在制定

1 参见《全国人民代表大会常务委员会法制工作委员会关于强化公共卫生法治保障立法修法工作有关情况和工作计划的报告》，中国人大网，2020 年 5 月 12 日；《强化公共卫生法治保障：全国人大常委会首次制定专项立法修法工作计划，你想知道的这儿都有》，中国人大网，2020 年 4 月 29 日；《立法修法如何强化公共卫生法治保障？》，新华网，2020 年 4 月 30 日。

修改生态环境、社会管理、行政处罚、国家安全等方面有关法律时，将公共卫生法治保障融入各项法律之中。[1]

二、央地协同，确保防疫工作依法有序开展

在新冠疫情暴发的特殊时期，地方各级人大及其常委会根据党中央关于人大工作的要求以及宪法法律的规定，结合地域实际，充分发挥立法及监督职能。2020 年 2 月 7 日以来，上海、北京、浙江、江苏、河北、吉林、黑龙江、安徽、福建、江西、山东、重庆、四川、广东、宁夏等省、自治区、直辖市人大常委会以及杭州、温州、宁波、常州、怀化等设区的市人大常委会临时加开常委会会议，审议通过了各自关于依法全力做好当前新型冠状病毒感染肺炎疫情防控工作的决定。疫情防控决定是特殊时期的特别法规性决定，通常自公布之日起施行，至疫情防控结束之日终止，因其应急、及时和高效性而具有优先适用的法律效力。此类决定是地方人大常委会在疫情防控的关键时期，贯彻落实习近平总书记关于“疫情防控越是到最吃劲的时候，越要坚持依法防控”的重要指示精神，创造性地开展地方立法工作，增强地方立法及时性、针对性、有效性的重要范例，回应解决了政府职能部门和基层单位在疫情防控工作中急迫的法治需求，为打好疫情防控阻击战提供了及时、有效的法治支撑，并为吸纳疫情防控工作的有效经验、完善公共卫生法治体系提供了重要参考。[2]

---

1 《强化公共卫生法治保障：全国人大常委会首次制定专项立法修法工作计划，你想知道的这儿都有》，中国人大网，2020 年 4 月 29 日。

2 参见胡健、王颖：《关键时刻提供法治保障：地方人大出台战“疫”决定亮点多多》，《中国人大》2020 年第 4 期；又见周华：《在疫情防控的法治保障中充分发挥人大职能作用》，《人大研究》2020 年第 4 期。

（一）明确职责，依法授权

首先，明确地方政府相关职责、工作要求。各级人民政府和街道办事处明确了属地管理责任，建立联防联控机制。多地决定要求建立健全省、市（地）、县（区）、乡镇（街道）、城乡社区（村）等的防护网络，落实“网格化管理”措施，形成跨部门、跨层级、跨区域防控体系。多地决定指出，政府应就服务和保障生产经营活动、加大科研攻关力度、加强与疫情防控和应急救援有关的慈善募捐活动的规范管理等事项积极采取措施。政府配合疫情防控工作的要求，充分发挥在线政务服务平台的作用，优化政务服务流程，鼓励企事业单位、社会组织和个人在线办理各项业务。

其次，授权政府可就采取临时性应急管理措施制定规章。一方面，鉴于疫情防控工作的特殊性、复杂性、应急性，多地决定明确政府可以就采取临时性应急管理措施制定地方政府规章，或者发布决定、命令和通告等，及时调整相关实施细则和配套文件。例如，北京市决定的授权对象是市、区人民政府及其有关部门，上海市决定的授权对象是市人民政府，河北、吉林、江苏、浙江、安徽等省（区、市）决定的授权对象是县级以上人民政府。另一方面，该项授权仍需在法治框架内行使，决定也进一步明确了政府就采取临时性应急管理措施制定地方政府规章或者发布决定、命令和通告等的前提、原则和范围。例如，黑龙江省的决定明确要求，临时性应急行政管理措施应当与疫情可能造成的社会危害的性质、程度和范围相适应，实行人性化管理，避免因简单粗暴的硬性应急管理措施引发纠纷。

再次，明确政府可以依法采取征用应急物资等管控和保障措施。多地决定明确指出，必要时，政府可以依法临时征用应急救援所需场地、房屋、交通工具、相关设施设备，紧急调集人员或者调用储备物资；县（区）政府及有关部门应当加大疫情防控物资生产、供给的统筹力度，优先满足一线医护人员和救治病人对疫情防控物资的需要；应急救援物资保障实行特事特办，要求发展改革、经济信息化、商务、应急管理、市场监管、财政、口岸查验、住房城乡建设等有关部门创新监管方式，优化工作流程，建立绿色通道，为应急救援物资的供应和使用以及应急救援工程建设等提供便利。

（二）发动群众，全面防控

首先，各地立法规范疫情信息报告和公布，加强舆论宣传和引导。为进一步动员全社会积极参与、配合打好疫情防控阻击战，多个地方的决定规定，政府及其有关部门应当实事求是、公开透明、迅速及时公布疫情信息，不得缓报、漏报、瞒报、谎报，要依法依规保护公民个人信息和个人隐私；媒体应当积极开展公益宣传，提高群众的科学防护意识和水平，引导广大群众正确理解、积极配合、科学参与疫情防控，在全社会营造全民抗击疫情的积极氛围；明确任何单位和个人不得编造、传播有关疫情的虚假信息，不得歧视、侮辱确诊和疑似病人。

其次，形成覆盖各单位及个人的群防群控机制，明确权利义务及主体责任。多地决定明确了基层社区、相关单位和个人等各方的权利义务。一是明确疫情防控应当发挥群防群治力量，充分发动基层群众性自治组织采取针对性防控举措。二是明确相关单位落实防控措施的主体责任，要求机关、企事业单位、社会组织应当建立健全防控工作责任制和管理制度，对重点人员、重点群体、重要场所、重要设施实施严格管控，加强健康监测，发现异常情况及时报告相关部门。三是强调业主委员会、物业服务企业应当配合做好疫情防控工作。四是要求个人做好自我防护，并积极配合有关部门开展信息采集、观测隔离、集中治疗等疫情防控工作。此外，多地决定也对单位和个人违犯相关法律、法规和本决定的各类法律责任做出了进一步规定。

最后，实行与疫情防控相关的奖励、抚恤、补贴等制度。多地决定明确规定，对在疫情防控工作中做出显著成绩和贡献的单位和个人，给予表彰和奖励；对因参与疫情防控工作致病、致残、死亡的人员，按照有关规定给予补助、抚恤；对从事疫情防控工作的人员，按照国家和地方的规定给予适当的津贴、补贴。

（三）严格执法，加强监督

首先，充分发挥人大及各级人大代表的监督职能。多地决定明确要求，地方人大常委会应当通过听取专项工作报告等方式，加强对该决定执行情况的监督；发挥各级人大代表作用，汇集、反映人民群众的意见和建议，督促有关方面落实疫情防控的各项工作。

其次，明确要求行政执法机关依法履职、严格执法。多地决定要求各级行政执法机关严格执行法律、法规规定，加大治安管理、市场监管等执法工作力度，对扰乱医疗秩序、隐瞒谎报疫情、制售伪劣防护产品、非法捕杀交易运输野生动物及制品等违法行为加大打击力度，依法保障人民群众生命健康安全。例如，吉林、江苏等省（区、市）的决定专门规定了政府和有关部门、国家工作人员未依照法律、法规和该决定履行疫情防控职责所应承担的法律责任；黑龙江省的决定明确要求政府指导企业灵活妥善协商处理疫情防控期间的劳动用工和工资待遇问题，要求司法行政部门应当加强疫情防控相关政策的合法性审查工作；等等。

第四节

完善疫情防控执法和司法保障

一、重拳出击，打击涉疫违法犯罪行为

2020 年 2 月 6 日，最高人民法院、最高人民检察院、公安部、司法部印发《关于依法惩治妨害新型冠状病毒感染肺炎疫情防控违法犯罪的意见》(以下简称《惩治意见》)。随后，《关于做好新型冠状病毒肺炎疫情防控期间保障医务人员安全维护良好医疗秩序的通知》《关于认真贯彻落实中央全面依法治国委员会第三次会议精神　切实做好防控新型冠状病毒感染肺炎疫情期间审判执行工作的通知》等文件在一周内相继制定出台。自 2020 年 3 月起，最高人民法院、最高人民检察院接连发布依法惩处妨害疫情防控犯罪典型案例和依法办理妨害新冠疫情防控犯罪典型案例，指导全国各级人民法院、人民检察院准确适用法律，依法从严从快惩处各类涉疫犯罪，为疫情防控工作提供司法保障。[1]

(一) 依法严惩危害疫情防控的违法犯罪行为

在疫情防控工作有序开展的同时，一些地方也出现了暴力伤医、抗拒防控、制假售假等妨害疫情防控与社会秩序有序运行的行为。司

1　参见《服务“六稳”“六保”：企业安心　群众暖心》，《人民法制报》2020 年 3 月 7 日。

法机关从严把握犯罪适用立场，加大惩治力度。用足用好刑法和相关法律规定，对《惩治意见》规定的九类犯罪，一律从严从重追究刑事责任。特别是在疫情防控特殊时期，坚持“严”字当头，敢于亮剑，绝不手软，依法严惩故意传播新冠肺炎病原体等抗拒疫情防控措施犯罪，切实保障人民群众生命安全和身体健康；依法严惩暴力伤医犯罪，确保奋战在防控一线的医护人员安心放心；依法严惩生产、销售伪劣医用器材、防护用品以及囤积居奇、哄抬物价犯罪，维护正常经济秩序；依法严惩趁火打劫、诈骗财物犯罪，确保社会大局稳定；等等。

以“以危险方法危害公共安全罪”为例，为明确涉疫情场合本罪的合理适用，《惩治意见》规定，已经确诊的新型冠状病毒感染肺炎病人、病原携带者，拒绝隔离治疗或者隔离期未满擅自脱离隔离治疗，并进入公共场所或者公共交通工具的，或者新型冠状病毒感染肺炎疑似病人拒绝隔离治疗或者隔离期未满擅自脱离隔离治疗，并进入公共场所或者公共交通工具，造成新型冠状病毒传播的，而且主观上行为人具有传播新型冠状病毒感染肺炎病原体故意的场合，成立以危险方法危害公共安全罪。《全国检察机关依法办理妨害新冠肺炎疫情防控犯罪典型案例》（第三批）指出，对于明知自身已经确诊为新冠肺炎患者或者疑似病人，出于报复社会等主观故意，恶意散播病毒、感染他人，后果严重，情节恶劣，也应当以“以危险方法危害公共安全罪”定罪处罚。可见，《惩治意见》与检察机关指导案例从行为人的主观心态出发，对以危险方法危害公共安全罪的适用采取了从严把握的立场。[1]同时，司法机关重视从宽情节的适用，避免简单化、粗

1 何荣功：《以司法智慧“依法从严”办理涉疫犯罪案件》，《检察日报》2020 年 3 月 2 日；《“两高两部”相关负责人就依法惩治妨害新冠肺炎疫情防控违法犯罪的意见答记者问》，福州市司法局网站，2020 年 2 月 13 日。

暴化处理，保证相关案件处理在法治轨道上依法进行。

（二）积极推动严格规范公正文明执法

新冠疫情暴发后，中央和地方各级政府高度重视，各地纷纷启动重大公共卫生突发事件一级响应，并分别采取了包括隔离、封城、交通管制以及延长春节假期、禁止提前复工等一系列严格的管控措施，及时有力地阻断了疫情传播的渠道，取得了良好的疫情防控效果。但与此同时，个别执法人员的思维和行为方式也明显超出了法律授权的范围，出现矫枉过正的情况。为贯彻落实党中央、国务院关于疫情防控工作的决策部署，保障疫情防控工作顺利开展，司法部于2020年2月24日印发了《关于推动严格规范公正文明执法为疫情防控工作提供有力法治保障的意见》（以下简称《执法意见》），强调严格规范公正文明执法的重要性。《执法意见》指出，疫情防控工作作为当前工作的重中之重，应抓紧抓实，用足用好法律法规规定；针对疫情期间群众和企业反映强烈的行政机关不作为、乱作为、简单粗暴以及过度执法等问题，提出要坚持执法为民，坚持严格规范公正文明执法，加强行政执法监督的原则和要求。

首先是严格执法。从工作实际来看，抗拒疫情防控措施、暴力伤医、野生动物非法交易、扰乱市场秩序和社会秩序等违法行为还时有发生，《执法意见》提出，需要积极组织推动各级行政执法机关依法及时予以惩处。特别是对“阻碍和破坏强制隔离、封闭场所、交通检疫等法定防控措施实施，殴打伤害医务人员、扰乱医疗救治秩序，已感染新型冠状病毒肺炎人员故意传播病毒，利用疫情囤积居奇、哄抬物价、牟取暴利、欺骗消费者，非法捕杀、收购、运输、出售野生动物及其制品，生产、销售假冒伪劣疫情防控药品、伪劣口罩、手套、消毒水等防治、防护产品、物资，造谣传谣制造混乱，假借疫情非法募捐、非法挪用、截留或者侵占捐赠款物，擅自改变捐赠物用途，阻碍和破坏复工复产”等 10 类违法行为，要根据疫情防控特殊需要加大行政执法力度，坚持从严从重从快惩处；涉嫌构成犯罪的，要及时移送司法机关处理。

其次是规范执法。一是要强化执法指引，指导各相关部门认真梳理与疫情防控、复工复产工作相关的法律法规及其他制度性措施，为行政执法机关严格执法提供准确的执法依据、标准、程序。二是要坚守法治底线，在采取强制隔离、封闭场所、交通检疫等防控措施和应急处理措施时，要严格依法审慎做出决策。疫情防控措施要与疫情可能造成的社会危害的性质、程度和范围相适应，避免过度执法，尽量最低限度地减损公民、法人和其他组织的权益。三是要严格执法程序，认真落实行政执法公示制度、全过程记录制度、重大执法决定法制审核制度，确保执法行为于法有据、有据可查，行政执法决定合法有效。

再次是公正执法。一是坚持法治统一，严格按照法律法规规章规定的行政处罚种类、幅度进行裁量，杜绝执法随意、执法不公。二是坚持过罚相当，综合考虑违法行为的性质、情节、社会危害程度以及执法相对人的悔过态度等情形，依法给予相应处罚，防止和避免同事不同罚、处罚畸重畸轻、显失公平公正、过度执法等情形，不得在行政执法中对外地企业和公民区别对待。三是坚持教育与惩戒相结合的原则，在疫情防控时期，对违法情节显著轻微及社会危害程度不大的违法行为，可考虑先不予处罚或者暂缓执行处罚，以教育劝导为主。

最后是文明执法。一是改进办案方式方法，注重语言规范、行为规范，杜绝粗暴执法、生硬执法，避免激化矛盾，引发对立冲突。同时，严禁以执法名义打击报复行政相对人，严禁乱收费、乱罚款、乱摊派。二是善于释法说理，做到以法为据、以理服人、以情感人，减少执法阻力，赢得群众对执法工作的理解和支持。三是服务大局，从有利于疫情防控和经济社会发展的角度出发开展行政执法活动，绝不能就办案而办案、机械办案。[1]

二、服务“六稳”“六保”

针对疫情防控期间的突出问题，最高人民法院结合审判工作实际，连续出台了《关于认真贯彻落实中央全面依法治国委员会第三次会议精神、切实做好防控新型冠状病毒感染肺炎疫情期间审判执行工作的通知》、《关于依法妥善审理涉新冠肺炎疫情民事案件若干问题的指导意见（一）（二）（三）》（以下分别简称《意见（一）》《意见（二）》《意见（三）》）、《关于依法妥善办理涉新冠肺炎疫情执行案件若干问题的指导意见》（以下简称《执行意见》）等一系列司法政策文件，并连续发布 3 批共 31 个全国法院服务保障疫情防控期间复工复产民商事典型案例。执法和司法政策的充分运用，以稳市场主体为支点推动做好“六稳”“六保”工作，为助力疫情防控、促进经济发展、维护社会秩序提供了有力的制度保障。

（一）鼓励交易，明确并细化“不可抗力”的法律适用规则

正确认识疫情或者疫情防控措施对民事法律关系特别是合同履行的影响，准确适用不可抗力规则，对于依法妥善审理涉疫情民事案件、维护当事人合法权益、维护交易秩序乃至社会秩序具有重要意义。针对疫情或者疫情防控措施对合同履行的影响，《意见（一）》《意见（二）》坚持慎用合同解除制度，避免因某一合同的轻易解除

1　以上参见《关于推动严格规范公正文明执法为疫情防控工作提供有力法治保障的意见》，中国政府网，2020 年 2 月 24 日；《依法防控疫情应如何开展？——司法部就〈关于推动严格规范公正文明执法为疫情防控工作提供有力法治保障的意见〉有关问题答记者问》，新华网，2020 年 2 月 27 日。

冲击上下游产业链、供应链稳定，力求将各方当事人损害以及疫情对市场秩序的影响降到最低，推动复工复产，促进经济社会发展。例如，《意见（一）》第 3 条第（2）项提出，疫情或者疫情防控措施仅导致合同履行困难的，当事人可以重新协商；能够继续履行的，人民法院应当切实加强调解工作，鼓励和引导当事人继续履行。当事人以合同履行困难为由请求解除合同的，人民法院不予支持。《意见（二）》对涉疫情合同案件审理做了进一步细化规定，在慎用合同解除、鼓励交易方面与《意见（一）》的精神一脉相承。《意见（二）》第 1 条第 1 款、第 4 条、第 5 条第 1 款等均规定，虽然疫情或者疫情防控措施导致当事人不能按照约定期限履行合同或者履行成本增加，但只要继续履行不影响合同目的的实现，当事人请求解除合同的，人民法院不予支持。当事人在履行合同过程中以及人民法院在审理合同案件时，应注意结合《意见（一）》与《意见（一）》的相关规定来把握适用。《意见（一）》第 3 条第（3）项还对可以认定合同能够继续履行的参照因素做了规定，尽量鼓励和推动合同的履行。此外，《意见（一）》还就严格不可抗力规则的适用条件、明确当事人举证责任等内容做出明确规定，进一步限缩疫情背景下合同解除制度的适用范围，实现鼓励和保护交易的目标。当然，鼓励交易并不意味着合同不能依法终止。根据《意见（一）》第 3 条第（2）项和《意见（二）》第 1 条第 1 款、第 4 条、第 5 条第 1 款的规定，如果继续履行不能实现合同目的，人民法院应当支持当事人关于解除合同的请求。[1]

1　姜启波、陈龙业、贾玉慧：《〈关于依法妥善审理涉新冠肺炎疫情民事案件若干问题的指导意见（一）〉的理解与适用》，《人民司法・应用》2020 年第 19 期；王利明：《指导涉疫民事案件审理的力作——〈关于依法妥善审理涉新冠肺炎疫情民事案件若干问题的指导意见（二）〉解读》，澎湃新闻，2020 年 5 月 26 日。

（二）善意执行，传递司法柔情与温度

中小微企业是国民经济和社会发展的重要基础，是创业富民的重要渠道，是深化改革的主要推动力量，但抗风险能力较差。此次疫情给中小微企业和个体工商户带来巨大冲击，使其成为受困经济主体的主要类型。基于此，《意见（一）》第 9 条坚持审慎、善意、文明司法，积极为中小微企业、个体工商户纾困解难，强调对于受疫情影响陷入困境的企业，特别是中小微企业、个体工商户，可以采取灵活的诉讼财产保全措施。例如，在保障申请人权利前提下，能够采取冻结存款等保全措施的，尽量不查封、扣押企业财物，切实减少对困境企业生产经营的影响；对于企业申请诉讼财产保全的，对于符合最高人民法院《关于人民法院办理财产保全案件若干问题的规定》第 9 条第 1 款第（5）项的，人民法院可以不要求申请人提供担保；对于需要提供担保的，可以采取第三人保证担保、财产保全责任保险等灵活的财产保全担保方式，尽量减轻企业经济负担，助力企业复工复产。符合《意见（一）》第 8 条规定的中小微企业和个体工商户，还可主张诉讼费用的减交或者缓交。[1]

在此基础上，《执行意见》进一步明确了“准确把握查封措施的法律界限”“稳妥有序推进网络司法拍卖”“注重以和解方式化解矛盾纠纷”“精准采取失信惩戒和限制消费措施”等执行工作的具体要求。以统筹推进疫情防控和经济社会发展工作为立足点，以扎实做好“六稳”工作、落实“六保”任务为切入点，有效发挥人民法院执行职能作用，积极应对疫情带来的不利影响，为经济社会秩序全面恢复提供精准司法服务和保障。充分利用“基本解决执行难”工作成果，持续

1　《服务“六稳”“六保”：企业安心　群众暖心》，《人民法制报》2020 年 3 月 7 日；姜启波、陈龙业、贾玉慧：《〈关于依法妥善审理涉新冠肺炎疫情民事案件若干问题的指导意见（一）〉的理解与适用》，《人民司法·应用》2020 年第 19 期。

加大执行力度，为胜诉当事人及时回笼资金，减轻资金周转压力，提供有力的司法服务和保障。突出强化善意文明执行理念，在坚持依法执行的基础上，有针对性地提出一些实招硬招，千方百计帮扶中小微企业和困难主体纾困解难、渡过难关，为提高中小微企业或困难主体的生存发展能力，提供有力支持和保障。[1]

全国各地法院采取积极行动，在坚持依法执行的基础上，有针对性地帮扶中小微企业或困难主体纾困解难。紧急为 1 386 家防疫物资生产企业临时变更财产保全措施，支持扩产抗疫。例如，青岛法院 4 小时内组织完成听证并裁定解冻资金，使被起诉的呼吸机企业迅速投产运营。苏州、威海、新乡等法院紧急准许处于破产阶段的企业恢复生产，确保紧缺医疗物资供应，等等。审查慎用司法强制措施，谨慎查封、冻结企业资产，对因面临司法手段难以正常经营的企业，研究合理的解决方案，选择采用对企业生产影响最小的执行措施，为企业恢复生产、持续发展创造条件。[2] 各级法院对 2.5 万家企业暂缓强制执行措施，在 18.1 万件民商事案件中采取“活封”等措施，为企业释放资金 1 631 亿元、土地 869 万亩、厂房 3 271 万平方米，帮扶 3.6 万家企业复工复产。[3]

同时，《意见（一）》还就加强劳动者权益保护做出规定。首先是坚决纠正涉疫就业歧视行为。我国法律对保障劳动者公平就业、禁止就业歧视有相应规定。根据《劳动法》的规定，劳动者就业应该受平等保护，企业不得采取歧视性的做法，包括性别歧视、民族歧视、身体残障歧视、健康歧视、户籍歧视等。然而，在生产秩序逐渐恢复过程中，针对湖北籍员工的就业歧视问题和歧视性裁员问

1　《最高法发布办理涉疫情执行案件指导意见》，《人民法院报》2020 年 5 月 15 日。

2　罗重海：《司法精准施策　服务“六稳”“六保”》，《人民法院报》2020 年 7 月 13 日。

3　《2021 年最高人民法院工作报告》，新华网，2021 年 3 月 15 日。

题开始暴露，这不仅违犯了《劳动法》，还完全背离了社会主义核心价值观，必须旗帜鲜明地予以遏制。为此，《意见（一）》第 4 条明确规定，用人单位仅以劳动者是新冠肺炎确诊患者、疑似新冠肺炎患者、无症状感染者、被依法隔离的人员或者劳动者来自疫情相对严重的地区为由主张解除劳动关系的，人民法院不予支持。其次是依法维护劳动者合法权益。全国各级法院在助力企业发展的同时，也就依法维护劳动者合法权益采取积极行动。例如，发布恶意欠薪犯罪典型案例，起诉 1 821 人，支持农民工起诉讨薪维权 1.1 万件；严格区分恶意欠薪与因周转困难而欠资，以精准司法保企业，为员工利益谋长远。[1]

（三）切实惠企，落实宏观调控政策

为有效应对疫情带来的影响，国家出台了包括租金减免、税费减免、金融支持等在内的各种惠企政策。《意见（二）》通过准确适用不可抗力等具体规则，将有关政策作为确定当事人之间权利义务关系的重要参考，以法治化方式落实了国家的相关优惠政策。如《意见（二）》第 6 条第 1 款规定，承租国有企业房屋以及政府部门、高校、研究院所等行政事业单位房屋用于经营，受疫情或者疫情防控措施影响出现经营困难的服务业小微企业、个体工商户等承租人，请求出租人按照国家有关政策免除一定期限内的租金的，人民法院应予以支持。第 10 条第 1 款规定，对于受疫情或者疫情防控措施影响较大的行业，以及具有发展前景但受疫情或者疫情防控措施影响暂遇困难的企业特别是中小微企业所涉金融借款纠纷，人民法院在

1　参见姜启波、陈龙业、贾玉慧：《〈关于依法妥善审理涉新冠肺炎疫情民事案件若干问题的指导意见（一）〉的理解与适用》，《人民司法 · 应用》2020 年第 19 期；《最高人民检察院工作报告》，新华网，2020 年 3 月 15 日。

审理中要充分考虑中国人民银行等五部门发布的《关于进一步强化金融支持防控新型冠状病毒感染肺炎疫情的通知》等系列金融支持政策：对金融机构违反金融支持政策提出的借款提前到期、单方解除合同等诉讼主张，人民法院不予支持；对金融机构以咨询费、担保费等其他费用为名收取的变相利息，要严格依据国家再贷款再贴现等专项信贷优惠利率政策的规定，对超出部分不予支持。第 12 条规定，对于债权人为证券公司的场内股票质押和融资融券纠纷，人民法院可以参照中国证监会发布的有关政策，引导证券公司按照政策与不同客户群体协商解决纠纷；协商不成的，对于客户要求证券公司就违规强行平仓导致损失扩大部分承担赔偿责任的诉讼请求，依法予以支持。[1]

（四）稳定外资外贸，营造法治化营商环境

新冠疫情在全球持续蔓延，对国际航运、国际贸易造成了一定冲击。受疫情或疫情防控措施的影响，一些国际运输合同面临无法履行的风险，相关的涉外商事海事案件法律适用问题亟须解决方案。《意见（三）》聚焦受疫情影响较大的运输合同、涉外商事海事案件法律适用问题，依照法律和司法解释的规定提出解决方案，营造法治化营商环境。

依法平等保护各类民事主体的合法权益，是我国法律的一项基本原则。《意见（三）》充分考虑疫情对双方当事人行使诉讼权利的实际影响，就“申请延期提交相关身份证明材料、授权委托书”“对域外证据申请延长举证期限”“域外公文书证的质证与申请延长举证期限的处理”“申请延期提出答辩状与提起上诉”等问题做出具体规

1　王利明：《指导涉疫民事案件审理的力作——〈关于依法妥善审理涉新冠肺炎疫情民事案件若干问题的指导意见（二）〉解读》，澎湃新闻，2020 年 5 月 26 日。

定，依法保障和便利当事人行使诉讼权利，依法保障各类民事主体在民事活动中的法律地位一律平等。此外，《意见（三）》还指出，在审理与疫情相关的涉外商事海事纠纷等案件中，人民法院要积极开辟诉讼绿色通道，优化跨域诉讼服务，健全在线诉讼服务规程和操作指南，为当事人参与诉讼程序提供便利。

如何理解和适用不可抗力及其类似规则，集中体现了对合同双方利益的权衡。承前所述，《意见（一）》《意见（二）》明确规定了我国法律中不可抗力规则的具体适用。《意见（三）》进一步指出，适用我国法律的，关于不可抗力规则的具体适用，按照此前指导意见执行。对适用域外法律的，应当准确理解该域外法中与不可抗力规则类似的成文法规定或者判例法的内容，正确适用，特别是“不能以我国法律中关于不可抗力的规定当然理解域外法的类似规定”。同时，还明确了国际条约的适用方法与《联合国国际货物销售合同公约》的适用。此外，《意见（三）》也进一步明确了《意见（一）》在涉外商事海事审判领域的相关规定，就受疫情影响较大的运输合同、涉外商事与海事案件的适用法律问题，给出了调整和平衡当事人权利义务的具体做法。

三、“云上审执”，展示智慧司法建设成效

2020 年 2 月 14 日，最高人民法院印发《关于新冠肺炎疫情防控期间加强和规范在线诉讼工作的通知》（以下简称《通知》）对全国法院推进在线诉讼做出了全面部署和动员。全国各级法院纷纷根据本地区的实际情况制定了各项具体的司法举措，立足于智慧法院，多举措、多途径、多维度开展诉讼服务工作，充分回应了人民群众的司法需求，为抗击疫情、保障人民群众合法权益提供了有力的法

治保障。[1]

（一）助力诉讼服务，保障审执工作有序运转

立足审判职能，努力服务和保障疫情防控工作大局。《通知》要求，各级人民法院要提高政治站位，充分认识疫情防控的严峻形势，切实增强责任感和紧迫感，将深入推进在线诉讼作为坚决打赢防控疫情人民战争、总体战、阻击战的重要举措。各地法院积极依托中国移动微法院、诉讼服务网、12368 诉讼服务热线等在线诉讼平台，全面开展网上立案、调解、证据交换、庭审、宣判、送达等在线诉讼活动，有效满足疫情防控期间人民群众司法需求，确保人民法院审判工作平稳有序运行。例如，北京法院全面启动在线庭审平台“北京云法庭”，可满足 200 个法庭同时开庭。上海金融法院所有开庭案件全部线上审理，在线庭审率达到 100%。覆盖全国法院的执行网络查控系统也为疫情期间执行工作顺利开展奠定了基础。北京市第四中级人民法院运用在线执行系统，48 小时内依法依规解封抗疫医疗器械生产企业账户，助力防疫物资生产企业复工复产。在线调解也成为各地法院在疫情期间强化诉源治理的有效手段。

运用远程立案、网上审判、智慧执行及时定纷止争，智慧法院在疫情防控期间大显身手。根据最高人民法院的数据统计，2020 年全国法院网上立案 136 万件，开庭 25 万次，调解 59 万次，电子送达 446 万次，网络查控 266 万件，司法网拍成交额 639 亿元，执行到位金额 2 045 亿元。各地法院通过在线非诉讼纠纷解决方式化解矛盾，有效缓解了特殊时期的审判压力，充分发挥司法审判职能服务和保障

1　参见自正法、何洋：《疫情阻击战，智慧法院显力量》，《人民法院报》2020 年 3 月 16 日；又见刘禹锡：《疫情之下彰显智慧法院担当》，《人民法院报》2020 年 2 月 10 日。

疫情防控工作。[1]

明确在线诉讼有关规则，确保在线诉讼依法有序进行。《通知》明确规定了在线诉讼有关规则。一是规范在线身份认证，确保各方诉讼参与人身份真实性，实现“人、案、账号”匹配一致。二是规范网上立案，要求人民法院应当在收到在线立案申请后七日内进行审核，对符合法律规定的，及时登记立案。三是大力促进在线调解，要求各级人民法院依托在线矛盾纠纷多元化调解平台，加大疫情防控期间矛盾纠纷化解力度。四是规范诉讼材料提交，当事人通过电子化方式提交诉讼材料的，经人民法院审核通过后，可以不再提交纸质原件。五是规范在线庭审，要求各级人民法院综合考虑技术条件、案件情况和当事人意愿等因素，确定是否采取在线庭审方式，并明确不适用在线庭审的具体情形。六是规范在线裁判，允许具备相应条件的法官远程查阅电子卷宗、合议案件、撰写提交裁判文书等。七是加大电子送达适用力度，明确电子送达的适用条件、送达方式和生效标准。八是加强在线诉讼服务，要求人民法院全面升级在线诉讼服务平台，拓展在线诉讼服务功能，保障当事人足不出户享受全方位诉讼服务。[2]

（二）强化主体责任，提升智慧法院应用成效

随着互联网的发展，建立智慧法院、将互联网技术运用到司法审判中已成为司法改革的重点之一。这次疫情的暴发恰恰为互联网技术在司法审判中的运用提供了舞台。《通知》就这个问题做出了专门

---

1 《最高法印发加强和规范在线诉讼工作通知　为疫情防控提供坚强有力司法保障》，《人民法制报》2020 年 2 月 18 日；《服务“六稳”“六保”：企业安心　群众暖心》，《人民法制报》2020 年 3 月 7 日；《第十三届全国人民代表大会第三次会议关于最高人民法院工作报告的决议》，《中华人民共和国全国人民代表大会常务委员会公报》2020 年第 2 期。

2 《最高法印发加强和规范在线诉讼工作通知　为疫情防控提供坚强有力司法保障》，《人民法制报》2020 年 2 月 18 日。

部署。

一是加大在线诉讼的组织实施力度。《通知》强调，各级人民法院要高度重视疫情防控期间在线诉讼推进工作，切实优化理念、加深认识、转变思路，将在线诉讼作为特殊时期人民法院开展审判执行工作的基本模式，确保队伍不散、工作不断、质效不降，为进一步完善互联网司法模式做出有益探索，奠定良好的实践基础。各级人民法院院长要作为推进在线诉讼的第一责任人，明确工作思路，理顺工作机制，加大组织实施力度，积极带头以在线方式办理案件，发挥引领示范作用，推动在线办案成为疫情防控期间的常态化机制。

二是大力加强信息化基础设施建设。积极推广应用中国移动微法院，加快搭建以中国移动微法院为总入口的在线诉讼平台，推动现有诉讼服务平台对接中国移动微法院，整合完善各类信息系统，防止多头开发和重复建设。要着力打通内外网，实现司法数据安全有效交互。要基于现有的平台系统，增加相应工作模块，拓展优化在线诉讼各项功能，对接实践需求，优化使用界面，提升用户体验，确保在线诉讼服务系统集成、高效便捷。

三是做好在线诉讼的统筹指导工作。《通知》明确指出，各高级人民法院要积极做好辖区法院推进在线诉讼的统筹指导工作，制定出台相关诉讼规程和文书样式，加大对下指导力度，确保在线诉讼活动规范统一，合法有序。要坚持边推进、边总结、边研究，不断总结提炼辖区法院推进在线诉讼的有益举措和经验，认真搜集存在的问题困难，提出具体解决方案或建议，及时形成工作报告报送最高人民法院司法改革领导小组办公室。

此外，《通知》还对杭州、北京、广州三家互联网法院在线诉讼工作提出专门要求，强调其要充分利用先发优势，加大在办案平台建设、在线诉讼流程、新兴技术应用、在线诉讼规则等方面的探索力度；要在保证互联网案件全流程在线审理的基础上，加速提升审判执行工作智能化水平，加强对大数据、云计算、人工智能、5G技术等方面的研究应用，探索形成智慧司法的实践样本，总结形成可复制、可推广的先进经验；要立足自身职能定位，积极探索互联网时代电子诉讼规则，推动完善互联网司法治理实体规则，切实发挥互联网法院在理念创新、技术创新、制度创新等方面的引领示范作用，有效推动网络空间治理法治化。[1]

1 《最高法印发加强和规范在线诉讼工作通知 为疫情防控提供坚强有力司法保障》，《人民法制报》2020年2月18日。

第三章

应对新挑战

构建新发展格局

2020年年末的中央经济工作会议指出，中国经济在当年交出了一份“人民满意、世界瞩目、可以载入史册的答卷”。然而，回眸这一年中国及世界经济被布置的“考题”，以及各国政府与民间“答题”的过程，所有人实际看到的恐怕都会与其年初的预计和想象大相径庭。

当日历翻入2020年1月时，国内外各界对当年中国及世界经济形势的预测和展望，几乎无一例外将中美贸易摩擦的走向视为核心变数。自2018年上半年起，美国特朗普政府逐步升级针对中国的包括限制投资、加征货物关税在内的贸易限制措施，引发中方以对自美国进口货物加征关税的反制手段回应。2018年7月，美方第一轮加征关税实际生效，西方媒体报道中所称的“贸易战”自此打响。这场由美国单方面挑起的中美贸易摩擦，是特朗普政府旨在遏制中国崛起、维系美国在国际政治经济结构中单一主导地位的新地缘战略的重要组成部分，而其发生和持续不但不利于中美两国经济稳定增长和民众福祉提升，更严重地影响到国际经济贸易的开放、平稳运行，在世界范围内引发多重连带负面效应。中方沉着应对美方高压，在采取有力反制措施的同时，积极与对方开展了反复波折、历时多轮的贸易谈判，终于在贸易摩擦正式爆发后的第 565 天，即 2020 年 1 月 15 日，达成了中美第一阶段经贸协议。

尽管国内外舆论对第一阶段经贸协议内容和成果提出了诸多各不相同的看法和评价，但总体而言，各界持有的一点广泛共识是，协议的达成对 2020 年全球经济总体发展态势属重大利好。但事后来看，2020 年全球经济遭遇的真正“黑天鹅”，几乎是在中美贸易争端阶段性缓和曙光初现的同时才悄然起飞，却又迅速占据了舞台正中央。就在 2020 年 1 月 15 日中美第一阶段经贸协议达成约一周后，即 1 月 23 日，为有效阻断新冠疫情传播，遏制疫情扩散蔓延，中国政府果断决策对超大型城市武汉实施“封城”。突然暴发的新冠疫情及中国政府为应对疫情而采取的严格防控措施，使得各界在 2020 年年初对中国经济当年前景的展望迅速由谨慎乐观转为悲观，而境外媒体则开始渲染中国经济持续增长的“神话”将会在 2020 年由于新冠疫情暴发戛然而止，甚至预测经济突陷衰退将会在中国引发全方位政治社会危机。

单从经济增长数据来看，中国 2020 年 GDP 较上一年增长 2.3%，创本国数十年来经济增长率最低纪录，李克强总理在当年政府工作报告中也明确指出将不为 2020 年度经济增长率设定目标。但在收官之际，放眼世界，中国却成为唯一能在历史性大瘟疫肆虐全球之年实现经济正增长的主要经济体。对全世界而言，新冠疫情在 2020 年都成了压倒其他一切因素的挑战之源，而其持续蔓延和流行则在事实上已引发了全球性经济衰退。以欧美为代表的诸多西方工业国家，在疫情暴发之初未能充分预见其对本国社会经济可能产生的重大冲击，在观察到中国已采取包括封城在内的严格防控措施后未提高警惕，在本国疫情流行初期就是否采取严格防控措施犹疑不决，最终不但导致其国民在疫情中承受巨大生命健康损失，更使本国经济因疫情长期失控而遭受重创，陷入萎缩状态。

中国经济在2020年交出的亮眼答卷来之不易，是在党中央坚强领导下全国齐心、团结奋战的结果。通过果断、坚决地采取有效防控措施，中国在相对短的时间内遏制住了疫情本地传播，并借助有力的非药物防控手段保持“动态清零”。中国不但将疫情对人民生命健康的威胁降到最低，而且在全球范围内率先实现复工复产，不但有力保障了各国在抗疫期间的重要物资供应，也为自身赢得了经济复苏方面的先发优势。可以说，中国经济在2020年的表现，是全人类共同面临严重生存威胁的大背景下中国制度优势的一次集中呈现。

无论是面对中美贸易摩擦的严峻挑战还是新冠疫情的严重冲击，全国上下能够“保持战略定力，准确判断形势，精心谋划部署，果断采取行动，付出艰苦努力”，是中国经济社会发展得以在2020年中顶住压力、取得进展、实现突破的基本前提。而在重大风险和考验面前，决策层准确识变、科学应变、主动求变，不但寻求通过坚持扩大开放、提高开放质量打开新的外部局面，而且突出以自立自强作为促进发展的根本支撑，大力推动自主创新，将国家发展建立在更加安全、更为可靠的基础之上。事实上，中国经济社会发展当前面临的诸多外部挑战和内部瓶颈，早在2020年之前的若干年中便有苗头，例如，经济全球化遭遇逆流，单边主义、保护主义加剧等对中国明显不利的态势，均非一日之寒。而2020年大变局，一方面固然引发危机，但另一方面也使全国上下能够看清形势，明确未来改革前行的方向，从而把握危机之中蕴含的历史性机遇。

2020年中，决策层多次提出，未来中国经济发展要从“两头在外”的“世界工厂”模式转向“双循环”模式，即“构建以国内大循环为主体、国内国际双循环相互促进的新发展格局”。“双循环”战略也在2020年年底公布的“十四五”规划建议中被纳入规划纲要。“双循环”固然是应对外部不确定性的必须之举，但也反映了中国经济发展到当前阶段出口占国内生产总值比重不断下降、国民经济已然在较大程度上依赖国内循环这一实际情况。

在“双循环”战略的明确指导下，在2020年内，中国坚持旗帜鲜明地反对单边主义和保护主义，在全球疫情蔓延背景下实现外贸稳定增长，以加快建设自贸港和自贸试验区建设，进一步带动扩大国内市场开放，并以积极主动的姿态拓展自身国际经贸空间，取得了包括区域全面经济伙伴关系协定达成及中欧投资协议谈判完成在内的国际贸易合作领域重要突破。同时，为了保证新发展格局强调的建立在国内统一大市场基础上的大循环得以良性运转，切实促进消费、扩大投资，决策层在2020年推动了一系列重要的体制机制改革。无论是完善要素化市场配置体制机制、推动证券资本市场及监管改革、引导金融业服务实体经济、优化营商环境、完善反垄断制度、加强互联网经济领域公平竞争执法，还是加强知识产权保护，相关改革动议在2020年前都曾有呼吁和酝酿，甚至有些已做初步试水，但在2020年中被决策层以“组合拳”的态势密集推出、强势推进，彰显了在内外压力下中国通过深化改革打开经济高质量发展新局面的决心。与经济领域政策制定紧密配合的则是立法机关对包括《证券法》《著作权法》《反垄断法》等重要经济立法已完成和已正式启动的修订进程，以及司法机关就维护金融秩序、应对涉疫情经济风险等事项积极采取的因应性司法政策举措。在“双循环”战略下，经济改革的目标是使得国内经济成为一个有机联系的循环整体，这必然要求当下改革同时兼具市场化和法治化的面向。

2020年的惊心动魄与力挽狂澜，为中国经济改革与发展的未来方向提供了极其重要的启示。事实证明，在疫情引起跨国产业链断裂、跨国投资大幅下降、地缘政治风险急速加剧、各国高密度出台经济刺激政策等不利的外部环境因素面前，唯有持之以恒、坚定走深化改革、扩大开放的道路，中国经济方能破局，将大国发展至当前阶段所蕴含的巨大潜力转化为持续性竞争优势。

本章概述2020年中央应对当前挑战推出的各项经济政策。第一节将重点置于中美贸易摩擦背景下的对外开放格局，在中美贸易战与新冠疫情的双重冲击下，《中华人民共和国政府和美利坚合众国政府经济贸易协议》落实情况不佳，中国对外贸易的发展也面临严峻挑战。在此背景下，决策层做出了“稳住外贸外资基本盘”的重要指示，通过发挥自贸港和自贸试验区开放高地优势、加强包括市场监管制度和外商投资安全审查制度在内的相关制度建设、依托数字化技术拓展跨境电子商务等外贸发展新样态、推动《区域全面经济伙伴关系协定》（Regional Comprehensive Economic Partnership，RCEP）和《中欧全面投资协定》等对外合作的达成等举措，在不寻常年份实现了外贸外资规模的逆势增长，刷新了外贸规模的历史纪录，实现了外贸趋势的“V”字形反转，进一步提升了国际贸易份额。

第二节主要围绕“双循环”新格局下体制机制的深化改革展开。所谓“双循环”，是指国际大循环和国内大循环相互促进，尤以国内大循环为基础和主体。要实现这一目标，必须破除妨碍生产要素市场化配置和商品服务流通的体制机制障碍。为此，决策层多措并举，通过完善要素市场化配置体制机制、改革深化混合所有制与央地财政关系、落实推动经济发展的财政金融政策和司法保障等手段加快完善社会主义市场经济制度，并综合运用立法、司法等手段，推进商事制度改革，优化营商环境，系统性优化制度体系和发展环境，最大限度激发市场活力，为构建“双循环”新格局奠定体制机制基础。

第三节聚焦于推动创新增长。首先，正确处理竞争与创新的关系。竞争的充分程度与创新的繁荣水平表现出强烈的正相关关系：一方面，竞争越公平，创新就越繁荣；另一方面，创新越繁荣，竞争的层次就可以不断提升，经济发展的质和量就可以持续提高。[1]《反垄断

1　时建中：《平台经济关键时期的治理》，财新网，2021年5月1日。

法》大修与《平台反垄断指南》的出台，通过预防和制止垄断行为、保护市场公平竞争，为创新提供了良好的制度环境。其次，《著作权法》第三次修正完成、最高人民法院和最高人民检察院多次发文加强知识产权司法保护，释放出国家保护创新创造、鼓励高质量发展、营造良好营商环境的信号，为创新提供了有利的法治保障。最后，推进农业农村数字化发展、瞄准国际先进水平部署新能源汽车以及开展网络市场监管专项活动等举措则直指创新增长，加快培育新技术、新模式和新业态。

第四节以可持续发展为核心。按照构建社会主义和谐社会的要求，经济的发展要与资源环境相协调，实现可持续发展。中共中央办公厅、国务院办公厅印发《关于构建现代环境治理体系的指导意见》，提出到2025年建立健全环境治理的领导责任体系、企业责任体系、全民行动体系、监管体系、市场体系、信用体系、法律法规政策体系等七大体系的主要目标，为构建现代环境治理体系、筑牢美丽中国提供制度保障。审议通过首部流域保护法《中华人民共和国长江保护法》，确立生态优先原则，体现绿色发展战略，全面涵盖资源保护、污染防治、生态修复等内容，运用法治力量为处理长江流域生态修复、环境治理以及绿色发展的特殊性问题保驾护航。

第一节

中美贸易摩擦背景下坚持扩大开放

一、沉着应对中美贸易摩擦

自中美建交特别是中国加入世界贸易组织以来，中美两国经济贸易往来的快速发展伴随着贸易摩擦的不时发生。自 20 世纪 90 年代至今，中美之间已发生过 6 次贸易摩擦。2018 年，美国分别以保护“国家安全”和解决“知识产权”问题为借口，对我国实施“232 措施”和“301 调查”。截至 2018 年 8 月底，美方已宣布的针对中国的关税措施规模达到史无前例的 2 530 亿美元，我国则采取对等反制措施，最近一轮中美贸易战由此打响。[1]

为缓和中美贸易摩擦紧张局面，维护中美整体关系的稳定健康发展，自 2018 年 3 月以来，中美双方就经济贸易问题展开一系列磋商，最终于美国东部时间 2020 年 1 月 15 日在美国华盛顿签署《中华人民共和国政府和美利坚合众国政府经济贸易协议》，也即《中美第一阶段经贸协议》(以下简称《协议》)。《协议》的正式签署，是中美双方谈判团队经历 13 轮艰苦磋商取得的重大阶段性成果，也宣示着“打打谈谈、边谈边打”的中美经贸磋商历程暂告中止。

1　张伟:《中美贸易战的演变历程、经济影响及政策博弈》,《深圳大学学报(人文社会科学版)》2018 年第 5 期。

（一）《协议》五大亮点

《协议》文本共包含九个章节，即“序言”“知识产权”“技术转让”“食品和农产品”“金融服务”“汇率和透明度”“扩大贸易”“双边评估和终端解决”“最终条款”。双方达成一致，美方将履行分阶段取消对华产品加征关税的相关承诺，实现加征关税由升到降的转变。《协议》在一定程度上解决了双方关切，实现了互利共赢，特别是呈现出以下五大亮点。

一是总体基于平等和互相尊重。世贸组织争端解决机制上诉机构原主席张月姣在接受媒体采访时指出：“协议很多章节既体现了美方的利益诉求，更反映了中方的利益诉求，是一份符合中美双方利益的平衡的协议。”[1] 从中方承诺看，无论是加强知识产权保护，增加农产品、能源产品等进口，还是扩大金融开放，很多条款都反映了中方已出台的改革开放举措，符合中国改革开放的既定方向。

二是构建优势互补的贸易结构。双方承诺扩大在制成品、农产品、能源产品、服务等领域的贸易规模。中国社科院世界经济与政治研究所国际贸易研究室主任东艳认为：“中美两国经济互补性强，从两国超大规模经济和市场看，中美贸易潜力巨大。”[2] 深化贸易合作，有利于两国资源优化配置和经济结构调整。

三是深化互惠共赢的农业合作。农业合作是中美双边关系的重要支柱。专家表示，《协议》的实施将大幅增加中方自美进口农产品，这在一定程度上回应了美方关切，但不会对国内农业产生冲击，更不会影响国家粮食安全。同时，美方已发布最终规则，承认中国鲇鱼监管体系与美国等效，允许中国的熟制禽肉输美，允许中国产香梨、柑

---

1 《中美重塑经贸关系的重要一步——中美第一阶段经贸协议文本解读》，新华网，2020 年 1 月 16 日。

2 同上。

橘、鲜枣等农产品出口美国。美方做出的这些承诺将带给中国农业企业和农民更多市场机会。[1]

四是加强知识产权保护。中美双方就加强知识产权保护进行了深入讨论，在商业秘密保护、与药品相关的知识产权问题、专利有效期延长、地理标志、打击电子商务平台上存在的盗版和假冒、打击盗版和假冒产品的生产和出口、打击商标恶意注册，以及加强知识产权司法执行和程序等方面达成共识。中国社科院世界经济与政治研究所研究员高凌云认为："中方加强知识产权保护，旨在为包括美资企业在内的所有企业提供更加优良的商业环境，保障各类市场主体的合法权益。同样，美方也要对中国企业的知识产权提供同等水平的保护，更好维护在美中资企业的合法权益。"[2]

五是推动金融服务自主有序开放。中美双方承诺在银行、证券、保险、电子支付、金融资产管理等领域提供公平有效非歧视市场准入待遇。中方承诺开放措施一视同仁，依法合规受理各类金融机构的申请；美方则积极推动解决中资机构在美国开展业务时遇到的实际障碍。

总体而言，《协议》的签署标志着中美贸易关系实现阶段性缓和。在《协议》签署当时，国际货币基金组织（IMF）曾基于此将 2020 年中国经济增速预测值从 5.8% 上调至 6.0%。《协议》也有利于美国经济维持较强韧性，而中美双边贸易的逐渐修复对全球经济也是福音。正如中美全面经济对话中方牵头人刘鹤副总理所言，中美双方达成第一阶段经贸协议"有利于中国，有利于美国，也有利于整个世界。"[3]

---

1 《中美签署第一阶段经贸协议！协议都签了啥？》，中国经济网，2020 年 1 月 16 日。

2 《助力创新——保护知识产权和技术转让体现双方意愿、符合中国发展内在需要》，新华网，2020 年 1 月 16 日。

3 张继强、芦哲：《实体经济观察：贸易协议完成进度如何？》，《华泰证券　宏观研究 / 国内经济周报》2020 年 8 月 9 日。

（二）《协议》具体目标及其落实情况

《协议》确定了总体合作框架，以及商品与服务出口的数量目标（详见表 1）。中美双方约定在 2020 年和 2021 年两年内，中国在 2017 年基数之上扩大自美进口制成品、农产品、能源产品和服务的金额不少于 2 000 亿美元，其中 2020 年中国增加进口金额为 767 亿美元，分为 639 亿美元商品（包括制成品、农产品、能源产品）和 128 亿美元服务。[1] 具体而言，制成品、农产品、能源产品和服务的进口增量分别为 329 亿、125 亿、185 亿和 128 亿美元，增长幅度分别为 65.49%、59.73%、214.82% 和 28.76%。2021 年的增量和增速则更高（详见表 1）。[2]

表 1 《协议》指定的商品与服务贸易的数量目标（单位：亿美元）

出口大类	2017年	2020年			2021年		
	基准年	新增	合计	增速	新增	合计	增速
制成品	502.35	329	831.35	65.49%	448	950.35	89.18%
农产品	209.27	125	334.47	59.73%	195	404.27	93.18%
能源产品	86.12	185	271.12	214.82%	339	425.12	393.64%
服　务	445.04	128	573.04	28.76%	251	696.04	56.40%

资料来源：王应贵：《中美第一阶段经贸协议目标、现实挑战与未来展望》，《亚太经济》2020 年第 2 期。

根据美国彼得森国际经济研究所（Peterson Institute for International Economics，PIIE）“美中第一阶段贸易协议追踪”（US-China phase one

1　张继强、芦哲：《实体经济观察：贸易协议完成进度如何？》，《华泰证券　宏观研究 / 国内经济周报》2020 年 8 月 9 日。

2　王应贵：《中美第一阶段经贸协议目标、现实挑战与未来展望》，《亚太经济》2020 年第 2 期。

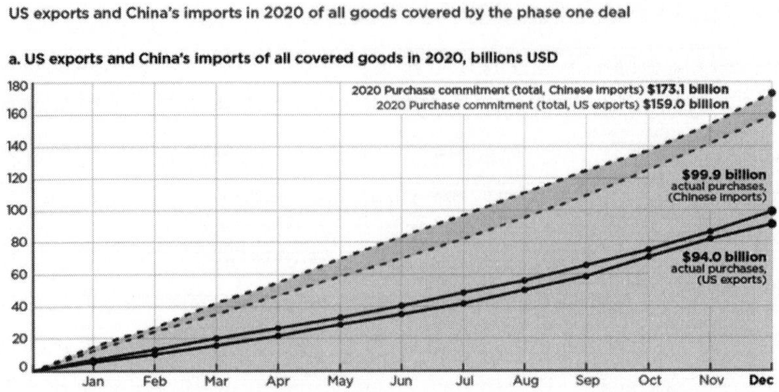

图 1　2020 年《协议》执行情况

图片来源：Chad P. Bown，“US-China phase one tracker: China's purchases of US goods”。

tracker: China's purchases of US goods）[1] 数据库的数据显示，《协议》的具体落实情况距离预期数量目标仍有较大差距（详见图 1）。截至 2020 年 12 月，按照中方数据，中国从美国进口特定产品（不含服务）累计规模为 999 亿美元，而原定目标为 1 731 亿美元；同期，美国对中国出口特定产品（不含服务）累计规模为 940 亿美元，而原定目标为 1 590 亿美元。在协议的第一年，中国承诺进口的特定产品金额为目标的 59%（美国出口）或 58%（中国进口）。[2]

1　Chad P. Bown (PIIE), “US-China phase one tracker: China's purchases of US goods”, February 8, 2021, accessed February 14, 2021, https://www.piie.com/research/piie-charts/us-china-phase-one-tracker-chinas-purchases-us-goods. Bown 指出，《协议》还为中国从美国购买某些贸易服务设定了目标，但这些数据尚未公布，因此未进行数据分析。——编者

2　许宪春、余航认为，中美双方统计的货物贸易差额数据之间的差异主要缘于中国统计的对美国的货物出口数据和美国统计的从中国的货物进口数据之间的差异，这一差异占到了双边货物贸易差额统计数据差异的 76%。导致这一差异的因素有多种，例如计价方式、转口贸易、贸易加成、旅行项目中包含货物等。参见许宪春、余航：《理解中美贸易不平衡：统计视角》，《经济学动态》2018 年第 7 期。——编者

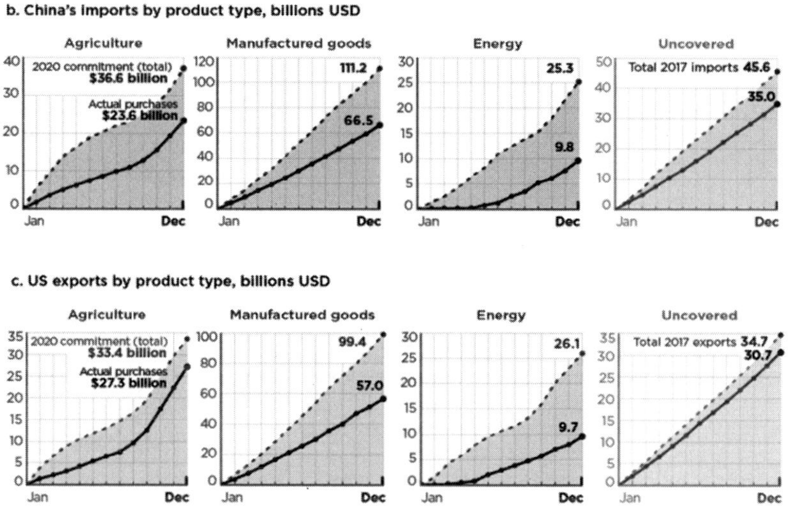

图 2　2020 年《协议》执行情况（细分项）

图片来源：Chad P. Bown，“US-China phase one tracker: China’s purchases of US goods”。

在产品进口方面，《协议》生效第一年中，中国承诺进口的特定农产品金额为原定目标的 82%（美国出口）或 64%（中国进口）；中国承诺进口的特定制成品金额为原定目标的 57%（美国出口）或 60%（中国进口）；中国购买的特定能源产品金额为原定目标的 37%（美国出口）或 39%（中国进口）。[1]

而在服务进口上，有学者基于《协议》作为计算基数的 2017 年服务贸易对华出口数据，并结合中国 2018 年和 2019 年服务贸易进口数额指出，美国对中国的服务出口才是《协议》落实更加棘手的问题。虽然我国早已致力于改善商业环境、加大知识产权保护、全面开

1　Chad P. Bown, “US-China phase one tracker: China’s purchases of US goods”.

放金融服务业，但由于服务消费的区域特点，国内服务消费市场短期内不可能迅速扩张并产生大量的实际需求。[1] 因而服务贸易承诺的落实情况也不容乐观。

（三）《协议》执行未达预期目标并非中方原因

承前所述，《协议》的具体落实情况距离预期数量目标存在差距。美方媒体纷纷借机炒作“中国没有履行《协议》承诺”，意图向拜登政府施压，期望中美经贸关系再起波澜。但事实上，以美国商务部统计的最新数据为例，2020 年前三季度，美国货物出口额为 1.049 万亿美元，与 2019 年前三季度的 1.24 万亿美元出口规模相比衰退了 15.44%。其间，美国对欧盟、日本、加拿大主要贸易伙伴货物出口分别衰退了 14.35%、13.10%、15.94%。美国对华同期货物出口额却高达 815.09 亿美元，同比增长 2.23%。在全球经济大衰退、疫情大蔓延的背景下，美国对华货物出口总额却逆势上涨，全年保持正增长。这意味着，中国恰恰是拉动美国走出经济衰退泥潭的积极力量。[2]

2020 年《协议》预期执行目标难以达成是由于《协议》签署时双方均无法预料到的因素所导致的。一方面，新冠疫情全球肆虐，特别是在美国境内传播失控，给《协议》的执行带来了极其严峻的挑战。据美国约翰斯·霍普金斯大学新冠疫情统计数据，截至美国东部时间 2021 年 2 月 13 日 16 时 24 分，美国累计新冠肺炎确诊病例达 27 560 750 例，累计死亡病例达 483 648 例，感染和病死人数均为全球最高。[3] 疫情带来的“经济封锁”阴霾始终不能散去，制约了美国

1　王应贵：《中美第一阶段经贸协议目标、现实挑战与未来展望》，《亚太经济》2020 年第 2 期。

2　《炒作“中美贸易第一阶段协议执行不力”太低级》，中国网，2021 年 1 月 29 日。

3　“COVID-19 Dashboard by the Center for Systems Science and Engineering (CSSE) at Johns Hopkins University”, last modified February 14, 2021, https://www.arcgis.com/apps/opsdashboard/index.html#/bda7594740fd40299423467b48e9ecf6.

生产供应能力。[1]相比之下，新冠疫情暴发后，中国采取了及时且强有力的应对措施，迅速控制了疫情蔓延，并率先实现了经济反弹。但迄今为止中国经济复苏呈现出显著的不平衡特征。截至2020年第三季度，本轮经济复苏的主要动力仍是房地产投资、基建投资与出口，消费与制造业投资相比之下复苏乏力，[2]疫情冲击下遭到严重削弱的社会总需求尚未恢复。

另一方面，中美相互加征的高关税增加了现实中《协议》执行的难度。[3]《协议》签署后，美方仍对中国价值2 500亿美元的产品保持25%关税，对超过1 000亿美元的商品保持7.5%的关税。作为被动回应，中方也保持对美商品一定额度的高关税，以保证对美的强硬态度并为今后谈判保留筹码。这在一定程度上影响了美国商品在中国市场的竞争力。对扩大中国进口贡献最大的中国私营部门会因高额关税负担而减少采购美国商品。而为完成采购目标，中国更有可能依赖国有企业来扩大美货采购。但依赖国有企业扩大进口作用十分有限，并有扭曲美中贸易市场出清的风险，更与美国对中国市场化改革的要求相矛盾。[4]

在此背景下，中方坚定努力执行《协议》，并指出中美亟须从三个方面相向而行，为进一步经贸互动创造良好氛围。首先，美方应彻底放弃特朗普政府的保护主义和贸易霸凌思维，彻底放弃关税武器，提升美国产品在中国市场的竞争力。其次，恢复中美多层级经贸对话交流渠道和机制，增加理解与互动交流，累积互信。最后，尽快重启后续经贸谈判，并将重新评估《协议》后续目标、互降关税、审计监

1 《炒作“中美贸易第一阶段协议执行不力”太低级》，中国网，2021年1月29日。

2 张明：《疫情、衰退与冲突下的中国经济新发展》，《文化纵横》2020年第6期。

3 《炒作“中美贸易第一阶段协议执行不力”太低级》，中国网，2021年1月29日。

4 《炒作“中美贸易第一阶段协议执行不力”太低级》，中国网，2021年1月29日；张军、石烁：《为什么拜登应重新考虑对华单边贸易制裁政策？》，《复旦金融评论》2021年第10期。

管合作等系列关键问题，纳入中美后续经贸谈判，促进两国经贸关系恢复活力并确立新航向。[5] 与中方态度不同，针对《协议》是否还有效的提问，拜登政府给出“重新评估”的弹性答案。拜登曾宣称《协议》是失败的，指责其充满了“中国政府含糊、软弱和重复的承诺”，使中国得以继续“向其国有企业提供有害的补贴”。尽管拜登在竞选期间曾表示将暂停实施美国对 3 700 亿美元的中国商品加征关税的措施，但当选后其团队发出的信号是其将在进行战略评估期间暂时保留特朗普时期采取的关税措施。目前来看，拜登政府对华经贸政策在本质上将与特朗普保持一致，只是采取不同策略，中方因此也不应抱有不切实际的幻想。但拜登政府强调回归多边主义，显示其有可能按照国际通行规则寻求中美对话和分歧管控，因此带来了中美经贸关系重回合作轨道上的可能性。[6]

二、扩大开放，主动破局

（一）疫情冲击下中国外贸发展稳中求进

2020 年，在新冠疫情的肆虐下，全球经济深受影响，各主要经济体均出现了严重的经济衰退。得益于对疫情大规模蔓延的控制、强有力的宏观政策措施与生产消费的快速恢复，中国经济逆势增长，成为全球屈指可数保持经济正增长的经济体之一。中国的对外贸易也因国外疫情蔓延、企业停工带来的供给缺口以及防疫物资需求的大幅增长而出现“V”字形反转，不仅好于预期，而且刷新了历史纪录。[7]

---

5 《炒作“中美贸易第一阶段协议执行不力”太低级》，中国网，2021 年 1 月 29 日。

6 何伟文：《拜登时期中美经贸关系前瞻》，澎湃新闻，2021 年 2 月 7 日；另见《要改主意了？外媒：拜登将重新评估中美第一阶段经贸协议》，凤凰网，2021 年 1 月 30 日。

7 《2020 年中国对外贸易分析》，中国一带一路网，2021 年 2 月 3 日；《2020 年国民经济稳定恢复，主要目标完成好于预期》，中国政府网，2021 年 1 月 18 日。

一是外贸规模刷新历史纪录。2020 年，面对新冠疫情的冲击，中国各级政府出台了一系列超常规稳外贸政策措施，促进了中国贸易的稳定与恢复。以美元计，全年中国对外贸易总额达 46 462.57 亿美元，较 2019 年增长 1.5%，其中出口 25 906.46 亿美元，增长 3.6%；进口 20 556.12 亿美元，较 2019 年下降 1.07%；全年贸易顺差高达 5 350.34 亿美元，较 2019 年增长 26.9%。[1]

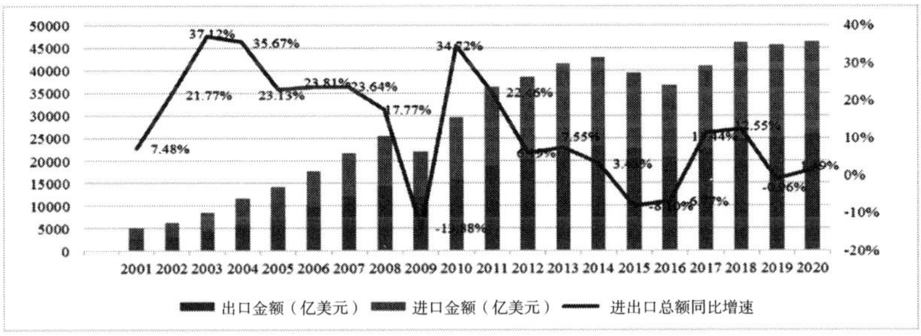

图 3　2000—2020 年中国对外贸易情况（单位：百万美元）

图片来源：东方财富网。

二是外贸趋势实现“V”字形反转。2020 年 1 月，受疫情及春节假期影响，当月对外贸易同比下跌 7.3%；2 月，对外贸易同比下跌 16.7%，环比下跌39.5%；3 月跌幅收窄，同比下跌4.3%；4 月与5 月，跌幅进一步扩大；到 6 月，对外贸易结束了连续 5 个月的下跌，首次出现正增长，当月同比增幅为 1.1%。此后，中国的对外贸易逐月向好，走出一条“V”字形反转路径。[2]

三是国际贸易份额进一步提升。根据 WTO 和各国已公布的数据，仅 2020 年前 10 个月，中国进出口、出口、进口在国际市场所占份额

1　《2020 年中国对外贸易分析》，中国一带一路网，2021 年 2 月 3 日。

2　同上。

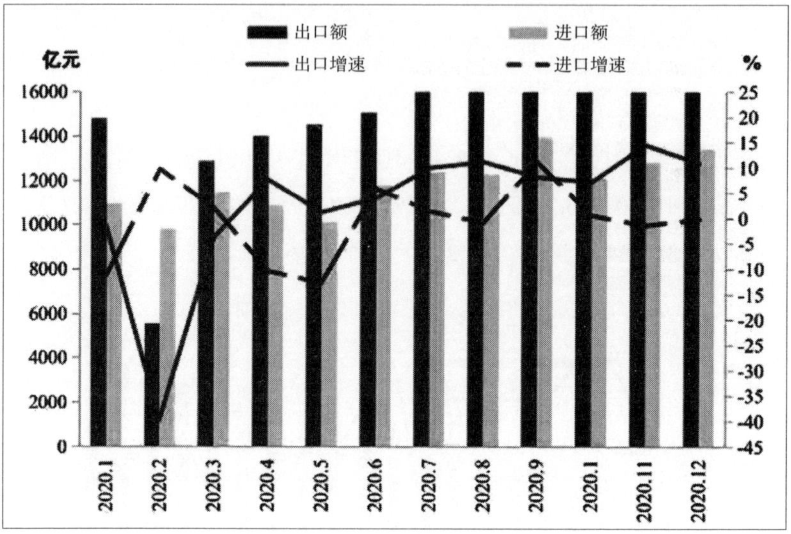

图 4　2019 年 1 月至 2020 年 12 月中国对外贸易情况（单位：千美元）

图片来源：东方财富网。

就分别达到 12.8%、14.2%、11.5%，创历史最好纪录。此前的 2019 年，中国的进出口、出口与进口占国际贸易市场的份额分别为 11.9%、13.1% 和 10.7%。从 2020 年全年数据看，中国在全球贸易领域的份额较 2019 年平均提升了 1 个百分点，中国不仅成为全球唯一实现货物贸易正增长的主要经济体，而且货物贸易大国的地位进一步巩固。[1]

总体看，得益于对疫情的有效控制，2020 年中国对外贸易出现逆势增长，为中国经济增长提供了较大助力。根据目前全球疫情的防控形势，2021 年，中国的对外贸易或将继续保持较高增长。一方面，国外疫情导致的供给缺口短期难以找到比中国产品更优的替代；另一

1　《2020 年中国对外贸易分析》，中国一带一路网，2021 年 2 月 3 日。

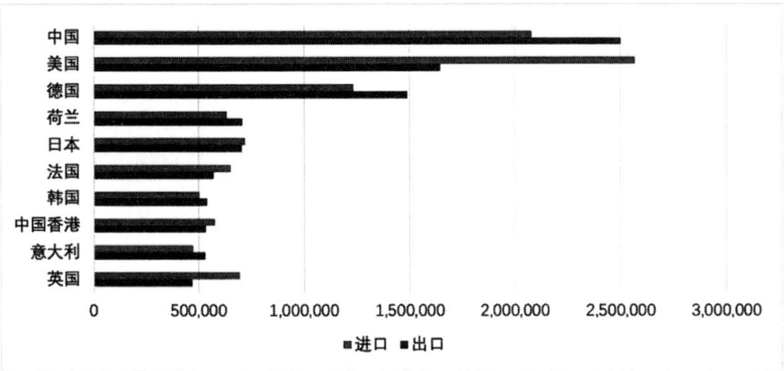

图 5　2019 年全球十大货物贸易出口国排名（单位：百万美元）

图片来源：《2020 年中国对外贸易分析》。

方面，RCEP 与《中欧全面投资协定》的达成，将进一步为中国的对外贸易扫清障碍。加上中国持续推进的稳外贸政策措施，2021 年对外贸易将继续有亮眼的表现。[1]

（二）多措并举，稳定外贸外资基本盘

长期以来，外贸外资一直是我国经济增长的重要引擎。商务部披露的数据显示，我国外贸依存度约 32%，外资对全国税收贡献率约 18%。外贸外资直接和间接带动就业超过 2 亿人，占就业总量的 1/4 左右，其中包括大量农村或贫困地区人口。[2] 在全球疫情大流行加速、世界经济和国际贸易投资受到巨大冲击的背景下，中国传统外贸也受到较大冲击。在习近平总书记有关“稳住外贸外资基本盘”的重

1　《2020 年中国对外贸易分析》，中国一带一路网，2021 年 2 月 3 日。

2　《新业态助力，国务院常务会议，一揽子政策稳外资外贸基本盘》，中国政府网，2020 年 4 月 9 日。

要指示下，中国采取了多项重要相关举措。

一是发挥自贸港、自贸试验区开放高地优势，扩大对外开放格局。2020 年 6 月 1 日，党中央、国务院发布以"6 + 1 + 4"为核心内容的《海南自由贸易港建设总体方案》。"6"即贸易自由便利、投资自由便利、跨境资金流动自由便利、人员进出自由便利、运输来往自由便利、数据安全有序流动，"1"即构建现代产业体系，"4"即加强税收、社会治理、法治、风险防控四个方面的制度建设。肩负新使命的海南自贸港建设对标国际高水平经贸规则，解放思想、大胆创新，聚焦贸易投资自由化、便利化，建立与高水平自由贸易港相适应的政策制度体系，建设具有国际竞争力和影响力的海关监管特殊区域。将海南自由贸易港打造成为引领我国新时代对外开放的鲜明旗帜和重要开放门户，"就是用实际行动向世界表明，中国开放的大门不会关闭，只会越开越大；就是要以新一轮高水平对外开放支持和推动经济全球化，为维护全球自由贸易、完善全球治理体系、加快世界经济复苏注入新动力"[1]。2020 年 9 月 21 日，国务院印发《中国（北京）自由贸易试验区总体方案》《中国（湖南）自由贸易试验区总体方案》《中国（安徽）自由贸易试验区总体方案》《中国（浙江）自由贸易试验区扩展区域方案》，指出在北京、湖南、安徽设立自由贸易试验区，扩展浙江自由贸易试验区区域。[2] 此次自贸试验区扩容充分考虑了对自贸试验区的战略定位和要求，各地围绕服务贸易、先进制造业、科技创新和数字经济等新领域、新业态，提出了特色鲜明的差别化试点任务，打造各具特色的改革开放新高地。这不仅是数量上的突破、区域上的扩展，更是高水平对外开放的提速扩容，为加快形成新发展格局

1　《国家发展改革委副主任林念修：中国开放的大门不会关闭只会越开越大》，新浪财经，2020 年 6 月 8 日。

2　《国务院关于印发北京、湖南、安徽自由贸易试验区总体方案及浙江自由贸易试验区扩展区域方案的通知》，中国政府网，2020 年 9 月 21 日。

探索路径、积累经验。[1]

二是加强制度建设，夯实对外开放制度的基础。首先是优化监管制度，主导规则制定。一方面，对标国际通行标准，优化监管规则。探索基于政府权责和信息共享的监管模式，运用“互联网+监管”新模式，推动建立以市场主体信用为基础的事中事后监管体系，推动加强对外贸易诚信管理，依法依规进行失信惩戒，同时探索监管创新的容错机制。另一方面，掌握规则制定主导权。提高制度型开放力度，实行更加积极主动的开放战略。除进一步完善负面清单管理制度外，中国还致力于通过双边、区域以及多边等多种形式的对外贸易协议，大力推行对外贸易新规则，以扩大高水平开放为契机，积极参与和引领全球贸易规则的制定。

其次是规范外商投资行为，保护外商投资预期。在总结 2011 年以来我国外商投资安全审查实践的基础上，为适应推动形成全面开放新格局的需要，健全对外开放安全保障体系，国家发展改革委、商务部于 2020 年 12 月 19 日发布《外商投资安全审查办法》，规定了适用审查的外商投资类型、审查机构、审查范围、审查程序、审查决定监督执行和违规处理等，进一步提高了审查工作的规范性、精准性和透明度，在尽可能减少对外商投资活动的影响、保护外商投资积极性和合法权益的同时，有效预防和化解国家安全风险，为更高水平对外开放提供制度保障。

最后，进一步提高司法服务水平，为扩大对外开放提供法治护航。2020 年 9 月 25 日，最高人民法院发布《关于人民法院服务保障进一步扩大对外开放的指导意见》，坚持依法平等保护、充分尊重当事人意思自治和依法行使司法管辖权三大原则，聚焦行政审判、知识产权审判、跨境审判执行三大领域，加强完善涉外法律适用规则体

1 《新华时评：自贸“扩群”，开放“上新”》，中国政府网，2020 年 9 月 21 日。

系，妥善审理跨境贸易、投资、航运等领域以及涉新冠疫情的涉外商事海事案件，推动涉外审判与智慧法院建设深度融合，提升涉外审判和涉外诉讼服务信息化水平，完善国际商事纠纷多元化解决机制。为国家最大限度的对外开放提供司法保障，为外资企业提供有力的法律护盾，以全方位便捷的司法服务和公正高效的司法保障增强中外当事人对我国市场的信心和信任，同时对审判体系和审判能力现代化提出更高要求，打造国际合作和竞争新优势。

三是依托数字化信息技术，探索外贸发展新模式、新样态。面对新冠疫情在全球加速蔓延的特殊情势，我国通过密切分析外贸外资的变化情况，探索出外贸发展新模式、新样态。首先是加快发展跨境电商。在已设立的 59 个跨境电商综合试验区基础上，再新设 46 个跨境电商综合试验区，并实行“免征不退”等政策。近年来我国跨境电子商务进出口规模的持续快速增长，成为外贸发展新亮点，此次增设是先前政策措施的良性延续，是稳住外贸外资基本盘的有力之举，也为全球供应链发展注入新动力。[1] 其次是采用在线形式举办广交会。第 127 届广交会于 2020 年 6 月中下旬在线上举办，采取在线展示产品的方式，运用先进信息技术，提供全天候网上推介、供采对接、在线洽谈等服务，打造优质特色商品线上外贸平台，让中外客商足不出户下订单、做生意。“网上广交会”是一次贸易形式的创新，是为应对疫情影响所推出的外贸发展“新模式”。最后，依托数字技术和平台，共同推动传统贸易结构向高端服务转型。改变旅游和交通运输等传统服务业的低效属性，发展计算机与信息服务、金融服务、知识产权交易、跨境租赁服务等新兴服务贸易。同时开展数字人民币试点，推动移动支付便利化，推进人民币跨境使用。依托数字化信息技术，

---

1 《增设跨境电商试验区，既稳外贸又为全球供应链注入新动力》，中国政府新闻网，2020 年 4 月 10 日。

探索外贸发展新模式、新样态，充分发挥了跨境电商的独特优势以及技术发展对创新的重要支撑作用，成为经济发展新动能，以新业态助力外贸克难前行，保证基本盘稳定。[1]

四是加强区域自由贸易合作，参与推动 RCEP。受到新冠疫情的冲击，世界经济严重衰退，国际贸易投资萎缩，保护主义、单边主义加剧，一些国家通过推行各种形式的限制自由贸易的措施强化地方保护主义，使得亚洲地区受到来自发达国家的贸易调查和限制，严重阻碍了生产网络和全球价值链的正常秩序与发展，威胁到了亚洲地区的经济繁荣和稳定。在此背景下，中国积极参与、推动 RCEP 的达成，拓展区域合作共赢新空间。RCEP 是由东盟十国（文莱、柬埔寨、印度尼西亚、菲律宾、新加坡、泰国、缅甸、越南、老挝、马来西亚）发起并邀请中国、日本、韩国、澳大利亚、新西兰和印度参加的旨在通过削减关税及非关税壁垒建立十六国统一市场的自由贸易协定，覆盖约 23 亿人口，区域 GDP 总和超过 25 万亿美元，约占全球贸易总量的 25%，将成为当前世界上规模最大、最具有影响力的自由贸易协定。RCEP 涉及货物服务贸易、投资、技术、知识产权和电子商务等多个领域，通过大幅度贸易投资便利化、能力建设、经济技术合作等措施，在区域内整合并建立新的经济联系，形成统一的规则，促进区域内各国之间的货物、资本和人员的自由流动。RCEP 的达成有助于在亚洲区域内重新构建相对稳定的贸易秩序，减轻美国贸易保护主义引发的负面影响，极大提高市场信心和增长动力。更重要的是，RCEP 的稳步推进表明亚洲经济体作为一个整体，对外发出了统一的声音和信号，提出了更具多样性和可操作性的经贸规则，这将为全球多边贸易体系和区域经济合作的发展注入新动能，更有助于亚洲经济

1 《疫情关上传统外贸的“门”，但这个会议，给开了一扇“窗”》，中国政府新闻网，2020 年 4 月 9 日。

体更好地参与全球贸易体系新一轮重构，为中国乃至亚洲在全球新的贸易规则制定的激烈竞争中赢得主动权和话语权，维护自身的国际经济利益。

五是积极磋商，达成中欧全面投资协议。历时7年，经过35轮谈判，《中欧全面投资协定》(The China-EU Comprehensive Agreement on Investment，以下简称中欧CAI)于2020年12月30日如期完成谈判。[1] 中欧CAI超越了双方传统双边投资协定(Bilateral Investment Treaty，BIT)模式，在市场准入和投资自由化、公平竞争环境、可持续发展等方面有重要突破，更加契合中欧投资自由化的现实需要。在市场准入和投资自由化方面，中欧CAI首次实现了准入前国民待遇和负面清单安排[2]，尤其是中国做出了前所未有的开放承诺，在制造业、汽车业、金融服务业、医疗行业、生物资源的研发、通信行业、计算机及服务行业、运输业等领域对欧盟企业更为开放。中欧CAI与2020年1月1日生效的《外商投资法》实现全面对接，首次对所有行业以负面清单的形式做出承诺，标志着中国高水平开放模式的确立。在公平竞争环境方面，中欧CAI寻求使中国国有企业遵从商业逻辑行事，并禁止中国国有企业在采购方面对对方企业采取歧视性行为，且中国政府需要提供这方面的具体信息以判定某些企业的行为是否符合要求；就禁止强制技术转让规定了非常清晰的规则，与WTO框架下的《与贸易有关的投资措施协议》(TRIMs)相比有较大提升；补充了WTO中没有规定的服务业补贴透明义务，并要求双方就可能对对方有负面影响的补贴及其解决方法进行磋商。在可持续发展方面，中欧CAI纳入了环境和社会条款，并加入了气候

1 《中欧全面投资协定将使全球供应链衔接更完善》，《中国经济导报》2021年2月24日。

2 王碧珺、刘晓欣指出，之前大部分欧盟国家签订的BITs规定的都是准入后国民待遇，中国签订的BITs过去一直采用的也是正面清单制度。参见王碧珺、刘晓欣：《中欧全面投资协定助力高水平开放》，《中国金融》2021年第3期。

方面的承诺，特别是有效实施《巴黎协定》等多边气候协定，这无疑是中欧 CAI 的一大创新。中欧 CAI 统一了中欧关于投资、特别是市场准入政策等方面的各项标准，有助于促进中国对外投资管理体制的改革，进一步改善外商投资和经营环境。[1] 同时，本次中欧 CAI 中关于国有企业市场化经营、劳工、补贴透明度等方面的要求，已经非常接近 CPTPP 协议中纳入的高标准条款（见 CPTPP 第 17、18、19 章等国企劳工相关章节），很大程度上代表了我国以更高的全球标准实施国企市场化改革的决心，有力助推我国改革开放进程的进一步深化。[2] 中欧 CAI 更将推动疫情困扰下的全球经济在开放包容的原则下继续前行，为进一步深化与加强多边合作注入新动能，加速全球经济复苏。

1　王碧珺、刘晓欣指出，“强制技术转让”属于禁止业绩要求条款之一。目前，大部分双边投资协定中并未规定禁止业绩要求条款，因为只要缔约双方是 WTO 成员，则均应遵守 TRIMs 中规定的禁止性业绩要求条款的规定。但中欧 CAI 就禁止强制技术转让规定了非常清晰的规则，与 TRIMs 相比有较大提升，体现在规定了几类禁止的强制技术转让行为，包括要求向合资企业的伙伴转移技术等，以及禁止行政机关基于非经披露的法律政策收集秘密商业信息。（参见王碧珺、刘晓欣：《中欧全面投资协定助力高水平开放》，《中国金融》2021 年第 3 期。）

2　秦泰、王茂宇、贾东旭：《为何中欧 CAI 是堪比 RCEP 的外循环大事件？》，《申万宏源全球宏观周报》2021 年第 1 期。

第二节

“双循环”新格局下深化体制机制改革

一、加快完善社会主义市场经济制度

经济体制改革是全面深化改革的重要组成部分。习近平同志在中共十九大报告中强调“坚持社会主义市场经济改革方向”，“加快完善社会主义市场经济体制”，并指出，“经济体制改革必须以完善产权制度和要素市场化配置为重点，实现产权有效激励、要素自由流动、价格反应灵活、竞争公平有序、企业优胜劣汰”。深化经济体制改革必然意味着对产权制度、要素市场化配置、混合所有制发展等方面进行一系列改革。在“双循环”新格局下，中国在 2020 年就完善产权制度、要素市场化配置和混合所有制发展改革等方面采取了一系列重要举措。

（一）完善要素市场化配置体制机制

2020 年 3 月 30 日，中央印发《关于构建更加完善的要素市场化配置体制机制的意见》（以下简称《3 月意见》），从扩大要素市场化配置范围、促进要素自主有序流动、加快要素价格市场化改革、健全要素市场运行机制等方面做出部署。[1] 5 月 11 日，《关于新时代加快

1　陈晨：《深化要素市场化配置改革　推动经济高质量发展——访国务院发展研究中心原副主任王一鸣》，《光明日报》2020 年 4 月 12 日。

完善社会主义市场经济体制的意见》(以下简称《5月意见》)发布，就新时代在更高起点、更高层次、更高目标上推进经济体制改革、建设高水平社会主义市场经济体制做出全面部署。

《3月意见》分类提出了土地、劳动力、资本、技术、数据五个要素领域改革的方向，明确了完善要素市场化配置的具体举措。一是推进土地要素市场化配置。推进土地制度改革，既要建立健全城乡统一的建设用地市场，制定出台农村集体经营性建设用地入市指导意见；又要深化产业用地市场化配置改革，在符合国土空间规划和用途管制要求的前提下推动不同产业用地类型合理转换，探索增加混合产业用地供给；还要完善土地管理体制，增强土地管理灵活性。二是引导劳动力要素合理畅通、有序流动，通过深化户籍制度改革，推动基本公共服务均等化。[1]不断畅通劳动力和人才社会性流动渠道，完善技术技能评价制度，加大人才引进力度。三是推进资本要素市场化配置。相关部门及时制定出台完善股票市场基础制度的意见；加快发展债券市场，稳步扩大债券市场规模，推进债券市场互联互通；增加有效金融服务供给，健全多层次资本市场体系[2]；主动有序扩大金融业对外开放，推进境内金融机构参与国际金融市场交易。四是加快发展技术要素市场，健全职务科技成果产权制度，完善科技创新资源配置方式。不断培育发展技术转移机构和技术经理人，促进技术要素与资本要素融合发展，支持国际科技创新合作。五是加快培育数据要素市场。既要优化经济治理基础数据库，推动政府数据开放共享，又要培育数字经济新产业、新业态和新模式，提升社会数据资源价值。此外，还强调要探索建立统一规范的数据管理制度，提高数据质量和规范性，加强数据资源整合和安全保护。

---

1 陈晨:《深化要素市场化配置改革 推动经济高质量发展——访国务院发展研究中心原副主任王一鸣》,《光明日报》2020 年 4 月 12 日。

2 同上。

《3 月意见》既是深化要素市场化配置改革的“组合拳”，也是兑现改革红利的“大礼包”。[1] 推进要素市场化配置改革不仅是高标准市场体系的关键步骤，还是深化供给侧结构性改革的重大举措，更是加强国家经济竞争力的重要体现。[2] 明确了深化要素市场化配置改革的方向和重点任务，有助于推进我国要素市场制度建设，增强市场配置资源的功能，从而推动经济发展质量变革、效率变革和动力变革，为我国建设高标准市场体系、推动经济高质量发展指明了方向。[3]

《5 月意见》则从国企改革、公平竞争、要素市场化配置、宏观经济治理、收入分配和社会保障制度、制度型开放、法治体系建设等七个关键领域提出改革举措。一是要深化企业改革，完善中国特色现代企业制度，增强微观主体的活力。强调推动国有资本更多投向关系国计民生的重要领域，投向关系国家经济命脉、科技、国防、安全等领域。同时明确要最大限度减少政府对市场资源的直接配置和对微观经济活动的直接干预。[4] 二是全面完善产权制度。明确要进一步完善国有资产产权管理制度，健全自然资源资产产权制度，健全以公平为原则的产权保护制度，深化农村集体产权制度改革，完善和细化知识产权制度规则。三是要完善公平竞争制度。提出要完善竞争政策框架，建立健全竞争政策实施机制，强化竞争政策基础地位，体现完善公平竞争制度的改革方向，要求全面实施市场准入负面清单制度，全面落实公平竞争审查制度。四是完善要素市场化配置体制机制。提出了建立健全统一开放的要素市场、创新要素市场化配置方式、推进要素价格

1　李韶辉：《兑现改革红利　增强经济定力——访北京大学光华管理学院副院长周黎安》，《中国改革报》2020 年 4 月 22 日。

2　黄奇帆：《要素市场化配置是全面深化改革新突破》，《瞭望》2020 年 4 月 14 日。

3　陈晨：《深化要素市场化配置改革　推动经济高质量发展——访国务院发展研究中心原副主任王一鸣》，《光明日报》2020 年 4 月 12 日。

4　《专家解读〈中共中央　国务院关于新时代加快完善社会主义市场经济体制的意见〉》，央广网，2020 年 4 月 12 日。

市场化改革等改革任务。在土地领域，要加快建设城乡统一的建设用地市场，探索农村宅基地“三权分置”改革，完善城镇建设用地价格形成机制和存量土地盘活利用政策。在劳动力领域，放开放宽除个别超大城市外的城市落户限制，推动公共资源由按城市行政等级配置向按实际服务管理人口规模配置转变，促进劳动力、人才社会性流动。在金融领域，构建与实体经济结构和融资需求相适应、多层次、广覆盖、有差异的银行体系，推动以信息披露为核心的股票发行注册制改革，健全基准利率和市场化利率体系。在数据领域，完善数据权属界定、开放共享、交易流通等标准，加快培育数据市场。五是要求创新政府管理和服务方式，完善宏观经济治理体制。强调要构建有效协调的宏观调控新机制，加快建立现代财税制度，强化货币政策、宏观审慎管理政策和金融监管协调，全面完善科技创新制度和组织体系，完善产业政策和区域政策体系，以一流营商环境建设为牵引持续优化政府服务，构建适应高质量发展要求的社会信用体系和新型监管机制。六是坚持和完善民生保障制度，促进社会公平正义。要求健全体现效率、促进公平的收入分配制度，完善覆盖全民的社会保障体系，健全国家公共卫生应急管理体系，让改革发展成果更多更公平惠及全体人民。七是实行更加积极主动的开放战略，以开放促改革促发展。《5月意见》提出以“一带一路”建设为重点构建对外开放新格局，加快自由贸易试验区、自由贸易港等对外开放高地建设，健全高水平开放政策保障机制，积极参与全球经济治理体系变革，全面对接国际高标准市场规则体系，实施更大范围、更宽领域、更深层次的全面开放。

这两个文件的颁布，一方面是进一步落实中共十九大、十九届四中全会关于坚持和完善中国特色社会主义制度、加快推进国家治理体系和治理能力现代化的新的重大战略部署；另一方面，也是在更高起点、更高层次、更高目标上推进经济体制改革，特别是市场化改革的新动员令。

（二）混合所有制发展改革

中国经济的繁荣发展需要各种所有制经济共同参与形成合力，既要巩固好、发展好公有制经济，又要鼓励支持引导非公有制经济发展，充分激发各类市场主体活力，让各种所有制经济更好地融入中国特色社会主义建设这样一个伟大实践，形成强大合力。[1]中央力图推动国企民企共同发展，稳健推进混合所有制改革。2020 年 10 月《关于支持民营企业加快改革发展与转型升级的实施意见》（以下简称《实施意见》）出台，明确要推动相关支持政策加快落地见效，有效应对新冠疫情影响，激发民营企业活力和创造力，进一步为民营企业发展创造公平竞争环境。《实施意见》明确指出，支持民营企业改革发展和转型升级，信心是关键，公平是基础，创新是核心。《实施意见》同时肯定了民营企业是市场经济的重要力量载体的地位。

在国企改革方面，政府出台了《国企改革三年行动方案（2020—2022 年）》。中共十八大以来，党中央加强顶层设计，出台了国企改革“1 + N”政策体系，为新时代国企改革搭建了“四梁八柱”。经过多年探索与攻坚，国企改革“1 + N”政策逐步落实落地，在重要领域和关键环节取得一系列重大进展。[2]国有企业改革三年行动是今后三年落实国有企业改革“1 + N”政策体系和顶层设计的具体施工图。同时，国家大力推动国有企业公平参与市场竞争，强化国有企业的市场主体地位，营造公开、公平、公正的市场环境；推动一系列国企改革专项行动落实落地；加强国有企业党的领导、党的建设，推动党建工作与企业的生产经营深度融合。[3]

---

1 《国资委鼓励民企国企共同发展》，《经济参考报》2019 年 2 月 18 日。

2 《国企改革：“四梁八柱”落地三年行动开启》，《光明日报》2020 年 10 月 13 日。

3 《国企改革三年行动聚焦八方面重点任务》，中国政府网，2020 年 10 月 13 日。

（三）央地财政关系改革深化

中共十八大以来，财税领域的改革着力推进中央与地方财政关系。2014 年 6 月 30 日通过的《深化财税体制改革总体方案》，将调整中央和地方财政关系作为重点推进工作之一，也是加快建立现代财政制度的重要内容。2016 年 8 月 30 日国务院发布的《国务院关于推进中央与地方财政事权和支出责任划分改革的指导意见》，规划在 2019 年至 2020 年基本完成主要领域改革，形成中央与地方财政事权和支出责任划分的清晰框架。此后中共十九大明确提出“建立权责清晰、财力协调、区域均衡的中央和地方财政关系”的要求。在 2018 年 2 月 8 日、2019 年 7 月 10 日国务院办公厅依次印发了《基本公共服务领域中央与地方共同财政事权和支出责任划分改革方案》和《交通运输领域中央与地方财政事权和支出责任划分改革方案》。

2020 年 6 月 12 日、6 月 23 日、7 月 10 日，国务院办公厅分别印发《生态环境领域中央与地方财政事权和支出责任划分改革方案》、《公共文化领域中央与地方财政事权和支出责任划分改革方案》和《自然资源领域中央与地方财政事权和支出责任划分改革方案》。三份央地财政事权与支出责任的改革方案文件，为建立权责清晰、财力协调、区域均衡的中央和地方财政关系提供有力支撑。

2020 年度财政事权和支出责任划分改革具有鲜明的中国特色，科学界定了央地权责，更好保障了百姓民生，亮点有六：一是适度加强中央的财政事权。强化中央的财政事权履行责任，中央的财政事权原则上由中央直接行使。中央的财政事权确需委托地方行使的，报经党中央、国务院批准后，由有关职能部门委托地方行使，并制定相应的法律法规予以明确。对中央委托地方行使的财政事权，受委托地方在委托范围内，以委托单位的名义行使职权，承担相应的法律责任，并接受委托单位的监督。二是保障地方履行财政事权。加强地方政府公共服务、社会管理等职责。赋予地方政府充分自主权，依法保障地方的财政事权履行，更好地满足地方基本公共服务需求。地方的财政事权由地方行使，中央对地方的财政事权履行提出规范性要求，并通过法律法规的形式予以明确。三是减少并规范中央与地方共同财政事权。针对中央与地方共同财政事权过多且不规范的情况，必须逐步减少并规范中央与地方共同财政事权，并根据基本公共服务的受益范围、影响程度，按事权构成要素、实施环节，分解细化各级政府承担的职责，避免由于职责不清造成互相推诿。四是建立财政事权划分动态调整机制。财政事权划分要根据客观条件变化进行动态调整。在条件成熟时，将全国范围内环境质量监测和对全国生态具有基础性、战略性作用的生态环境保护等基本公共服务，逐步上划为中央的财政事权。五是完善中央与地方支出责任划分。属于中央的财政事权，应当由中央财政安排经费，中央各职能部门和直属机构不得要求地方安排配套资金。属于地方的财政事权原则上由地方通过自有财力安排。中央与地方共同财政事权区分情况划分支出责任。六是加快省级以下财政事权和支出责任划分。省级政府要参照中央做法，结合当地实际，按照财政事权划分原则合理确定省级以下政府间财政事权。将部分适宜由更高一级政府承担的基本公共服务职能上移，将有关居民生活、社会治安、城乡建设、公共设施管理等适宜由基层政府发挥信息、管理优势的基本公共服务职能下移，合理确定省以下各级政府的支出责任，避免将过多支出责任交给基层政府承担。

（四）落实金融支持实体经济的政策措施

做好金融工作，保障金融安全，也是推动经济社会持续健康发展的基本条件。2020 年 8 月 17 日，李克强主持召开国务院常务会议，要求进一步落实金融支持实体经济的政策措施，助力市场主体纾困发展。会议提出，下一步要继续落实好为市场主体减负等金融支持政策。一是保持流动性合理充裕，但不搞大水漫灌，有效发挥结构性直达货币政策工具精准滴灌作用，确保新增融资重点流向实体经济特别是小微企业。二是提高金融支持政策便利度，支持中小银行运用大数据进行有效银企对接，疏通传导机制，扩大市场主体受益面。深化市场报价利率（LPR）改革，引导贷款利率继续下行。落实落细运用再贷款再贴现资金发放优惠利率贷款、支持发放信用贷款等措施，确保小微企业全年融资量增、面扩、价降。三是开展银行不合理和违规收费检查。四是防范金融风险，提高银行服务实体经济可持续性。金融活则经济活，金融稳则经济稳。如果金融业能够发挥逆周期调控作用，重点支持国民经济中的关键环节和薄弱领域，加大对制造业、基础设施、小微企业、"两新一重"等领域支持，就能助力中国经济的回升保持可持续性，同时也有助于银行业自身经营稳健。

（五）司法为完善社会主义市场经济体制提供有力保障

2020 年 7 月 22 日，最高人民法院、国家发展改革委联合发布《关于为新时代加快完善社会主义市场经济体制提供司法服务和保障的意见》(以下简称《贯彻意见》)。《贯彻意见》从市场主体、产权保护、公平交易、市场秩序、民生保障、服务开放、高效解纷 7 个方面提出 31 条意见。其内容可归纳为以下几部分：一是完善市场主体司法保护机制，健全现代产权制度。值得注意的是，《贯彻意见》亦专门指出应严格保护农民的土地承包权和流转土地经营权，稳定土地承包关系，保障农村集体经济组织成员权益。二是保障要素市场化配置改革，建立维护公正的市场秩序。三是结合人民法院审判工作，围绕民生、涉外、矛盾纠纷化解等问题提出具体意见，保护市场主体的合法权益。《贯彻意见》所关注的 7 个方面构成了维护社会主义市场经济体制的司法保障体系的核心内容，也是现阶段司法保障不充分或司法不公最容易发生的领域之一。出台相关方面的具体举措，不仅有助于应对疫情所带来的挑战，更有利于补齐短板、堵塞漏洞，为社会主义市场经济体制构筑一道司法的“保护墙”，这也是法治建设在建立和完善社会主义市场经济体制上的具体体现。[1]

二、推进商事制度改革、优化营商环境

“双循环”新格局下深化体制机制改革既包括宏观层面的政策制定，也包括微观层面的商事制度改革、优化营商环境的举措探索。2020 年，中国对照国际标准，以营商环境提升为抓手，以市场主体感受为评判标准，谋求加快打造内外资一视同仁、具有国际竞争力的营商环境。同时，为应对经济改革带来的法治挑战，2020 年我国在法治建设上取得了一系列成就，为商事制度的改革提供有力保障

（一）深化商事制度改革

近年来，商事制度改革取得显著成效，市场准入更加便捷，市场监管机制不断完善，市场主体繁荣发展，营商环境大幅改善。但从全国范围看，“准入不准营”现象依然存在，宽进严管、协同共治能力仍需强化。2020 年 9 月 10 日，《关于深化商事制度改革进一步为企业松绑减负激发企业活力的通知》（以下简称《通知》）发布，其中提出深化商事制度改革 4 个方面 12 项改革举措，有利于进一步激发社会创业热情和市场活力。

一是推进企业开办全程网上办理。企业开办便利度是衡量营商环境水平的一个重要指标。全面推广企业开办“一网通办”，实现企业开办全程网上办理，对于群众创业、激发市场活力起到了积极作用。二是推进注册登记制度改革取得新突破。加大住所与经营场所登

1 《完善市场主体司法保护机　制维护公平竞争市场环境》，《深圳特区报》2020 年 8 月 11 日。

记制度改革力度，支持各省级人民政府统筹开展住所与经营场所分离登记试点。提升企业名称自主申报系统核名智能化水平，加强知名企业名称字号保护，建立名称争议处理机制。三是简化相关涉企生产经营和审批条件。将建筑用钢筋等五类产品审批下放至省级市场监管部门，推动化肥产品由目前的后置现场审查调整为告知承诺。完善强制性产品认证制度，简化出口转内销产品认证程序。将疫情防控期间远程评审等应急措施长效化，全面推行检验检测机构资质认定网上审批。推动第三方评价机构发布一批企业标准排行榜，形成 2020 年度企业标准“领跑者”名单。四是加强事中事后监管。加强企业信息公示，健全失信惩戒机制，推进实施智慧监管，进一步完善以“双随机、一公开”监管为基本手段、以重点监管为补充、以信用监管为基础的新型监管机制。健全完善缺陷产品召回制度。规范平台经济监管行为，引导平台经济有序竞争，依法查处电子商务违法行为，维护公平有序的市场秩序。

《通知》是商事制度改革的又一延续。下一步，深化商事制度改革的重点应放在加强部门协同、改革市场机制、降低制度性交易成本等方面。应运用网络舆情监测、大数据评估等技术措施，全方位掌握商事制度改革的效果和不足。要研究和解决政策落实不到位的深层次原因，向着“建设高标准市场体系”的目标，持续深化商事制度改革。

（二）新修《证券法》，深化资本市场改革

《证券法》作为规制直接融资的根本法律，担负着保护投资者、便利企业融资的重任。此轮修订系统总结了我国证券市场发展经验，深入分析证券市场运行规律和发展阶段性特点，在证券定义、注册制改革、投资者保护和违法惩戒方面都有所突破。注册制改革成为本次《证券法》修订的重点和最大亮点。

新修《证券法》在2019年年底通过公布后，自2020年3月1日起正式施行，其按照全面推行注册制的基本定位，对于证券发行注册制做了比较系统完备的规定。一是精简优化了证券发行的条件，对公司首次公开发行新股的条件做出了重大修改，将现行法规定的公开发行股票应当“具有持续盈利能力”的要求改为“具有持续经营能力”；在债券公开发行方面，取消了公开发行债券要求公司有净资产的数额标准。二是调整了证券发行的程序，由国务院制定具体办法推进注册制落地，明确证监会负责证券发行申请的注册，证券交易所等机构可以按照国务院规定对证券发行申请进行审核。三是强化了证券发行中的信息披露，专设一章，对信息披露做出了系统规定。[1]考虑到全面推行注册制是一个渐进的过程，新《证券法》也规定，证券发行注册制的具体范围、实施步骤由国务院规定，为注册制的分步实施留出了必要的制度空间。

本次《证券法》修订正值中国经济改革进入“深水区”。供给侧改革和化解金融风险是当前经济改革的目标，扩大直接融资比例是中央既定的政策手段，全面推行注册制是实现上述目标的重要手段。以全面推进注册制为重点，制定和完善了一系列配套的体制机制，为进一步完善资本市场基础制度明确了方向，也为全面推进以注册制为龙头的资本市场改革提供了坚强的法制保障，有利于进一步改善资本市场生态环境。[2]新《证券法》的施行，将引领中国资本市场发展进入市场化、法治化的新阶段。

为充分发挥人民法院审判职能，保障创业板改革并试点注册制顺利推进，保护投资者合法权益，最高人民法院于2020年8月18日

---

1 《新证券法获通过　直击资本市场三大焦点》，中国人大网，2020年12月30日。

2 《在法治轨道上全面推进资本市场改革发展——证监会主席易会满就证券法修订与施行接受新华社记者专访》，新华网，2020年1月20日。

发布了《最高人民法院关于为创业板改革并试点注册制提供司法保障的若干意见》(以下简称《意见》)。《意见》围绕新修《证券法》关于证券发行注册制的相关规定，在充分借鉴科创板司法保障意见的基础上，结合创业板改革相关成果，从增强为创业板改革并试点注册制提供司法保障的自觉性、依法保障创业板改革并试点注册制顺利推进、依法提高市场主体违法违规成本、依法有效保护投资者合法权益等四个方面提出了若干条举措。

国家大力推动提高上市公司质量，打击证券市场违法活动。2020年10月印发的《国务院批转证监会关于进一步提高上市公司质量的意见》指出，提高上市公司治理水平、推动上市公司做优做强、健全上市公司退出机制、解决上市公司突出问题、提高上市公司及相关主体违法违规成本以及形成提高上市公司质量的工作合力六个方面的重点内容。11月2日，中央全面深化改革委员会第十六次会议审议通过了《健全上市公司退市机制实施方案》和《关于依法从严打击证券违法活动的若干意见》。会议明确了依法从严打击证券违法活动的必要性，并提出了加强证券市场监管的一系列措施，为夯实资本市场法治基础、构建良好的市场秩序指明了方向，尤其要求推动建立常态化退市机制，并打造“升级版”证券执法司法体系。

（三）最高人民检察院发布指导性案例，解析金融类犯罪难点争点

2020年3月25日，最高人民检察院发布第十七批指导性案例，涉及非法吸收公众存款罪、利用未公开信息交易罪，以及违规披露、不披露重要信息罪等三项金融犯罪罪名。本批指导性案例就实践中常见、涉重大金融风险类犯罪行为，为检察机关、社会公众、金融机构和金融市场参与者从行为性质、证明方法、刑行衔接三方面对金融领域犯罪做了重点阐释。一是厘清了新金融现象的性质认定问题。面对

新金融现象，准确区分非法金融活动和合法金融创新是处理金融犯罪的首要重点。二是合理运用间接证据构建证明体系。经济金融犯罪隐蔽性强，专业程度高，证据容易被隐匿、毁灭，证明犯罪难度大，经常缺乏直接证据。但通过组织运用间接证据，构建证明体系，能够达到排除其他可能性的，即使被告人提出辩解或不供述，也可以认定犯罪。三是正确认定单位犯罪，刑行衔接，稳定证券市场秩序。因上市公司利益的多元性，为防止中小股东利益受到双重损害，违规披露、不披露重要信息罪，妨害清算罪，虚假破产罪，以及违法运用资金罪，均不追究单位的刑事责任。对于不追究刑事责任的单位，人民检察院一方面依法做出不起诉决定，另一方面提出检察意见要求有关部门追究行政责任，并充分释法说理，避免社会公众的误解，维护证券市场秩序。

（四）最高人民法院出台首部审理债券纠纷案件系统性司法文件

2020 年 7 月 5 日，最高人民法院印发《全国法院审理债券纠纷案件座谈会纪要》（以下简称《纪要》）。《纪要》是我国第一部审理债券纠纷案件的系统性司法文件，主要针对债券违约纠纷案件、欺诈发行和虚假陈述纠纷案件以及发行人破产案件问题做出规定，有利于统一公司债券、企业债券、非金融企业债务融资工具三大债券品种违约处理的法律适用，有助于保护债券投资人的合法权益，促进债券市场健康发展。

总的来看，《纪要》的亮点主要体现在以下六方面：一是对不同券种统一法律适用。对公司债券、企业债券、非金融企业债务融资工具统一法律适用。[1] 二是强化债券持有人会议效力。三是行政处罚或

---

1 《最高法民二庭负责人就〈全国法院审理债券纠纷案件座谈会纪要〉答记者问》，最高人民法院网，2020 年 7 月 15 日。

生效刑事判决不再是债券虚假陈述诉讼的前置条件。四是明确受托管理人和资管产品管理人地位与责任。五是确立集中起诉、集中管辖原则。六是明确承销机构、发行人控股股东、实际控制人、发行人的董事、监事、高级管理人员或者履行同等职责的人员等各方主体责任认定。《纪要》在现有司法基础上明确了诸多问题，具有非常重大的司法指引意义，但其中还有一些问题需要明确。例如，“逃废债”情况下，投资者如何更好地获得保全和诉讼的权利仍需要完善和加强。另外，有评论认为，《纪要》的具体规定可能存在一些问题：在集中起诉原则下，债券持有人单独起诉难度可能增加[1]；在集中管辖原则下，由于管辖集中到发行人住所地，故需谨防地方保护主义影响[2]；对受托管理人未尽勤勉义务的赔偿责任较为概括，缺乏具体的判断标准和赔偿规则[3]。

（五）《深圳经济特区个人破产条例》出台

2020 年 8 月 26 日，深圳市人大正式通过《深圳经济特区个人破产条例》（以下简称《个人破产条例》），这是全国首部关于个人破产制度的地方性法规。此条例的出台填补了我国《破产法》仅规定企业破产制度所留出的空白，对于构建完整的现代破产制度和市场退出制度，具有重大意义。

《个人破产条例》的主要内容有五个方面：一是确立了个人破产免责制度，包括豁免财产制度和免责考察制度两部分。二是设立破产管理机构，推动构建与世界接轨的专业破产办理体系。参考破产制度

1　姜超、杜佳：《扎牢制度篱笆，疏通违约处置症结点——评〈全国法院审理债券纠纷案件座谈会纪要〉》，2020 年 7 月 18 日。

2　《〈中共中央　国务院关于构建更加完善的要素市场化配置体制机制的意见〉专家解读之一》，国家发展改革委网站，2020 年 4 月 13 日。

3　周研、严浩：《债券违约诉讼何去何从？——简评〈债券座谈会纪要〉》，天元律师事务所网站，2020 年 7 月 16 日。

发达国家地区的实践经验，针对企业破产法实施的顽疾，深圳着重推动破产案件审判权与破产事务管理权分离改革，初步构建了符合破产运行规律和实践要求的“法院＋破产管理人＋破产行政管理机构”的专业破产办理体系。三是重构个人破产和解制度，为发展庭外债务纾缓和重组程序提供制度接口。《个人破产条例》重新构建了破产和解程序，为庭外程序的发展留下了制度空间。四是严格破产欺诈责任，推高滥用破产程序和恶意逃废债的违法成本。五是实行破产信息登记公开，推动完善有中国特色的社会信用体系。《个人破产条例》通过推动建立透明、公开、可追溯的破产信息登记与公开制度，积极完善社会信用体系。

《个人破产条例》虽只是一个地方性法规，但其出台是我国个人破产制度首次“试水”，把消费者与其他从事生产经营的自然人也纳入进来，从长远角度来讲有立法的前瞻性，是全国性商事制度改革的一个方向。与此同时，一些律师及学者也对该条例的进一步实施提出了建议，涉及《个人破产条例》如何与《婚姻法》衔接适应、异地债务处理等问题。

（六）最高人民法院调整民间借贷利率的司法保护上限

民间借贷作为国家正规金融的有益补充，既需要规范，也需要保护。2020 年 8 月 20 日，最高人民法院发布了新修订的《最高人民法院关于审理民间借贷案件适用法律若干问题的规定》（以下简称《规定》）。《规定》明确规定，以中国人民银行授权全国银行间同业拆借中心每月 20 日发布的一年期贷款市场报价利率（LPR）的 4 倍为标准，确定民间借贷利率的司法保护上限，取代原《规定》中“以 24% 和 36% 为基准的两线三区”的规定，大幅度降低民间借贷利率的司法保护上限，促进民间借贷利率逐步与我国经济社会发展的实际水平相适应。

《规定》大幅下调民间借贷利率司法保护上限是出于多方面的考虑：一是从 2015 年最高人民法院关于“24% 至 36%”的规定出台至今，国内利率中枢下行明显；二是在新冠疫情影响全球经济的大背景下,《规定》可以促进民间借贷市场与银行等金融市场之间发生“共振效应”；三是《规定》延续《九民纪要》“强监管”的精神，以“增强金融服务实体经济能力”为目标，倒逼金融行业的全面转型；四是针对“校园贷”等消费金融利率过高的现实问题。

降低民间借贷利率司法保护上限有助于防范民间借贷的金融风险，引导规范民间借贷健康有序发展。但是，在最新《规定》发布后，众多中小银行、小贷公司、持牌消费金融机构，以及涉足助贷与技术输出的金融科技平台均感受到新的经营压力。有民间声音担忧其可能加剧中小微企业融资难度，并导致更多与现有借贷业务相关的民间借贷纠纷。

第三节

维护公平竞争，促进创新增长

一、强化反垄断执法，保障市场良性竞争

提升市场综合监管能力，保障市场运行，要求加强反垄断和反不正当竞争行为的执法和司法，以确保市场经济总体运行公平合理。2020 年度临近末尾，我国反垄断和反不正当竞争监管领域内发生了一系列引发国内外各界高度关注的重磅事件。2020 年 11 月 3 日，蚂蚁科技集团股份有限公司（简称蚂蚁集团）向投资者发布公告，鉴于其实际控制人及执行董事长、总经理被监管约谈，以及金融科技监管环境发生变化等重大事项，可能使其不符合相关发行上市条件或信息披露要求，因此决定暂缓其 A 股在上交所科创板及 H 股在港交所主板上市的计划。这意味着原本被市场预期将成为史上全球最大规模 IPO 的交易在最后关头因监管因素被叫停。12 月 11 日，中共中央政治局会议明确提出“强化反垄断和防止资本无序扩张”，而 12 月 16 日至 18 日的中央经济工作会议对这一精神也再度重申。12 月 14 日，国家市场监管总局对阿里巴巴投资有限公司收购银泰商业（集团）有限公司、腾讯控股的阅文集团收购新丽传媒控股有限公司、顺丰旗下深圳市丰巢网络技术有限公司收购中邮智递科技有限公司三起并购案未依法申购、违法实施集中给予行政处罚。12 月 24 日，市场监管总局根据举报，依法对阿里巴巴集团控股有限公司（简称阿里巴巴集

团）实施“二选一”等涉嫌垄断行为立案调查。同一天，阿里巴巴集团发布公告，称将积极配合监管部门调查。《人民日报》同日发表的评论文章则称，反垄断已经成为关系全局的紧要议题，要通过反垄断促进行业健康发展，健全数字规则；而此次立案调查并不意味着国家对平台经济鼓励、支持的态度有所改变，而是为了更好地规范和发展平台经济，引导、促进其健康发展。

为构建完善反垄断和反不正当竞争的制度体系，2020 年度国家立法和行政机关着力推进两项重要举措。

（一）《反垄断法》大修，公平竞争审查制度拟入法

《反垄断法》自 2008 年 8 月 1 日实施以来已逾十年，2020 年迎来首次修订。国家市场监管总局于 1 月 6 日就《反垄断法》修订草案公开征求意见。草案显示，本次修订拟对多项内容进行调整，并增设新的条文，以应对变化的市场情况和《反垄断法》实施中遇到的问题。

为促进全国统一开放，形成竞争有序的市场体系，《反垄断法》在保护市场竞争、维护市场秩序方面发挥了基础性作用。但随着经济社会发展和国际化环境的形成，2008 年的《反垄断法》在实施过程中逐渐暴露出一些问题，无法满足现在和将来的需要。这主要体现为条文结构较为粗放，可操作性较低；处罚力度和执法透明度方面存在问题，行政垄断现象频出；传统的反垄断管理模式对新经济、新业态无法有效回应。为进一步发挥《反垄断法》作为“经济宪法”的作用，本次草案征求意见稿进行了较大幅度的修改和完善，对各项问题进行积极回应，体现出以下三方面亮点。

其一，首次拟将公平竞争审查制度纳入法律。在本次修订中，公平竞争审查制度总体仍属于原则性规定，如何具体落实有待进一步确定。国务院反垄断委员会专家咨询组副组长黄勇教授认为，公平竞

争审查制度入法，将为今后政府的市场经济行为划出“红线”。中央民族大学法学院教授陈群峰认为，意见稿明确“行政机关”范围，细化反垄断执法机构应对行政垄断的措施，有利于提高《反垄断法》规制行政垄断的可操作性。[1]

其二，增设互联网领域反垄断规定。本次草案征求意见稿对于如何认定互联网公司滥用市场支配地位做出不同的规定，将“网络效应、规模经济、锁定效应、掌握和处理相关数据的能力”等因素纳入考虑范围。这一修改对互联网新业态的反垄断执法具有积极意义。一方面扩大和明确垄断认定范围，如电商平台“二选一”行为可能涉嫌垄断；另一方面也使得《反垄断法》和《电子商务法》等其他法律法规有效衔接，有力应对手段越发隐蔽、规模不断扩大的互联网领域垄断问题。

其三，细化完善对垄断行为的规范体系，加大处罚力度。本次草案征求意见稿从四个方面提高了《反垄断法》的可执行性：一是对垄断协议统一定义，防止不同条文间的理解不一致；二是在滥用市场支配地位的认定中增设针对互联网领域经营者的额外考虑因素；三是明确了经营者集中问题的“控制权”概念；四是允许国务院反垄断机构根据情况更灵活地确定申报标准。除此之外，意见稿还提高了垄断协议和经营者集中相关行为的处罚额度和力度，增设有关刑事责任的条文，与刑法衔接，加大了对垄断行为的惩戒强度。

总体来看，本次修法针对现行《反垄断法》实施过程中遇到的执法乏力、无法应对市场环境变化和新业态、行政垄断规制可操作性低等问题做出了集中回应，有利于提高反垄断执法的力度和范围，对良好市场环境、规范竞争秩序的形成将会起到助力作用。

1　《反垄断法大修首次拟将公平竞争审查制度入法》，《法治日报》2020 年 1 月 14 日。

（二）平台经济领域的反垄断指南公布

针对《反垄断法》草案征求意见稿中增设的互联网领域反垄断问题，国家市场监管总局发布《关于平台经济领域的反垄断指南（征求意见稿）》（以下简称《指南》）[1]，向公众征求意见。近年来，我国的平台经济发展迅猛，有效地促进了我国经济效率的改善和消费者福利的增加。但与此同时，也催生了诸如“二选一”、大数据杀熟等各类备受社会关注、引发争议的市场竞争行为。

《指南》在对“二选一”、大数据杀熟、VIE 构架的经营者集中申报等近年来争论较大的社会热点予以回应的同时，也就最惠国待遇条款、轴辐协议、杀手式并购等新型竞争问题做了明确规定。《指南》共分为 6 章 24 条，在《反垄断法》基本制度和分析框架下，结合平台经济的特点，对垄断协议、滥用市场支配地位行为、经营者集中和滥用行政权力排除、限制竞争等相关制度进行了非常有针对性的说明，值得特别关注的主要有以下三个方面的内容。

其一，细化平台经济模式下相关市场界定的方法。针对传统相关市场界定方法在平台经济 / 互联网行业中适用难的问题，在征求意见稿中，《指南》甚至规定，如果直接事实证据充足，只有依赖市场支配地位才能实施的行为持续了相当长时间且损害效果明显，准确界定相关市场条件不足或非常困难，可以不界定相关市场，直接认定平台经济领域经营者实施了垄断行为。但在 2021 年最终出台的正式《指南》中，这一条款被删去，“界定相关市场”仍被保留为“通常情况下的要求”。

其二，根据平台经济的业务模式特点，对平台经济领域垄断协议和滥用市场支配地位的规制进行细化。主要内容包括：明确算法共谋为垄断协议新方式；明确最惠国待遇条款可能构成纵向垄断协议；

1　《关于平台经济领域的反垄断指南》正式发布时间为 2021 年 2 月 7 日。

将轴辐协议纳入规制范围；结合平台经济特点细化认定市场支配地位的因素；进一步细化拒绝交易的认定规则；明确“二选一”等限定交易方式是否构成滥用市场支配地位的认定标准；明确大数据杀熟等差别待遇方式是否构成滥用市场支配地位的认定标准；针对平台经济模式特点细化经营者集中标准。

其三，针对在互联网领域使用较多的协议控制架构（包括 VIE 结构），明确涉及协议控制的经营者集中也属于审查范围。同时，考虑到平台经济与传统经济营业额计算有差别，对平台经营者的营业额如何计算给出指引。

《指南》征求意见稿于 2020 年年末在互联网行业内引发了反响，被认为将对巨头的不正当竞争行为形成震慑。虽然《指南》最终稿在一些问题上有所回撤，但总的来看，如果《指南》落实到位，中小型企业会有更强的创新动力，而平台型企业会因中小型企业稳健发展而长期受益，整个商业生态会更加健康。

二、大力保护知识产权

“创新是引领发展的第一动力，保护知识产权就是保护创新。全面建设社会主义现代化国家，必须推进知识产权保护工作。知识产权保护工作关系到国家治理体系和治理能力现代化，只有严格保护知识产权，才能完善现代产权制度、深化要素市场化改革，促进市场在资源配置中起决定性作用。”[1] 2020 年年内围绕保护知识产权、促进创新的目标，立法、司法、行政领域各出台一系列有力举措。

1 习近平：《全面加强知识产权保护工作　激发创新活力推动构建新发展格局》，《求是》2021 年第 3 期。

（一）立法领域，《著作权法》完成了第三次修正

此次修法从基础概念修改到大幅提高侵权赔偿数额，再到权利滥用条款、合理使用条款的规定，呈现出诸多亮点，引人关注。

1. 修改基础概念，扩大保护范围。新增“作品”的概念界定，采取“概括＋列举”的方式，强调作品的独创性适格条件，与国际通行表述相衔接。此外，草案还改“电影作品和以类似摄制电影的方法创作的作品”为“视听作品”，将网络环境下的短视频、游戏直播、体育赛事、网课等新型作品列入保护范围；改“时事新闻”为“单纯事实消息”，将新闻报道中的评述类文字、图片等列入保护范围。种种概念变动更加适应技术发展的诉求，扩充了著作权保护客体。

2. 提高赔偿数额，增加违法成本。长期以来，我国著作权领域存在维权成本高、赔偿数额低的困境。新《著作权法》大幅增加违法成本，将法定赔偿数额上限由 50 万元提高到 500 万元，有助于严格保护著作权、有力打击侵权盗版行为。同时，引入惩罚性赔偿机制，对于情节严重者可以适用赔偿数额一倍以上五倍以下的惩罚性赔偿，与《商标法》等保持一致，有助于形成知识产权统一打击态势。

3. 规定合理使用，明确使用者义务。《著作权法》第 24 条规定：使用者“不得影响该作品的正常使用，也不得不合理地损害著作权人的合法权益”。较之前版《著作权法》，新法增强了法条适用的确定性，有助于提升法律的可预期性，降低司法裁判的任意性、模糊性。

4. 禁止权利滥用，鼓励作品正常传播。新法明确了禁止权利滥用，即权利人“不得滥用权利影响作品的正常传播”，并辅之以配套的处罚条款。这有助于解决音乐版权领域平台独家许可，以及滥用独家许可优势损害作品传播和市场竞争秩序的问题。

5. 加强行政执法，减轻权利人举证责任。新法将“各省、自治区、直辖市人民政府的著作权行政管理部门”改为“县级以上地方主管著作权的部门”，并赋予主管部门现场检查、复制资料和查封扣押

等权力，增强行政执法力度。此制度一则有助于发挥行政保护主动性、快捷性的优势，二则有助于及时固定证据、确定损害赔偿的具体数额。

此外，新法还对合作作品使用和权利归属、广播组织信息网络传播权、法定许可制度与集体管理等方面进行规定，大力加强了著作权保护，打击侵权盗版行为。

（二）司法领域加强知识产权保护

2020 年 4 月 21 日，最高人民法院印发《关于全面加强知识产权司法保护的意见》（以下简称《意见》），旨在要求各级人民法院充分认识全面加强知识产权司法保护的重大意义，继续提升知识产权的司法保护水平，为建设知识产权强国提供有力的司法服务和保障。

最高人民法院副院长江必新介绍，《意见》强调依法、严格、平等、精准、高效、长效、全面保护知识产权，立足知识产权审判实际，聚焦当前知识产权中的重点难点问题，对人民法院的知识产权司法保护工作提出以下具体要求：一是立足各类案件特点，切实维护权利人合法权益；二是着力解决突出问题，增强司法保护实际效果；三是加强体制机制建设，提高司法保护整体效能；四是加强沟通协调工作，形成知识产权保护整体合力；五是加强审判基础建设，有力支撑知识产权司法保护工作。[1]

2020 年 9 月以来，最高人民法院相继出台文件，旨在细化商业秘密、专利、涉电子商务知识产权等方面的保护规则，完善知识产权保护体系，以“严举措”保护“真创造”，激发企业创造活力。

1. 商业秘密保护

2020 年 9 月 11 日，最高人民法院发布《关于审理侵犯商业秘密

1　《最高人民法院出台意见　全面加强知识产权司法保护》，《人民法院报》2020 年 4 月 21 日。

民事案件适用法律若干问题的规定》，对商业秘密保护客体、商业秘密的构成要件、保密义务、侵权判断、民事责任、民刑交叉、相关诉讼程序及法律适用等方面做出规定。次日，最高人民法院发布《关于办理侵犯知识产权刑事案件具体应用法律若干问题的解释（三）》，对侵犯商业秘密的犯罪数额、刑事诉讼保密措施、罚金刑等内容予以明确。以上两份文件细化了"商业秘密"的定义，调整了犯罪数额的入罪标准和计算方法，构建了层级明确的罚金刑体系，进一步细化了罚金刑的使用标准；为企业保护商业秘密提供了法律保障，降低了企业的举证责任，明确了侵犯商业秘密民刑交叉案件赔偿金额的认定方式，节约了司法资源和企业的法律救济成本。

2. 专利授权确权

2020 年 9 月 11 日，最高人民法院发布《关于审理专利授权确权行政案件适用法律若干问题的规定（一）》。该规定对权利要求解释、以说明书为依据、说明书充分公开、创造性、外观设计专利授权标准等重要法律适用问题予以明确，并对有关证据、程序问题做出了规定。确立了"优先内部证据，结合外部证据"权利要求的解释原则，并引入了"反向禁止后悔"的规则。强调专利申请的诚实信用原则，严厉打击虚构、编造专利等非正常专利申请行为。该规定基本统一了专利授权确权行政案件中的评判标准，增强了司法实践的可操作性，同时也回应了中美第一阶段经贸协议中的相关内容。

3. 涉电子商务知识产权保护

2020 年 9 月 10 日，最高人民法院发布《关于审理涉电子商务平台知识产权民事案件的指导意见》，规定了以下三方面内容：一是明确电子商务平台开展自营业务的认定方法；二是细化知识产权权利人或平台内经营者发出侵权通知（或声明）的主要内容及其主观恶意的考量因素，授予二者紧急情况下向法院申请行为保全的权利；三是细化电商平台"应当知道"侵权行为存在的情形，对电商平台合规划精细运营提出更高要求。

9月12日，最高人民法院发布《关于涉网络知识产权侵权纠纷几个法律适用问题的批复》，对涉及网络知识产权侵权案件的下述问题予以明确：一是知识产权权利人提出保全申请的处理方式；二是网络服务提供者和电子商务平台经营者承担连带责任的条件、处理网络用户和平台内经营者提交的不侵权声明的期限；三是对恶意提交不侵权声明适用惩罚性赔偿的条件；四是免除知识产权权利人善意提交错误通知的民事责任。

4. 著作权保护

2020年11月16日，最高人民法院印发《关于加强著作权和与著作权有关的权利保护的意见》，主要包含以下五方面内容：一是切实加强著作权保护，促进社会主义文化繁荣发展；二是充分运用推定规则，减轻权利人诉讼维权负担；三是结合各类案件特点，有效保护当事人合法权益；四是消除侵权盗版风险，有效预防侵权行为的发生；五是加大虚假诉讼惩处，促进诚信诉讼机制完善。该意见旨在通过提升知识产权审判质效，切实加强文学、艺术和科学领域的著作权保护。

5. 程序和证据规定

除实体规定以外，最高人民法院还于2020年9月14日发布了《关于依法加大知识产权侵权行为惩治力度的意见》，集中规定了行为保全、证据保全、举证妨碍、停止侵权、惩罚性赔偿、法定赔偿以及从重刑事处罚等措施，加大刑事打击力度，切实增强司法保护的实际效果。

最高人民法院和最高人民检察院于2020年11月16日发布《关于知识产权民事诉讼证据的若干规定》，保障和便利当事人依法行使诉讼权利，保证人民法院公正、及时审理知识产权民事案件，从诉讼程序和证据方面提升知识产权司法保护质效，推动营造市场化、法治化、国际化的营商环境。

同时，最高人民检察院组建知识产权检察办公室，加强知识产权全方位综合性司法保护。该办公室主要负责知识产权检察工作的顶层设计和战略规划，负责法律规定由检察机关办理的侵犯知识产权刑事、民事、行政案件的办案、监督和业务指导等工作。

三、促进新业态培育与监管

2020 年 7 月 15 日，国家发展改革委等 13 个部门联合出台了《关于支持新业态新模式健康发展　激活消费市场带动扩大就业的意见》（以下简称《意见》），聚焦于数字经济。数字经济以互联网、大数据、人工智能和实体经济深度融合为特征，主要有数字产业化和产业数字化两种形式。其中，数字产业化包括 5G、大数据、云计算、应用软件、互联网等发展数字经济的基础产业；产业数字化是指利用上述基础产业对传统产业进行数字化、智能化升级。

在新一轮科技革命和产业变革浪潮之下，数字经济的重要性日益突出。特别是面对新冠疫情带来的经济下行压力，以数字技术为基础的新产业、新业态、新模式异军突起，成为对冲经济下行压力的“稳定器”，展现出强大的抗冲击能力和发展韧性，“数字复苏”成为“化压力为动力”的可行途径，预计数字经济也将开启新一轮经济周期。

《意见》提出，支持 15 种新业态、新模式发展，包括在线教育、互联网医疗、线上办公、数字化治理、产业平台化发展、传统企业数字化转型、“虚拟”产业园和产业集群、“无人经济”、培育新个体经济支持自主就业、发展微经济鼓励“副业创新”、探索多点执业、共享生活、共享生产、生产资料共享及数据要素流通。2020 年年内值得关注的具体决策部署，包括农业农村数字化、新能源汽车等领域及网络经济的监管。

（一）推进农业农村数字化发展

2020年1月20日，农业农村部、中央网络安全和信息化委员会办公室印发《数字农业农村发展规划（2019—2025年）》（以下简称《规划》），对新时期推进数字农业农村建设的总体思路、发展目标、重点任务做出明确部署，以产业数字化、数字产业化为发展主线，擘画了数字农业农村发展新蓝图。产业数字化、数字产业化要求数字农业农村建设以构建农业农村基础数据资源体系、加快生产经营数字化改造、推动管理服务数字化转型、强化关键技术装备创新、加强重大工程设施建设为五大重点任务。到2025年，争取在农业数字经济占农业增加值比重、农产品网络零售额占农产品总交易额比重、农村互联网普及率三个关键性指标上，达到具体的目标要求。

在重大工程设施建设方面，《规划》提出建立健全农业农村数据采集体系，在2025年前基本建成“一个网络”“一个体系”“一个平台”，即天空地一体化观测网络、农业农村基础数据资源体系和农业农村云平台，通过网络、体系、平台的建立，为产业数字化、数字产业化提供数据这一关键生产要素。

《规划》以数字技术与农业农村经济深度融合为主攻方向，以加快生产经营数字化改造，推进管理服务数字化转型为重要任务，全面提升农业农村经营网络化、管理高效化、服务便捷化水平。生产经营数字化涵盖六大方面，包括：加快发展数字农情，种植业信息化；建设数字养殖牧场，畜牧业智能化；推进智慧水产养殖，渔业智慧化；加快种业大数据的研发与深度应用，种业数字化；鼓励发展众筹农业，新业态多元化；推进农产品生产标准化，质量安全管控全程化。管理服务数字化为帮助农民解决生产经营瓶颈问题，从建立、建设、健全农业农村管理决策支持技术体系、农产品全产业链监测预警体系、农业农村服务体系、农村人居环境智能监测体系、乡村数字治理体系入手，满足乡村振兴的重大需求。

（二）部署新能源汽车，瞄准国际先进水平

2020 年 11 月 2 日，国务院办公厅印发《新能源汽车产业发展规划（2021—2035 年）》（以下简称《规划》），提出力争经过 15 年持续努力，新能源汽车关键核心技术取得重大突破、融合发展协调高效、产业生态健全完善，纯电动乘用车成为主流，燃料电池商用车实现规模化应用，高度自动驾驶智能网联汽车趋于普及，我国进入世界汽车强国行列。

《规划》为新能源汽车向全球汽车产业转型升级、绿色发展迈进，部署了五项战略任务：一是提高技术创新能力，推动电动化与网联化、智能化技术互融协同发展；二是构建新型产业生态，推动形成互融共生、分工合作、利益共享的新型产业生态；三是推动产业融合发展，推动新能源汽车与能源、交通、信息通信全面深度融合，构建产业协同发展新格局；四是完善基础设施体系，加快推动充换电、加氢等基础设施建设，提升互联互通水平，鼓励商业模式创新，营造良好使用环境；五是深化开放合作，践行开放融通、互利共赢的合作观，深化研发设计、贸易投资、技术标准等领域的交流合作，积极参与国际竞争，不断提高国际竞争能力。

这一规划顺应新形势，适应新要求，明确发展新方向，提出发展新路径，从内容上充分体现了自主创新是根本，融合发展是关键，开放合作是途径，延续并深化了《2012 年规划》的“三纵三横”研发布局，明确了要充分发挥市场在资源配置中的决定性作用，强化企业在技术路线选择等方面的主体地位，政府是要更好地发挥在完善标准法规、优化发展环境等方面的作用。

（三）开展网络市场监管专项活动

2020 年 10 月 26 日，网络市场监管部际联席会议制度成员单位联合发布《关于印发 2020 网络市场监管专项行动（网剑行动）方

案的通知》(以下简称《通知》),决定于2020年10月至12月开展“2020网剑行动”。本次行动以落实《电子商务法》为统领,按照《国务院办公厅关于促进平台经济规范健康发展的指导意见》相关要求,依据《电子商务法》《消费者权益保护法》等法律法规,规范网络市场竞争秩序。

该行动围绕七项重点任务开展:一是落实电商平台责任,夯实监管基础;二是重拳打击不正当竞争行为,规范网络市场竞争秩序;三是集中治理网上销售侵权假冒伪劣商品,守住安全底线;四是严厉打击野生动植物及其制品非法交易行为,保护野生动植物资源和公共卫生安全;五是强化互联网广告监管,维护互联网广告市场秩序;六是依法整治社会热点问题,营造良好网络市场环境;七是依法查处其他网络交易违法行为,保护消费者合法权益。

《通知》印发之后,河南、安徽、四川、山西等省市纷纷响应,结合本地区情况,制定了相应的实施方案。各地的执行方案存在一定共性,力求全方位、宽领域推进“2020网剑行动”展开,积极开展宣传,推动网络市场经营者自觉自律、规范经营。市场监管领域部门联合监管,着力提升监管公平性、规范性和有效性,充分发挥失信惩戒作用,及时进行信息公示,探索新型监管机制,提升网络市场监管效能。

第四节

强化环境保护，推动可持续发展

一、构建现代环境治理体系，筑牢美丽中国制度保障

中共十八大将生态文明建设作为中国特色社会主义事业的重要组成部分。2015 年 5 月 5 日，中共中央、国务院发布《关于加快推进生态文明建设的意见》，指出我国生态文明建设水平仍滞后于经济社会发展，资源约束趋紧，环境污染严重，生态系统退化，发展与人口资源环境之间的矛盾日益突出，已成为经济社会可持续发展的重大瓶颈制约。[1] 2015 年 9 月 21 日，中共中央、国务院发布《生态文明体制改革总体方案》，客观指出一系列生态环境领域亟待解决的问题，并表达了解决问题的决心。[2] 2018 年 6 月 16 日，中共中央、国务院公布《关于全面加强生态环境保护　坚决打好污染防治攻坚战的意见》，明确将改革完善生态环境治理体系作为加强生态环境保护的重要内容，表明生态环境治理体系是生态环境保护的重要组成部分。[3] 2018 年 12 月 4 日，国务院办公厅印发《关于深化生态环境保护综合行政执法改革的指导意见》，指出到 2020 年要基本建立职责明确、边

---

1 《中共中央　国务院关于加快推进生态文明建设的意见》，新华网，2015 年 5 月 5 日。

2 《中共中央　国务院印发〈生态文明体制改革总体方案〉》，人民网，2015 年 9 月 22 日。

3 《中共中央　国务院关于全面加强生态环境保护　坚决打好污染防治攻坚战的意见》，中国政府网，2018 年 6 月 24 日。

界清晰、行为规范、保障有力、运转高效、充满活力的生态环境保护综合行政执法体制，基本形成与生态环境保护事业相适应的行政执法职能体系。

2020年3月3日，中共中央办公厅、国务院办公厅印发了《关于构建现代环境治理体系的指导意见》（以下简称《指导意见》），提出到2025年建立健全环境治理领导责任体系、企业责任体系、全民行动体系、监管体系、市场体系、信用体系、法律法规政策体系等七大体系的主要目标。一是健全环境治理领导责任体系。要完善中央统筹、省负总责、市县抓落实的工作机制；要明确中央和地方财政支出责任，制定实施生态环境领域中央与地方财政事权和支出责任划分改革方案；要开展目标评价考核，着眼环境质量改善，合理设定约束性和预期性目标，将其纳入国民经济和社会发展规划、国土空间规划以及相关专项规划；要深化生态环境保护督察，实行中央和省两级生态环境保护督察体制。二是健全环境治理企业责任体系。要依法实行排污许可管理制度，加快排污许可管理条例立法进程，加强对企业排污行为的监督检查；要推进生产服务绿色化，提高治污能力和水平，公开环境治理信息环境。三是健全环境治理全民行动体系。要强化社会监督，完善公众监督和举报反馈机制，加强舆论监督，引导具备资格的环保组织依法开展生态环境公益诉讼等活动；要发挥各类社会团体的作用，提高公民环保素养。四是健全环境治理监管体系。要完善监管体制，整合相关部门污染防治和生态环境保护执法职责、队伍，统一实行生态环境保护执法；要加强司法保障，强化对破坏生态环境违法犯罪行为的查处侦办，加大对破坏生态环境案件起诉力度，加强检察机关提起生态环境公益诉讼工作；要强化监测能力建设，加快构建生态环境监测网络，实现环境质量、污染源和生态状况监测全覆盖。五是健全环境治理市场体系。要构建规范开放的市场，深入推进"放管服"改革，规范市场秩序，加快形成公开透明、规范有序的环境治理市场环境；要强化环保产业支撑，加强关键环保技术产品自主创新，做大做强龙头企业；要创新环境治理模式，积极推行环境污染第三方治理，开展园区污染防治第三方治理示范，对工业污染地块，鼓励采用“环境修复+开发建设”模式；要健全价格收费机制，严格落实“谁污染、谁付费”政策导向，建立健全“污染者付费+第三方治理”等机制。六是健全环境治理信用体系。要加强政务诚信建设，建立健全环境治理政务失信记录，归集至相关信用信息共享平台逐步公开；要健全企业信用建设，完善企业环保信用评价制度，建立排污企业黑名单制度，建立完善上市公司和发债企业强制性环境治理信息披露制度。七是健全环境治理法律法规政策体系。要完善法律法规，鼓励有条件的地方在环境治理领域先于国家进行立法；要完善环境保护标准，立足国情实际和生态环境状况，制定修订环境质量标准、污染物排放标准以及环境监测标准等；要加强财税支持，建立健全中央和地方环境治理财政资金投入机制，贯彻落实好现行促进环境保护和污染防治的税收优惠政策；要完善金融扶持，设立国家绿色发展基金，推动环境污染责任保险发展，开展排污权交易。《指导意见》要求地方各级党委和政府结合本地区发展实际，进一步细化落实构建现代环境治理体系的目标任务和政策措施，确保重点任务及时落地见效。

2020年3月12日，生态环境部印发了《生态环境保护综合行政执法事项指导目录（2020年版）》（以下简称《指导目录》），主要梳理了规范生态环境保护领域依据法律、行政法规设定的行政处罚和行政强制事项，以及部门规章设定的警告、罚款的行政处罚事项，对地方性法规规章设定的行政处罚和行政强制事项未做讨论。在内容上，《指导目录》共整理了248项生态环境保护综合行政执法的事项，并对每一事项进行了职权类型、实施依据、责任部门、第一责任层级建议的具体说明。在实施主体上，第一责任层级最低为“设区的市”，实施主体统一规范为“生态环境主管部门”，但是地方可以依照法定程序，在需要时对实施主体进行调整。

总体上看，《指导目录》亮点有三：一是兼具概括性和操作性，既是执法手册，也是普法监督手册。《指导目录》的内容具有概括性，《通知》明确授权各省、自治区、直辖市可根据法律、行政法规、部门规章立改废释和地方立法等情况，进行补充、细化和完善，建立动态调整和长效管理机制。此外，从《指导目录》的结构和内容来看，它将各生态执法事项的法律依据和责任部门明确地列举出来，能够方便使用者查询其责任与义务，也能根据它来监督生态环境主管部门的执法是否到位。二是突出规范性，防止行政执法名目不一。《指导目录》规范了生态环境保护综合行政执法事项的名称，对于列入《指导目录》的行政处罚、行政强制事项名称，原则上根据设定该事项的法律、行政法规和部门规章条款内容进行概括提炼，统一规范为“对××行为的行政处罚（行政强制）”。部分涉及多种违法情形、难以概括提炼的，以罗列的多种违法情形中的第一项为代表，统一规范为“对××等行为的行政处罚（行政强制）”。三是具有确权性，明确责任主体，划清权力边界。针对省级以下环境执法队伍普遍存在的“职责同构”问题[1]，《通知》强调，要按照减少执法层级、推动执法力量下沉的要求，区分不同事项和不同管理体制，结合实际明晰第一责任主体，把查处违法行为的责任压实。《指导目录》中以“设区的市”生态环境主管部门为第一责任层级的主要负责人，对各个事项的实施主体进行了“职责明确、边界清晰”的划分，有助于解决多头、多层重复执法的问题。

《指导意见》和《指导目录》充分利用国家和政府的制度资源，吸收市场和社会的创新机制体制，对现代环境治理体系构建提出了系统性的安排，有助于实现环境治理的适应性、可持续性和灵活性。

1 《生态环境保护综合执法的职责调整》，人民网，2019 年 3 月 14 日。

二、聚焦立足长江经济带，展望黄河流域发展

推动长江经济带发展是党中央做出的重大决策，关系到国家发展全局。中共十八大以来，习近平总书记先后对长江经济带发展做出“共抓大保护，不搞大开发”[1]“把修复长江生态环境摆在压倒性位置”“用最严格制度最严密法治保护生态环境，打好污染防治攻坚战”[2]等重要指示。中共十九届四中全会则进一步明确了“加强长江、黄河等大江大河生态保护和系统治理”“健全生态环境监测和评价制度，完善生态环境公益诉讼制度，落实生态补偿和生态环境损害赔偿制度，实行生态环境损害责任终身追究制”等重大任务。[3]

（一）司法保障助力长江经济带发展

近年来，长江生态环境严重恶化，洞庭湖、鄱阳湖频现干旱情况，部分水系严重断流，长江生物完整性指数到了最差的“无鱼”等级。长江生态环境恶化的一个重要原因在于长江生态环境硬约束机制尚未建立，长江保护法进程滞后。因此亟须制定一部具有针对性、特殊性和系统性的长江保护法。[4]

围绕贯彻党的重要决定、助力长江经济带发展这一问题，最高人民检察院先后召开“武汉会议”和第一届、第二届服务保障长江经济带发展检察论坛，提出“十项检察举措”，出台《关于办理长江流域生态环境资源案件加强协作配合的意见》，推动建立“上管一段”

1 《习近平主持召开深入推动长江经济带发展座谈会并发表重要讲话》，新华网，2018年4月26日。

2 《保护生态环境　建设美丽中国——学习贯彻习近平总书记在全国生态环境保护大会重要讲话》，新华网，2018 年 5 月 19 日。

3 《中共中央关于坚持和完善中国特色社会主义制度　推进国家治理体系和治理能力现代化若干重大问题的决定》，新华网，2019 年 11 月 5 日。

4 《长江保护法草案直面生态环境保护薄弱环节　十年禁渔入法破解“无鱼”之困》，《法制日报》2020 年 1 月 7 日。

等流域治理检察机制。2019 年，长江经济带 11 个省市的检察机关按照最高人民检察院工作部署，聚焦长江流域生态环境保护突出问题，形成长江经济带“检察一盘棋”集聚效应。在此基础上，2020 年 1 月 14 日，最高人民检察院发布《绿色发展 · 协作保障　服务保障长江经济带发展检察白皮书（2019）》（以下简称《白皮书》），聚焦长江经济带发展的司法保障，这也是最高人民检察院发布的首个白皮书。《白皮书》从“坚持以办案为中心”“立足检察监督职能”“对标人民群众新需求新期待”“回应新时代发展需求”四方面展开，既对检察机关服务保障长江经济带工作进行了阶段性总结，同时也反映出服务保障长江生态环境实践中的问题和短板。

《白皮书》显示，2019 年，长江经济带 11 个省市的检察机关共立案环境资源领域公益诉讼案件 3.02 万余件；对破坏环境资源犯罪案件批准逮捕 4 336 件 7 084 人，提起公诉 12 504 件 22 310 人，受理监督立案 819 件。针对各类破坏长江流域生态环境资源的刑事犯罪，检察机关通过依法严惩加大了生态环境司法保护力度。同时，检察机关积极践行恢复性司法理念，落实宽严相济的刑事政策，将适用认罪认罚从宽制度与推动生态环境修复相结合，推行“专业化法律监督 + 恢复性司法实践 + 社会化综合治理”生态检察模式，以推进生态环境修复与生产发展转型。

《白皮书》的另一关键词为“跨区域协作”。最高人民检察院副检察长张雪樵提出，长江大保护是一个大流域的治理，而大流域的治理必然会碰到一个系统性、协同性方面的问题，就是“上下游不同行，左右岸不同步”。[1] 为解决这一难题，《白皮书》提出强化协同联动，构建检察协作新格局。一方面，最高人民检察院统一部署，实现

1　张雪樵：《在“最高检举行助力长江经济带绿色发展　守护‘一江碧水、两岸青山’发布会”上的发言》，最高检网站，2020 年 1 月 14 日。

全国检察“一盘棋”；另一方面，通过开展法律监督，包括刑事检察部门的立案监督和公益诉讼检察部门督促行政机关依法履职，带动不同行政区划的行政机关开展同步执法、联动执法，发挥中国特色社会主义检察制度的显著优势，推动国家治理体系和治理能力现代化。在目前的实践中，重庆、四川、云南、贵州四省市检察机关建立赤水河、乌江流域跨区域生态环境保护检察协作机制；上海、江苏、浙江、安徽四地检察机关围绕联防联治协同发力，筑牢环太湖领域生态环境保护的司法屏障，建立相应的联席会议等工作机制；等等。这些都是建立“跨区域协作机制”的优秀例证。

（二）以良法善治呵护母亲河

围绕长江流域生态环境破坏这一突出问题，2019 年 10 月 23 日，十三届全国人大常委会第十五次会议首次提请审议《中华人民共和国长江保护法（草案）》，重点讨论有关长江流域生态修复和环境治理以及绿色发展的特殊性问题。[1] 2020 年 12 月 22 日，十三届全国人大常委会第二十四次会议第三次审议了《中华人民共和国长江保护法（草案）》，增加了有关自然灾害的监测预防、应急处置和恢复重建的规定，规定了有关文化历史保护的措施，体现了城乡统筹、融合发展的发展战略，并加大了对部分行为的处罚力度。[2] 2020 年 12 月 26 日，《中华人民共和国长江保护法》（以下简称《长江保护法》）经十三届人大常委会第二十四次会议通过。该法作为我国首部流域保护法，将资源保护、污染防治、生态修复囊括在一部法律中，确立生态优先原则，体现绿色发展战略，系统、全面地保护长江流域生态安全。

长江流域涉及 19 个省区市，条块分割的管理方式导致产生各自

---

1 《长江保护法草案首次提请审议》，中国人大网，2019 年 12 月 23 日。

2 《长江保护法草案进入三审　长江流域区域拟协同立法执法》，中国人大网，2020 年 12 月 23 日。

为政、重复建设现象。因此《长江保护法》在第一章总则中明确提出建立流域协调机制，统一指导、统筹协调长江保护工作，并在第五条中规定，由国务院有关部门和长江流域省级人民政府负责决策工作，并由各级河湖长负责长江保护相关工作。同时，第六条规定，应当制定地方性法规和政府规章，建立协作机制；第八十条规定，应当对跨行政区域、生态敏感区域以及生态环境违法案件高发区域发生的违法事件以及重大违法案件依法展开联合执法。

为提高信息获取能力，《长江保护法》第九条规定，应当在已经建立的台站和监测项目基础上建立长江流域生态环境监测网络体系和监测信息共享机制。第十三条规定，应当建立健全长江流域信息共享系统，对生态环境、自然资源和管理执法等信息进行共享。为提高决策质量，第十二条规定，应当设立专家咨询委员会，国务院各部门和长江流域省级政府按照职责分工组织开展对长江流域生态系统可能造成影响的项目的第三方评估、分析和论证工作。第三十九条规定，授权由国务院和长江流域省级人民政府统筹建设长江流域自然保护地体系。第四十二条则规定，国务院农业农村主管部门和县级以上人民政府应当制定保护计划，对长江流域珍贵、濒危水生野生动植物实行重点保护。同时，第五十九条规定，建立野生动植物遗传资源基因库，进行抢救性修复。

除资源保护外，《长江保护法》还强调，“共抓大保护，不搞大开发”，禁止在长江流域内弃置固体废物，并对其非法转移和倾倒实行联防联控。就风险评估和管控而言，第五十条规定，县级以上人民政府应当对地下水重点污染源及周边水环境风险进行调查评估，并采取风险防范和整治措施。同时，第六十六条还规定，县级以上政府应当对重点地区危险化学品生产企业搬迁改革，促进产业升级改造和相关企业的清洁化改造。

由于上述举措可能会带来上游地区的经济利益牺牲，故《长江保护法》建立生态保护补偿机制，在上下游之间建立利益协调和共享机制，推动长江经济带高质量发展。在第七十六条明确生态保护补偿办法，鼓励各地方政府之间开展横向生态保护补偿。同时，第六十三条规定，鼓励社会资本投入长江流域环境修复，并于第七十六条规定，鼓励社会资金建立市场化运作长江流域生态保护补偿基金，县级以上政府则应当因地制宜对生态环境修复和其他保护措施给予支持。

就政府责任而言,《长江保护法》是对政府责任要求最多的法律之一，有关政府的责任规定共有 62 条。系统地明确政府责任，规定地方政府考核制度和人大报告制度；同时规定约谈地方政府制度，国务院有关部门和省级政府可以约谈相关地区县级以上人民政府及有关部门主要负责人，要求其采取措施及时整改。

就法律责任而言，对其他法律法规未予处罚的违法行为做出规定，要求造成污染的相关主体承担侵权责任；除民事责任外,《长江保护法》还与《刑法修正案（十一）》衔接，本次修正案在第三百三十八条污染环境罪，第三百四十一条非法猎捕、杀害珍贵濒危野生动物罪，非法收购、运输、出售珍贵濒危野生动物、珍贵濒危野生动物制品罪，第三百四十二条非法占用耕地罪，第三百四十四条非法采伐、毁坏国家重点保护植物罪，非法收购、运输、加工、出售国家重点保护植物、国家重点保护植物制品罪中增添相关规定。

第四章

理顺党与国家关系

夯实执政基础，激发政府活力

“党政军民学，东西南北中，党是领导一切的。”中国共产党是中国特色社会主义事业的领导核心。因此，如何从制度上保证全党在重大问题上的统一行动，维护党中央权威和集中统一领导，始终是中国政治的核心问题。特别是当前世界百年未有之大变局加速演进，国际局势波谲云诡，国内改革发展稳定任务艰巨繁重，国家治理面临着日趋复杂的国内外局势，更需要坚持党的领导。加强党的领导首先要求完善党自身的领导体制和机制，即既要维护好党中央的集中统一权威，发挥好党中央的定海神针作用，又要完善党的基层组织，健全党内民主机制，形成生机勃勃的政治局面。民主集中制是党的根本组织原则和国家机构原则，分别被《中国共产党章程》第四条和现行的《中华人民共和国宪法》第三条规定。它既是马克思主义政党进行国家建设的显著特色，也是理解中国共产党治国理政的优势之一。

从中共十八大以来，习近平总书记始终关注执政党建设，并将执政党建设作为治国理政的重要抓手，进一步强化民主集中制。不同于过往对民主集中制的论述集中在中央与地方关系和上级与下级的关系，新时期对民主集中制关注还特别强调要重视党与国家机构的职权划分，把处理党和国家的关系看作执政党建设的关键环节。因为党的领导不是空洞、抽象的，而要求在各个方面予以落实和体现，尤其是要通过不断深化改革完善党领导国家的制度体系。党和国家的关系实际上构成了中国特色的宪制分权体系，其中党与国家的权力划分最为根本，而国家权力的分配才是宪法中所规定的人大、政府和司法部门等机构。因此，党和国家的权力划分实际上是政治学上政治权力与行政治理权力的划分，即现代政党掌握政治路线和决策的决断权力，而国家机关实际上以不同的方式负责贯彻执行。[1]而规范党的领导的规范性文件是《中国共产党章程》，而规范国家权力运作的规范性文件是《中华人民共和国宪法》，由此党章和宪法共同构成了中国宪制秩序的基础。[2]加强党的领导始终是巩固中国宪制秩序的重要组成部分。

本章关注 2020 年党领导国家的各项制度的发展。第一节关注党的自身建设。密切党群关系、干群关系，保持党与人民群众的血肉联系是党立于不败之地的根基所在，但一段时间以来，在基层组织的选举中出现了拉帮结派、宗族主义的现象，导致党的基层组织网络涣散，党的政策悬浮于国家上层难以深入人心，侵蚀了党的执政基础。基层党组织应该发挥党治国理政的战斗堡垒作用，《中国共产党基层组织选举工作条例》的颁布有助于理顺基层党组织的选举工作，重建党与人民的血肉联系。同时，2020 年还印发了《中国共产党党和国家机关基层组织工作条例》，与此前印发的《中国共产党国有企业基层组织工作条例（试行）》一起，试图解决基层党建中常见的形式主义弊端。第二节关注党政关系的发展。行政执法与人民群众的生活关系密切，直接体现党的执政水平，中共十八大以来，以党政合署为特色的改革标志着新时代党政分工的重大进展。2020 年印发的《中国共产党中央委员会工作条例》对维护党中央权威和集中统一领导具有

---

1 〔美〕F. J. 古德诺：《政治与行政》，王元译，华夏出版社 1987 年版。

2 强世功：《党章与宪法：多元一体法治共和国的建构》，《文化纵横》2015 年第 4 期。

重大而深远的意义，有助于确立党的绝对领导权威以保障改革的稳定。同时，推进国家治理体系和治理能力现代化还需要提升国家机关的治理水平，2020 年官方进一步推进简政放权实践，优化职权配置，这有助于实现治理中的放权让利、激活市场和民间活力，提升国家治理水平。第三节关注党法关系与政法制度的发展。政法工作具有专业性，但政法工作并不仅仅是法律人的精巧游戏，从司法体制到政法工作体系的语词转化，也意味着政法工作摆脱了司法中心主义的西方想象，恢复了政法体制作为党领导下为人民服务之手段的本来面目，要求我们关注真实具体的人民群众，而非抽象的法律主体，将党群关系引入政法体系之中。在国家治理日渐现代化的今天，专业化治理对于全面依法治国必不可少，但坚持党对一切事务的领导也是必然之举，因为唯有坚持群众路线的政党才能真正坚持以人民为中心的改革，保证弱小的个人能够对抗日益强大的资本力量和日趋复杂而冷酷的法治之网。2020 年人大制度的发展也贯彻着“以人民为中心”的政治理念，《全国人民代表大会和地方各级人民代表大会选举法》修订的核心任务在于提高基层直接选举的代表数量，以保证人大的代表性和人民性。

第一节

加强基层建设，夯实党领导的人民基础

党的基层组织处于党的工作最前沿，是党的领导延伸到基层的重要载体，发挥着战斗堡垒的作用。作为一个在 14 亿人口的大国长期执政的马克思主义大党，基层党组织是党的执政根基，是整个党组织的“神经末梢”，是落实党的路线方针政策和各项工作任务的“毛细血管”。从中南海到人民群众的田间地头，如果最后一公里不得力，民意就没法上达，国家的政策也无法得到执行，治理系统和环节之间就会堵塞。只有完善党的基层制度，党执政的组织基础才能根深蒂固，党的建设才能根深叶茂。政党工作需要有一个制度抓手，基层党组的重要性不容忽视，2020 年几个有关党组的党内法规的修改体现出这一重要方向。

一、规范党的基层选举工作

一段时间以来，党的基层建设存在软弱涣散的情况，有的党员干部对黑恶势力攫取政治利益、权钱交易之风甚嚣尘上等现象视若无睹；有的基层党组织在选举时弄虚作假、拉帮结派，甚至形成宗族势力对基层政权的垄断。如 2019 年 5 月，浙江省常山县委巡察组发现，某胡姓家族掌控该村党组织 30 余年，村党支部软弱涣散、党员发展程序不规范、村“三资”管理和村级工程项目管理混乱。此类现象在不少地方相当普遍，基层干部不作为、乱作为，严重影响了党和国家各项决策部署在基层的贯彻落实，败坏了党员干部在群众心中的形象和威望。中国的国家凝聚力不仅仅依靠法律和国家机构，更靠党的各级组织，党的基层组织的涣散导致了国家治理难以深入，形成了国家不入之地的情形，黑恶势力的猖獗不仅是因为法律执行不力，更是整个的国家治理涣散所导致的基层无力，也正是基于此，国家从 2018 年开始在全国范围内开展扫黑除恶专项斗争。

“欲筑室者，先治其基。”基层党组织是中国共产党全部工作和战斗力的重要基础。2020 年 7 月 13 日，中共中央印发《中国共产党基层组织选举工作条例》(以下简称《选举工作条例》)，对基层组织选举工作的纪律和监督提出了明确要求，对于发扬党内民主、尊重和保障党员民主权利、规范基层党组织选举、增强基层党组织政治功能和组织力具有重要意义。《选举工作条例》共 7 章 41 条，第一章“总则”，明确《选举工作条例》制定的目的、依据和适用范围；第二章“代表的产生”，对代表名额分配、资格条件等做出规定；第三章“委员会的产生”，对不同领域、类型和层级党的基层组织的委员资格条件提出原则性要求，强调发挥上级党组织领导把关作用；第四章“选举的实施”，主要就会议条件、候选人介绍、选举有效等程序做出规定；第五章“呈报审批”，对召开党员大会或者党员代表大会请示、人事安排方案请示和选举结果报批等做出规定；第六章“纪律和监督”，强调严肃基层党组织选举纪律，明确将执行情况纳入巡视巡察监督工作的内容；第七章“附则”，明确解释权归属等。[1]

《选举工作条例》的制定有着比较明确的指向性，如第三十五条为保证党的基层组织选举工作平衡有序，规定：“落实全面从严治党

---

1 《中组部就制定颁布〈中国共产党基层组织选举工作条例〉答记者问》，新华网，2020 年 7 月 21 日。

责任，严禁拉帮结派、拉票贿选、跑风漏气等非组织行为，严防黑恶势力、宗族势力、宗教势力干扰破坏选举，强化监督检查和责任追究，确保选举工作风清气正。”这一条对党的基层组织选举中的问题和影响因素做了明确的列举，直指近年来党的基层治理中的乱象，在党内法规中实属少见。《选举工作条例》对基层党组织选举工作中出现的许多新情况新挑战做出了回应。第一，在代表的产生问题上，突出了代表的政治标准，强调代表应当自觉增强“四个意识”、坚定“四个自信”、做到“两个维护”，遵守党章党规党纪和法律法规，具有履行职责的能力，能反映本选举单位的意见，代表党员的意志。《选举工作条例》同时补充完善了代表产生的主要程序。第二，在委员会的产生问题上，除继续强调德才兼备、以德为先和班子结构合理的提名原则外，不同领域、不同类型和不同层级基层党组织还可结合实际情况进一步细化委员候选人的提名条件，从而体现行业领域特点。第三，就选举的实施方面而言，新增了监票人全面报告被选举人得票情况的环节，以反映党员、代表选择情况，保障党员、代表知情权。第四，强化了呈报审批、纪律监督的要求，确保选举工作风清气正、平稳有序。[1]

抓好党的基层组织建设需要多管齐下、同向发力：一是严格主体责任，确保《选举工作条例》落实，提升基层党组织选举工作的制度化、规范化水平。[2] 二是鼓励各地创新，提升基层治理制度的科学性和有效性。要鼓励不同领域、不同类型和不同层级基层党组织结合实际情况，创新基层党组织选举工作的细节，例如，浙江省常山县在胡村“问题家族支部”案发生后，开展了党员发展问题的专项清理工

1 《中组部就制定颁布〈中国共产党基层组织选举工作条例〉答记者问》，新华网，2020 年 7 月 21 日。

2 《严格把好基层党组织“选举关”》，新华网，2020 年 7 月 23 日。

作，建立了党员发展重点人员预审制度，明确规定对开除党籍重新申请入党、村“两委”干部直系亲属申请入党等六类情形，必须由组织部门进行专门考察。当然，这一经验是针对常山问题后的个案探索，是否具有普遍借鉴意义还值得讨论。三是深化监督、巡视和问责，把监督的触角不断向基层延伸。将巡察工作、扫黑除恶和脱贫攻坚、乡村振兴工作结合推进，既要打“老虎”，也要打“苍蝇”，解决家族势力长期干扰基层政权等群众身边的腐败问题，消除基层政权建设的不正之风。[1] 当然，作为兜底手段的刑法，在完善党的基层组织建设的过程中，也应该扮演好作为最后保障法的角色。立法机关应当进一步完备刑法中与基层选举有关的规定，坚决打击暴力恐吓或贿选的行为，使基层治理走向法治化轨道。

二、巩固党的基层组织网络

党的基层建设软弱涣散，基层选举乱象丛生，根本原因在于基层治理的体系不健全、制度存在漏洞，使得信息不对称，内部监督和外部监督流于形式，除了需要有针对性地规范党的基层选举制度外，还需要从源头上加强基层组织，增强执政党的基层触角。2020 年 1 月 5 日，中共中央印发了新修订的《中国共产党党和国家机关基层组织工作条例》（以下简称《机关基层条例》）和 2019 年 12 月 30 日印发的《中国共产党国有企业基层组织工作条例（试行）》（以下简称《企业基层条例》）一起，形成了贯彻落实新时代党的建设总要求和党的组织路线的重要举措，共同构成了提高基层党的建设力量的制度成果。《机关基层条例》和《企业基层条例》分别对机关基层和国

1 《家族势力干扰基层政权、基层党组织家族化……“家族支部”问题透视》，新华网客户端，2020 年 7 月 23 日。

有企业的党组织工作做出全面规范，是新时代加强基层党建的基本遵循。

《机关基层条例》于2010年6月颁布。中共十八大以来，机关党建工作面临的形势任务发生很大变化，党的制度建设取得重要进展。本次修订充分吸收近年来机关党的工作的理论、实践和制度创新成果，适应新任务新要求，对于加强和改进机关党的建设具有重要意义。新修订的《机关基层条例》集中体现了以习近平新时代中国特色社会主义思想为指导、以党章为根本遵循、坚持问题导向、深入总结各地实践经验的四个原则。《机关基层条例》具有以下亮点：一是坚持不懈推进党的政治建设，在“总则”部分强调要当好“三个表率”、建设模范机关，增写“党的政治建设”专章，把思想政治工作作为机关党的政治建设的重要内容。二是加强机关党的基层组织体系，适当调整党组织设置和职责，完善机关党建工作领导体制。三是推进党支部标准化、规范化建设，严格党员教育管理，严格落实党的组织生活制度，强调党员领导干部带头参加双重组织生活。四是强化机关基层党组织的日常监督，突出对党员领导干部的监督，通过定期检查、民主生活会等方式强化监督职能。五是选拔优秀干部从事党务工作，加强对党务干部的教育培训，把党务工作岗位作为培养锻炼机关干部的重要平台，保证党务工作力量，注重调动机关党务干部的工作积极性。

《企业基层条例》遵循了贯彻党中央精神、坚持系统集成、强化问题导向、注重继承创新四个原则，它的发布呼应了全面从严治党向纵深推进的形势要求，落实十九大党章修正案对国有企业党组织功能的进一步定位，对加强党对国有企业的全面领导，完善中国特色现代企业制度具有重要意义。国有企业是我国社会主义市场经济的主体部分，在国民经济发展中起着主导作用。长期以来政党在国有企业经营中发挥着主导作用，随着20世纪80年代以来党政分工的深化，尤其是市场经济的不断成熟，逐渐形成了党委领导下的厂长（经理）负责制的国企管理经营体制。近年来，在日渐复杂的国际国内经济形势面前，国企的基石地位越加明显，尽管在国企管理中党委依旧发挥着关键作用，但是国企中的基层党组缺乏活力。党的领导不仅仅要体现在国企经营的最高层，还要发挥层层压实的主体责任，牵住责任制这个“牛鼻子”，理清党的领导与公司治理的关系，理顺工作关系。

《企业基层条例》共 9 章 41 条，涵盖国有企业党的建设各个方面，主要有以下特征：一是切实加强党对国有企业的全面领导，明确国有企业党委（党组）发挥领导作用、将党建工作要求写入公司章程、将党组织研究讨论作为决策重大问题的前置程序、坚持完善“双向进入、交叉任职”的领导体制。二是坚持中国特色现代企业制度改革方向，明确党的领导和公司治理的关系，推动党建工作与企业生产经营深度融合。三是加强企业干部队伍建设，坚持党管干部、党管人才原则。四是加强党务工作队伍建设，规范机构设置，明确人员配备，强化素质提升。五是坚持抓基层打基础，坚持党建带群建，增强基层党组织的政治功能和组织力，把国有企业基层党组织打造成为坚强战斗堡垒。

两个“条例”的发布也预示着自上而下建立了一套比较完善的组织结构体系，为全面从严治党提供了组织保障。[1] 今后还需保证法规切实落实执行，让相互交叉的党内法规形成合力，在基层治理过程中发挥效能，提升基层组织治理能力。

1 参见赵丽：《激活“神经末梢”建强基层党组织》，《法制日报》2020 年 1 月 13 日。

第二节

协调党政关系，助力治理现代化

中共十八大以来，以习近平同志为核心的党中央把保证全党服从中央、维护党中央权威作为党的政治建设的首要任务，“加强党的政治建设，必须把维护党中央权威和集中统一领导作为首要任务。党内所有的政治问题，归根到底就是对党是否忠诚”[1]。为了坚持和完善党的领导制度体系、严明党的政治纪律和政治规矩，陆续制定修订了《关于新形势下党内政治生活的若干准则》《中国共产党党内监督条例》《中共中央关于加强党的政治建设的意见》《中共中央政治局关于加强和维护党中央集中统一领导的若干规定》《中国共产党重大事项请示报告条例》《中国共产党地方委员会工作条例》《中国共产党党组工作条例》等重要党内法规。2020 年 9 月 30 日，中共中央印发了《中国共产党中央委员会工作条例》（以下简称《中央委员会工作条例》），这是党的历史上第一次对党中央的工作机制进行规定，对中国共产党的最高领导机关的运作进行规范，对维护党中央权威和集中统一领导，确保党始终统揽全局、协调各方，具有重大而深远的意义，同时也向外界揭开了党内最高领导机关的神秘面纱。同时，推进国家治理体系和治理能力现代化不仅需要加强党的领导，还需要提升

1　习近平：《论坚持党对一切工作的领导》，中央文献出版社 2019 年版，第 224 页。

国家机关的治理水平，2020年我们也能够看到官方进一步推进简政放权实践，优化职权配置，提升国家治理水平。

一、坚持党的领导，加强政治集权

《中央委员会工作条例》的关键在于坚定维护以习近平同志为核心的党中央权威和集中统一领导，有助于将“两个维护”制度化。《中央委员会工作条例》第二条规定：“党的最高领导机关，是党的全国代表大会和它所产生的中央委员会。在全国代表大会闭会期间，中央委员会领导党的全部工作，对外代表中国共产党。”习近平总书记指出：“坚持党的领导，最根本的是坚持党中央权威和集中统一领导。党章规定‘四个服从’，最根本的是全党各个组织和全体党员服从党的全国代表大会和中央委员会；党中央强调‘四个意识’，最根本的是坚决维护党中央权威和集中统一领导。”[1] 从宏观层面来说，保持政法工作的中国特色、社会主义特色，关键就在于坚持党中央的领导。《中央委员会工作条例》第五条明确规定：“涉及全党全国性的重大方针政策问题，只有党中央有权作出决定和解释。”在政法工作中避免“司法独立”“三权分立”“多党制”等误区的政治决断，就是由党中央做出的；从具体事项来说，坚持党的绝对领导就是要坚定维护党中央对政法领域重大事项的决定权。2018年1月审议通过的《关于修改宪法部分内容的建议》，也是由中央委员会提出的。

《中央委员会工作条例》分为8章35条，紧紧围绕保障“两个维护”这个主旨谋篇布局，重点在于规范党的最高领导机关的职权，分别规定了领导地位、领导体制、领导职权、领导方式、决策部署、自身建设六大方面问题。总则部分阐明了党中央工作要坚持党的指导思

1 习近平：《论坚持党对一切工作的领导》，第223页。

想、肩负重大政治使命、牢牢把握政治原则三项总体要求，这就明确了党中央开展工作的“大纲”。第二章从三个角度进一步就“着眼坚持和巩固党中央作为党和国家的领导决策核心这一最高领导地位”做出规定。第三章从两方面进一步健全了党中央的领导体制。第四章依次对中央委员会、中央政治局、中央政治局常务委员会、中央委员会总书记的领导职权以及中央书记处的工作职责做出规定。第五章第一次在党内法规中对党中央的领导方式做出集中规定。第六章专门规定党中央的决策部署，明确了党中央的决策原则、决策主体和事项、决策部署方式、决策部署会议召开、决策协商等基本问题，进一步完善了党中央决策部署体制机制。第七章针对中央委员会、中央政治局、中央政治局常务委员会组成人员的自身建设提出三项严格要求。

在支撑党内法规制度体系的“四梁八柱”中，《中央委员会工作条例》属于“顶梁柱”，它的制定出台对于到建党100周年时如期形成比较完善的党内法规体系具有里程碑意义，对党的领导制度建设起到画龙点睛之效，对党中央工作体制体系起到纲举目张之效，党中央以身作则起到示范引领之效，不仅为加强中央委员会工作提供了基本遵循，也为各级党组织加强自身建设提供了科学指引。《中央委员会工作条例》深刻总结长期以来，特别是中共十八大以来，党中央治国理政、管党治党的实践经验，着眼于加强中央委员会工作，为保证党中央对党和国家事业的集中统一领导提供了基本遵循。

中共十八大以来，以习近平同志为核心的党中央以空前力度推进全面从严治党，取得了重大进展和显著成效，但党内存在的政治不纯、思想不纯、组织不纯、作风不纯等问题，特别是一些深层次问题尚未得到根本解决。[1] 2020年是全面建成小康社会和“十三五”规划

---

1 《中共中央办公厅印发〈党委（党组）落实全面从严治党主体责任规定〉》，新华网，2020年3月13日。

收官之年，是脱贫攻坚决战决胜之年，在新的征程上，党委（党组）必须能够保持战略定力，强化政治担当，坚决贯彻打赢三大攻坚战、保障改善民生等重大部署，才能确保党中央决策部署落实有力、落实到位。从严治党的关键是要抓住责任制这个“牛鼻子”，抓住党委（党组）这个关键主体。2020 年 2 月 26 日，中共中央政治局常委会会议审议批准《党委（党组）落实全面从严治党主体责任规定》（以下简称《主体责任规定》），3 月 9 日，中共中央办公厅印发该规定。《主体责任规定》是党中央健全全面从严治党责任制度的重要举措，以党委（党组）作为关键主体，构建了完善和落实全面从严治党责任制度的重要一环，推动管党治党真正从宽松软走向严实硬，推进国家治理体系和治理能力现代化。

《主体责任规定》共 5 章 25 条，包括党委（党组）落实全面从严治党主体责任的总体要求、责任内容、责任落实、监督追责等具体规范，呼应了党章和有关党内法规对党委（党组）落实全面从严治党主体责任的要求。《中国共产党章程》要求强化管党治党主体责任和监督责任，《中国共产党党内监督条例》规定党内监督应落实全面从严治党责任，中共十九届四中全会强调完善和落实全面从严治党责任制度，《中国共产党问责条例》明确规定应对全面从严治党主体责任落实不到位的予以问责。落实全面从严治党的主体责任，既是党中央从巩固党的执政地位的政治高度对各级党组织提出的明确要求，也是党内法规的刚性规定，体现了党内法规制度内在精神的一致和统一。《主体责任规定》的亮点主要体现在以下三方面。

第一，明确党委（党组）履责的具体内容。在第二章“责任内容”中，不仅突出强调了地方党委、党组（党委）和党委（党组）领导班子成员的责任，还细致落实到党建工作领导小组、党的纪律检察机关和党委办公厅（室）、职能部门、办事机构及党的机关工委、部门和单位机关党委等在党委（党组）落实主体责任中的责任和作用，意在加强各级党委（党组）的政治担当。

第二，细化党委（党组）履责的落实情况。第三章“责任落实”提出了九条具体要求，包括党委（党组）每半年应当至少召开一次常委会会议（党组会议）、制定责任清单和年度任务安排、加强调查研究、开展经常性的宣传教育、将落实情况作为年度民主生活会对照检查内容、对各级领导班子成员及时进行提醒谈话和约谈等，将压力层层传导、责任项项落实，具有极强的可操作性，落实全面从严治党的“最后一公里”。

第三，建立党委（党组）履责的监督机制。第四章“监督追责”就对党委（党组）落实全面从严治党主体责任进行监督列明了四种方式，分别为下级党组（党委）对上级的定期汇报、上级党组织对下级的监督检查和巡视巡察、建立健全主体责任的考核制度、规范应当依规依纪追责的情形，有助于全面落实党委（党组）的监督责任，以强有力的问责倒逼责任落实。

十九届中央纪委四次全会强调，推动党委（党组）主体责任、书记第一责任人责任和纪委监委监督责任贯通联动、一体落实。《主体责任规定》落实党章等要求，明确规定了党委（党组）、党委（党组）书记、纪委监委落实全面从严治党的政治责任，推动全面从严治党向纵深发展，要促进三个责任主体立足职能职责，担当作为，做到同向发力、协调发力，各级党委（党组）是主体责任的承担者，党委书记作为管党治党“第一责任人”，在上级党委（党组）书记督促下级书记履行全面从严治党责任的同时，纪委监委也要协助同级党委加强对下级书记的监督。[1] 与此同时，各地也在实践中探索了三个责任一体落实的有效方法，如安徽省黄山市构建“市委牵头、职能部门主

1 《贯彻落实全面从严治党主体责任规定　抓住主体责任这个“牛鼻子”》，中央纪委国家监委网，2020年3月24日。

抓、纪检监察机关组织协调和监督保障执行”的督查考核机制，对落实主体责任不力的有关区县和市直单位严格“一票否决”，对失职失责的领导干部精准问责追究，较好发挥了责任考核的评价、引导和激励、纠正作用。[1] 再如四川省成都市紧盯主要领导、分管领导落实主体责任情况，纪委监委精准开展追责问责工作，督促党的领导干部在知责明责的基础上做到守责负责尽责，营造全面从严治党的良好氛围。

二、简政放权提升政府治理能力

党在政治上的集权和政府在行政上的放权，来源于中国宪法中的“两个积极性”思想，既能够调动中央的积极性，又可以调动地方的积极性，构成了新型党政关系的两大要素，也可以为观察2020年国家治理的最新发展提供一个框架。[2] 发展是解决我国一切问题的基础和关键，改革是推动发展的强大动力。在当前国内外形势下，我国发展面临的环境更复杂、更严峻，机遇和挑战并存。应对复杂深刻的环境变化，必须以改革促发展，向改革要动力。中共十八届三中全会通过的《中共中央关于全面深化改革若干重大问题的决定》指出，经济体制改革是全面深化改革的重点，核心问题是处理好政府和市场的关系，使市场在资源配置中起决定性作用和更好发挥政府作用。深化“放管服”改革、优化营商环境，是应对环境变化、深化经济体制改革的重大改革举措，改革的关键在于推进政府职能转变，优化政府职能配置，不断提升管理水平。

---

1 《各地探索开展监督检查主体责任落实情况有效方法》，中央纪委国家监委网，2020年3月31日。

2 参见北京大学法治研究中心编著：《新常态：全面深化改革的战略布局（中国发展动态2014）》，中信出版社2018年版，第5页。

（一）“放管服”改革激发经济活力

中共十八大以来，党中央、国务院把处理好政府与市场关系、加快转变政府职能作为全面深化改革的关键，大力推进简政放权、放管结合、优化服务。《中共中央关于全面深化改革若干重大问题的决定》（以下简称《决定》）明确进一步简政放权的改革方向，强调深化行政审批制度改革，最大限度减少中央政府对微观事务的管理，此次《决定》正是贯彻落实党中央决策部署的具体举措。中共十八大以来，国务院已经分 16 批下放 1 094 项行政许可事项，其中，国务院实施的行政许可事项清单压减比例达到 47%。[1] 国务院每年都召开全国电视电话会议，对“放管服”改革做出部署，不断将“放管服”改革推向纵深，各地区各部门积极探索，勇于实践，形成了许多好的做法和经验，“放管服”的内涵也随着改革的深入不断丰富和拓展。

2020 年 11 月 10 日，国务院办公厅印发《全国深化“放管服”改革优化营商环境电视电话会议重点任务分工方案》（以下简称《分工方案》），明确了 5 个方面 25 项重点任务，对下一阶段深化“放管服”改革、优化营商环境工作做出部署。《分工方案》强调，各地区要完善深化“放管服”改革和优化营商环境工作机制，一体化推进相关领域改革，配齐配强工作力量，抓好改革任务落地。各部门要结合各自职责，加强协同配合，形成改革合力。国务院办公厅要发挥对深化“放管服”改革和优化营商环境工作的牵头抓总作用，强化统筹协调、业务指导和督促落实，确保改革取得实效。2020 年 9 月 13 日，国务院正式印发《关于取消和下放一批行政许可事项的决定》（以下简称《决定》），取消 29 项行政许可事项，下放 4 项行政许可事项的审批层级。除了宏观上减少行政审批事项，压缩政府管制领域外，还

1 王浩：《党的十八大以来国务院已分批取消下放行政许可事项逾千项（权威发布）》，《人民日报》2020 年 9 月 30 日。

可以从具体措施中发现行政放权的趋势。如《关于授权和委托用地审批权的决定》，在严格保护耕地、节约集约用地的前提下，进一步深化“放管服”改革，改革土地管理制度，赋予省级人民政府更大用地自主权。[1]

自 1986 年《土地管理法》公布以来，经历四次修订，但用地审批权限只在 1998 年进行过一次调整，由国务院上收审批权，并在原有基础上新增了绝对归国务院审批的土地类型：基本农田。此次《决定》的发布也是《土地管理法》制定以来用地审批权的首度下移。第一，将国务院可以授权的永久基本农田以外的农用地转为建设用地审批事项授权各省、自治区、直辖市人民政府批准；第二，试点将永久基本农田转为建设用地和国务院批准土地征收审批事项委托部分省、自治区、直辖市人民政府批准。下放审批权限是改革过去计划经济管理体制的大趋势，自然资源部推进的这项改革，也符合国家在未来土地管理制度上要相应深化的改革内容之一。本次审批权限的下放对后疫情时期如何推进经济增长、带动经济社会全面发展、迅速恢复灾后经济、发挥经济活跃地区的增长潜力等方面释放出重要的政策信号，中央有决心通过各项政策的实施，特别是对中国特色用地制度的政策变化，打出有效的组合拳。疫情过后，需要迅速恢复经济，需要利用城市化优势重新解决增长潜力的问题，而其中土地管理制度改革可释放的潜力和活力，仍是我们必须面对的未来。[2]

“放管服”改革不仅需要正向的放权改革，也需要对不当行使权力的行为进行监督和制约。为贯彻落实习近平总书记重要指示精神和中央全面依法治国委员会第三次会议要求，2020 年 2 月 24 日，司法

---

1 《国务院关于授权和委托用地审批权的决定》（国发〔2020〕4 号），2020 年 3 月 1 日发布。

2 严金明、李铁：《专家解读：国务院关于授权和委托用地审批权的决定，释放出什么信号？》，澎湃新闻，2020 年 3 月 16 日。

部印发《关于推动严格规范公正文明执法为疫情防控工作提供有力法治保障的意见》（以下简称《意见》）的通知，对各级司法行政机关充分发挥行政执法协调监督职能、大力推动严格规范公正文明执法、维护经济社会发展秩序，为疫情防控、复工复产工作提供有力法治保障，提出明确要求。《意见》要求，要坚持公正文明执法，指导监督行政执法机关严格按照法定的处罚种类、幅度进行裁量，防止同事不同罚、处罚畸重畸轻、显失公平公正、过度执法等情形。要监督各级行政执法机关践行执法为民理念，注重语言规范、行为规范，杜绝粗暴执法、生硬执法，避免激化矛盾，引发对立冲突，确保行政执法法律效果和社会效果的统一。另外，要创新执法方式，推动行政执法机关牢固树立服务意识，根据疫情防控工作和有序推进复工复产需要，创新工作方法，及时调整面向单位和个人的政务服务方式，做到网上办、不见面、保安全、能办事，确保工作高效与合法相统一。

6月20日，第十三届全国人民代表大会常务委员会第十九次会议通过了《中华人民共和国公职人员政务处分法》（以下简称《政务处分法》），是新中国成立以来第一部全面系统规范公职人员政务处分工作的国家法律，为党纪与国法的有效贯通搭建了桥梁。《政务处分法》共7章68条，主要特点有四：一是政务处分对象包括所有行使公权力的公职人员；二是违规取得外国国籍绿卡、违反个人有关事项报告规定等均会被政务处分；三是监察机关和公职人员的任免机关、单位均可适用本法；四是规范处分程序，保障公职人员合法权益。坚持纪法贯通、法法衔接，是纪检监察机关开展工作、履行职责的重要要求，也是《政务处分法》制度设计秉持的基本思路。《政务处分法》将《中国共产党纪律处分条例》等党内法规关于违纪情形的具体规定，根据公职人员的特点有针对性地进行吸收和完善，形成与党纪处分相贯通的政务处分制度；同时从《公务员法》《法官法》《检察官法》《行政机关公务员处分条例》等规定的违法情形中，提炼概括出政务处分的违法情形，与《刑法》《刑事诉讼法》《行政处罚法》等法律衔接，保证法律体系的内在一致性、协调性。这一立法过程，是加快形成完备的法律规范体系的生动实践，有利于将中国的制度优势转化为治理优势，推进国家治理体系和治理能力现代化。

（二）优化职能，建设服务型政府

2020年以来，疫情给经济社会发展带来较大冲击，围绕坚持包容审慎监管，营造良好营商环境，助力企业度过时艰、释放活力，各地纷纷出台硬招实招，免罚清单制度进入各地的视野中。从2020年4月10日起，《上海市优化营商环境条例》开始施行。这意味着，免罚清单已经上升为法律制度层面，不再是“权宜之计”。5月8日，《天津市市场监管领域免罚清单》颁布实施。6月1日，《山东省轻微违法行为不予行政处罚和一般违法行为减轻行政处罚事项清单》实施，“打包”对267项违法行为事项不予处罚，对19项违法行为事项减轻处罚。清单实施仅两个月，山东省济宁市各级行政执法部门适用“免罚清单”不予处罚案件895个，899家市场主体因此受益。“轻微违法免罚”并非“违法不究”，反倒是法治理性精神的体现。轻微的违法行为既非主观故意，也未造成较大影响，首次免罚对企业后续融资和上市影响不大。一旦涉罚，对相关企业则有难以消除的负面影响。惩治不是法治的最终目的，“免罚清单”尤其对大量中小企业具有正面意义。科技型、创新型中小企业活力无限，但其合规意识差、能力较弱，很容易触犯法律红线。“免罚清单”体现的正是对类似中小企业的保护，其“靶向”针对各种原因造成的执法“痛点”，旨在拓展营商环境“大格局”。“免罚清单”绝不意味着“一免了之”，它倡导的是一种“教育为先、公开透明、包容审慎”的执法监管环境。“免罚清单”让经营环境可预期，对激发经济主体的活力意义重大。

2020年12月14日，国务院召开常务会议，部署优化政务服务便民热线，提高为企便民服务效率和水平。12 月 28 日，国务院办公厅印发《关于进一步优化地方政务服务便民热线的指导意见》，明确到 2020 年年底前各地区设立的以及国务院有关部门设立并在地方接听的政务服务便民热线实现一个号码服务，各地区归并后的热线统一为“12345 政务服务便民热线”。这次部署坚持了问题导向、目标导向和结果导向相结合，为百姓和市场主体排忧解难。同时，也真正让“放管服”改革落地生根，从而提高政府的服务水平和公信力。

依法行政、建设服务型政府的着力点还是基层。2020 年 1 月 8 日，国务院办公厅印发了《关于全面推进基层政务公开标准化规范化工作的指导意见》（以下简称《意见》），对基层政务信息公开的工作目标、主要任务以及内容、方式、程序做出了规范，为基层政务公开标准体系的建设提供了制度遵循，持续推进、提速、深化“最后一公里”政务公开。《意见》的出台是对政务信息公开工作的进一步细化，将工作重点放在基层政务信息公开中，聚焦基层政务公开多个领域的实际问题，多项要求直指工作中的痛点难点，且更具可操作性。《意见》共有三个部分，分为总体要求、主要任务以及保障措施。《意见》通过确立基本原则、设立工作目标、加强组织领导、队伍建设、监督评价确保八项任务的贯彻落实，其亮点有五：一是确立了基层政务公开工作目标。二是健全各项领域标准指引，并且明确工作时间节点。三是构建有序的政务公开体系，推行“互联网 + 政务”的公开模式。四是规范化因地制宜，政务公开与基层组织有效衔接，完善公众参与机制。五是推进办事服务公开标准化，最大限度利企便民。

党中央、国务院高度重视加快服务型政府建设。政务服务直接面向企业和群众，是反映问题建议、促进政府科学决策、推动解决政务服务问题的重要渠道。要按照深化“放管服”改革要求，针对目前群众迫切需要解决的问题，推动政务服务优化。党中央、国务院高度重视加快服务型政府建设，2020 年度所部署的优化政务服务多项措施，体现了国家在推进建设法治政府、服务型政府、智能政府方面又迈出了坚实的一步。全国各地区、各部门应当真正统一思想，提高认识，对标对表本地区、本部门围绕便民服务方面存在的短板和不足，把国务院部署的大事落地生根。为进一步激发市场主体活力、扩大消费和有效投资并举更大释放内需潜力，国务院常务会议决定在浦东新区开展市场准入“一业一证”试点，选取多个行业建立综合许可制度，将以往企业需要办理的多张许可证压缩为一张“综合许可证”。试点的推行是中国改善营商环境、激发市场活力、促进消费发展的有益探索，具有较强推广意义。所谓“一业一证”，就是把一个行业准入涉及多个审批事项整合于一张证上。这是上海浦东新区继“证照分离”后，在 2019 年启动的一项新的优化营商环境改革。改革的关键在于政府数据的共享和业务流程的优化，“一业一证”缩短了行政许可机关服务于市场主体的距离，也拉近了政府监管和市场的距离，充分体现了服务型政府的扁平化治理和构建亲清政商关系的理念。

第三节

贯通党法，推进政法工作顶层设计

中共十八大以来，全面依法治国成为“四个全面”总体布局的重要组成部分，中国特色社会主义政法工作体系逐渐完善。无论是司法改革的推进、公安体系改革，还是从平安中国理念到总体国家安全观的提出，以及近两年来在政法系统持续推进的“延安整风”，从多个方面对政法工作体系实现了全局性的塑造。2018 年，中央全面依法治国委员会组建，政法工作被纳入依法治国之中，成为其一部分。2019 年,《中国共产党政法工作条例》第三条将“政法单位”列举为审判机关、检察机关、公安机关、国家安全机关和司法行政机关，政法工作体系是以国家治理为主线，包括了通常所说的公检法司和国家安全机关在行使职权过程中所形成的制度实践和理论表述。2020 年，中央政法工作会议首次提出“坚持和完善中国特色社会主义政法工作体系”，发展了《中国共产党政法工作条例》的有关提法，尤其是“习近平法治思想”的提出，给中国特色社会主义政法工作体系的发展注入了新的理论源泉。“中国特色”“社会主义”成为政法工作体系的关键词与限定语，无论是加强党对政法工作的领导，还是夯实党和国家机关的人民基础，都在致力维系政法工作的社会主义底色。

一、从司法体制到政法工作体系的升级

“政法”是中国的一个专有名词，是以政党领导为核心的政治议程嵌入国家机构后所形成的话语、理论和实践。政法体制包括了横向与纵向两重关系：从横向的条块关系来说，形成了以块块管理为主的同级党委领导体制；从纵向的央地关系来说，形成了党内分级归口管理和中央集中统一领导体制。[1]政法话语则是指包含了“阶级”“专政”“国家安全”“两类矛盾”“社会治理”等关键词在内的一整套马克思列宁主义的法律观。[2]不过，“政法”一词的外延在不同时期有所不同：新中国成立之初，政法工作要服务于革命的国家主题，一切有助于实现专政任务的机构都被纳入政法体系之中，如 1949 年 10 月成立的中央人民政府政务院政治法律委员会横跨了行政、审判、检察三大系统，既包括了“政”，如内务部、公安部、民族事务委员会、人民监察委员会；也包括了“法”，如司法部、法制委员会、最高人民法院、最高人民检察署。随着 1954 年全国人民代表大会制度的确立，国家机构的职权分工越来越明晰，民政、立法和民族事务逐渐从政法工作中剥离出来。改革开放后，国家的工作重心从阶级斗争转向经济建设，政法工作的中心任务也随即发生了相应的变化，转向维护社会稳定，经历了从“小政法”到“大政法”体制的转变；20 世纪 80 年代提出了社会治安综合治理，“各部门各单位在党委和政府的领导下，运用政治、经济、行政、法律、文化、教育等手段共同解决社会治安和违法犯罪问题”。[3]

长期以来，法学研究中存在着“法院中心主义”的理想图景，

1　参见侯猛：《当代中国政法体制的形成及意义》，《法学研究》2016 年第 6 期。

2　参见侯猛：《新中国政法话语的流变》，《学术月刊》2020 年第 2 期。

3　黄文艺：《中国政法体制的规范性原理》，《法学研究》2020 年第 4 期。

将司法作为推动法治进步的突破口，希望借助司法独立、违宪审查等方式实现权利保障，这种理想带有明显的美国联邦最高法院的想象[1]，既未能描绘美国司法的真实情况，更无法回应中国的政法工作所要解决的问题。改革开放40多年来，在社会综合治理中形成的“大政法”格局，不时挑战着司法中心主义的假设，如信访、调解的居高不下，马锡武审判、枫桥经验活力不减，各种“专项斗争”不时出现，等等。对此，不少研究认为，应该以法治化去修正运动式治理，如推动涉诉信访法治化；其实，之所以出现信访或专项斗争，是因为科层化治理的天然局限，所有的科层化都有可能带来官僚主义或专业主义的困境，运动化治理恰是对这些问题的纾解，合法化路径无异于缘木求鱼。这也启示我们对政法工作宜采取现实主义的整全理解和界定，如果我们将政法工作局限在司法上，司法工作就会遭遇诸如“案多人少”或疑难案件等困境，也会遇到综合治理等对司法的侵蚀难题；一旦我们将司法与调解、信访、枫桥经验等治理方式结合起来，反而能够看到一套完整且活跃的治理体系。在2020年政法工作的总体布局和具体推进中，我们都可以看到这种整全视角的界定。

中共十八大以来，司法改革的概念逐渐让位于政法改革的新提法，这意味着法治领域的一次飞跃，标志着法治领域的改革进入新阶段。有学者对这一过程概括如下：“党的十八大以来，党中央统一领导政法改革的格局已经形成。一是以中央全会决定的形式对政法改革方案作出顶层设计。政法改革的绝大多数任务是由三次中央全会明确提出的。其中，十八届三中全会对行政执法体制改革、司法体制改革、社会治理体制改革作了部署，十八届四中全会对加强党对政法工作的领导、行政执法体制改革、司法体制改革、社会治理体制改革、

1 对“法院中心主义”的学术反思，可参见强世功：《中国法律社会学的困境与出路》，《文化纵横》2013年第5期。

政法职业管理制度改革作了系统部署，十九届三中全会对加强党对政法工作的领导、政法机构改革、跨军地改革作了顶层设计。”[1] 在2019年1月15日至16日的中央政法工作会议上，习近平总书记提出要加快推进政法领域全面深化改革；1月18日，中共中央印发《中国共产党政法工作条例》，这是中国共产党成立以来首次针对政法工作的党内法规，其中多次提出“政法改革”概念，并在第一条明确了要“坚持和加强党对政法工作的绝对领导”。“政法改革”的概念提出后，相关配套规定也陆续发布，1月23日，中央全面深化改革委员会第六次全体会议审议通过了《关于政法领域全面深化改革的实施意见》，这是第一份对政法改革做出系统部署的文件，提出要在坚持党的绝对领导之下统筹和协调推进政法领域改革，并具体部署了深化司法体制综合配套改革、全面落实司法责任制、深化诉讼制度改革和完善维护安全稳定的工作机制、构建普惠均等便民利民的政法公共服务体系等多项措施。

2020年1月17日至18日，中央政法工作会议召开。会议在总结2019年政法工作的若干成就的基础上，针对2020年决胜全面建成小康社会、决战脱贫攻坚之年的背景，对新一年的政法工作做出了部署：将维护国家政治安全放在第一位，继续推进扫黑除恶专项斗争，着力推进市域社会治理现代化试点，努力建设更高水平的平安中国、法治中国。在坚持党对政法工作绝对领导和坚持以人民为中心的发展理念的基础上，此次会议首次提出了“坚持和完善中国特色社会主义政法工作体系”的总要求，“中国特色社会主义政法工作体系”概念的内涵及其之后的实践，预示着政法工作的顶层设计逐渐明晰：将维护国家政治安全作为首要任务，以统筹推进全局性、战略性、基础性工作为立足点，以防控化解各类风险源为着力点，推进扫黑除恶专项

1　黄文艺：《新时代政法改革论纲》，《中国法学》2019年第4期。

斗争、市域社会治理现代化试点、政法领域全面深化改革和政法队伍教育整顿，从而全面提升政法工作现代化水平，短期目标是努力建成更高水平的平安中国、法治中国，中期目标是为实现“两个一百年”的奋斗目标提供保障。从上述描述中我们可以看到几个亮点——也贯穿在2020年的政法工作之中：

第一，政法工作要坚持党的“绝对领导”，与过去所说的党的领导相比更进一步，突出了绝对性，体现了政法工作的政治性。在2020年的政法改革中，完善党的中央委员会制度便是落实党的绝对领导的关键。在主流法治理论中，法治的正当性来源是全国人大及其常委会，借助法律保留等原则构建起法律至上的思维序列。因此，坚持党对政法工作的绝对领导，就必须协调好党与人大的关系，在夯实人大的根本政治制度的前提下，畅通党的意志借助人大转变为国家意志的通道，在2020年的相关改革措施中也能够看到这两种意图的交织：在坚持党的绝对领导下完善全国人大制度。

第二，人民群众是否满意是评价我们治国理政的根本标准，以人民为中心也是评判政法工作的重要标准。群众路线是党的三大法宝之一，是党的生命线和根本工作路线，以人民为中心的发展理念提出以后，这一要求也扩展到国家政治生活的其他领域，政法工作也不例外。在2020年的政法改革中我们看到，修改党的基层组织规范，有利于保证党与群众的密切联系；同时对《选举法》的修改，增加了五级人大代表中的基层代表数量，加强了国家权力机关与选民的联系。

第三，新时期面临日渐复杂的国内国际风险环境，社会矛盾多发，民众对公平正义的要求上升，但政法工作中还有不少不相适应的地方，政法队伍的水平还有待提高，特别是政法领域的某些违法乱纪之事严重损害了党和国家的形象，影响了政法工作的公信力基础。2020年持续推进的政法体系中的反腐整风，有利于筑牢社会正义的最后防线，提升政法工作的现代化水平。

就2020年的政法工作具体布局来说，中央政法工作会议提出两点要求：一方面要认真落实《中国共产党政法工作条例》《关于政法领域全面深化改革的实施意见》，对法院、检察院、行业公安机关、法学会等机构进行改革优化；另一方面应着力健全司法权监督制约体系，压减司法权力设租寻租空间，推进诉讼制度、执法制度、政法公共服务体系建设。坚持和完善中国特色社会主义政法工作体系是实现全面建成小康社会的目标任务、实现"两个一百年"奋斗目标的必然要求。坚持和完善中国特色社会主义政法工作体系，全面提升政法工作现代化水平，努力建设更高水平的平安中国、法治中国，为全面建成小康社会提供有力保障。[1]

与20世纪90年代以来常说的"司法改革"相比，政法改革在范围、内容和深度上都有新特色。第一，从改革的范围看，政法改革是一场整体性变革，超越了原来的法院、检察院领域，而向党委政法委、公安、国家安全、司法行政等领域拓展，辐射到政法工作各方面、全环节。如《中国共产党政法工作条例》第二条将政法系统界定为由审判机关、检察机关、公安机关、国家安全机关、司法行政机关等单位组成。

第二，从改革的内容看，政法改革是一场系统性变革，不仅仅指向法院、检察院的改革，还包括了加强党对政法工作的领导、完善政法机构职能体系、深化执法体制改革、深化司法体制改革、创新社会治理体制、深化政法公共服务改革、加强政法科技支撑体系建设。《中国共产党政法工作条例》第五条将政法单位的主要职责界定为维护国家政治安全、确保社会大局稳定、促进社会公平正义、保障人民安居乐业。

第三，从改革的深度看，政法改革是一场重构性变革，从改革

1 《郭声琨在2020年中央政法工作会议上发表重要讲话》，中国公安部网，2020年1月18日。

执法司法体制机制推进到创新政法工作体制体系，致力于构建系统完备、科学规范、运行有效的政法制度体系，推进政法工作体系和工作能力现代化。

中国特色社会主义政法工作体系不仅是对某种外来法治理念的中国化，而是从自身经验中提炼出来的框架、理论，政法体系的两个最为核心的限定词是“中国特色”和“社会主义”。政法工作体系是中国特色社会主义的组成部分，在中国的革命建设和改革中，党的领导都是最为关键的特色之一。习近平总书记指出：“党的领导是中国特色社会主义最本质的特征，是社会主义法治最根本的保证。坚持中国特色社会主义法治道路，最根本的是坚持中国共产党的领导。”“坚持党的领导，是社会主义法治的根本要求，是全面推进依法治国题中应有之义。”[1]与此同时，党的领导也离不开社会主义法治，“党领导人民制定宪法法律，党领导人民实施宪法法律，党自身必须在宪法法律范围内活动，这就是党的领导力量的体现。党和法、党的领导和依法治国是高度统一的”[2]。正是党对政法工作的领导与党在宪法法律下活动这种辩证统一关系，一方面确保了中国的社会主义底色，另一方面也避免了党的领导蜕变为官僚主义或无法无天，从而实现了党的领导、人民当家做主和依法治国的有机统一。

二、坚持党对人大工作的领导

政法工作体系中的“政”“法”关系最直接地体现为政党与人大的关系，政党追求符合政治要求的实质结果，而人大则以其立法者

1 习近平：《论坚持党对一切工作的领导》，第 78 页。

2 中共中央宣传部：《习近平总书记系列重要讲话读本（2016 年版）》，学习出版社、人民出版社 2016 年版，第 97 页。

身份代表了法律逻辑的最终合法性源泉。在中国的宪制理论中，不少研究者将党的代表与人大的代表之间的关系视为中国宪制的关键枢纽问题[1]；党与法、党的领导与最高国家权力机关人大之间的关系，成为理解政法体制的枢纽问题。中共十八大以来，党的领导更为强势地回归到政治法律实践之中，同时人大制度作为根本政治制度的重要性丝毫没有降低，正如习近平总书记在庆祝人民代表大会成立60周年大会上的讲话中所强调的："在新的奋斗征程上，必须充分发挥人民代表大会制度的根本政治制度作用，继续通过人民代表大会制度牢牢把国家和民族前途命运掌握在人民手中。这是时代赋予我们的光荣任务。"[2]

人大制度的重要性与宪法联系在一起：一则是因为新中国首部宪法的诞生与第一届全国人大的组建是一体两面，之后历次的宪法修订都是由全国人大完成的。二则是因为不少公法学者将全国人大天然地视为宪法的守护者，习近平总书记在2012年纪念"八二宪法"公布施行30周年大会上的讲话中提出"维护宪法权威"等议题后，宪法学界开展了很多研究，普遍将全国人大及其常委会作为合宪性审查的当然选择。一旦将全国人大与宪法进行绑定，对宪法的尊崇就势必会反过来提高全国人大的权威，进而为根本政治制度注入更多的活力，使得"橡皮图章"硬起来，成为成文宪法的守护者。然而，总的来说，在现实中人大的各项职权并未得到完美地实现，如有学者就人大议事规则中的几项重要制度进行研究，发现特定问题调查制度、代表权利保障制度、代表联系选民制度等都缺乏可操作性，实施的效果还有待提高，进而在借鉴西方国家的基础上完善

1　参见强世功：《中国宪法中的不成文宪法》，《开放时代》2009年第2期。

2　习近平：《在庆祝全国人民代表大会成立60周年大会上的讲话（2014年9月5日）》，《人民日报》2014年9月6日。

全国人大议事制度。[1]

夯实全国人大的职权，除了加强具体制度外，更重要的是使得代表机制变得实起来，完善人大的议事过程。在人民主权的理论逻辑下，只要能够代表人民传递人民的声音，也就自然具备了正当性，健全人民代表大会制度的重要思路便是完善人大代表的代表机制，加强代表与选民之间的联系。已有不少学者从议事的角度提出完善人大制度的建议，例如，有研究认为，人大代表实行兼职制度不利于实现对民意的代表，尽管人大代表采取兼职方式有着社会主义理论基础，但是当前利益多元化、主体多层次化和民意多样化，仅仅依靠代表与选民的“自然联系”已经不足以应对新问题；进而指出，在无法追求全国人大代表全员专职的现实制约下，可以加快推动常委会组成人员全员专职的进程。[2] 专职化改革方案或许能够代表某种改革思路，但也包含了一定的张力。在中国的宪制框架下，群众路线及相关机制是维系与人民关联的主要途径，再由执政党反映人民意志并借助全国人大转变为国家意志。全国人大是党领导下的国家权力机关，其内部的权力配置首先要服从于党与国家之间的权力配置关系——坚持党的绝对领导，在改革中也需要贯彻这一基本理念。

如前所述，社会主义政法体制的关键是理顺“政”与“法”的关系，自20世纪八九十年代以来，法律体系法治框架越来越依赖于以人大为中心的立法体制，修改全国人大议事规则是坚持党的领导、加强全国人大政治建设的必然要求。2020年，《中华人民共和国全国人民代表大会组织法》和《中华人民共和国全国人民代表大会议事规则》的修订提上日程。中共十九大报告指出，中国共产党的领导是中

1　参见焦洪昌：《如何完善我国人大议事规则——基于欧、美、日的分析与借鉴》，《中国法律评论》2019年第6期。

2　参见浦兴祖：《关于修改全国人大“两法”的若干思考》，《法学评论》2020年第6期。

国特色社会主义最本质的特征，是中国特色社会主义制度的最大优势，而人民代表大会制度正是坚持党的领导、人民当家做主、依法治国有机统一的根本政治制度安排。通过人民代表大会制度能够保证党的路线方针政策和决策部署在国家工作中得到全面贯彻和有效执行，全国人民代表大会是将党的意志进行法律化的中心环节。为了既保证人大对人民的代表性，又协调好人大的代表与党的代表之间的关系，需要完善全国人大的组织规则与议事规则，以推进国家治理体系和治理能力现代化。在中国特色社会主义进入新时代背景下，更好地坚持党对人大工作的全面领导，切实加强全国人大的政治建设，是发展完善社会主义民主政治制度的重要举措和题中应有之义。

在总结新中国成立以来我国人民代表大会议事程序经验的基础上，1982 年制定实施了《全国人民代表大会组织法》，1987 年制定实施了《全国人民代表大会常务委员会议事规则》，1989 以法律形式制定通过了《全国人民代表大会议事规则》，进一步推动了我国民主政治和法治建设的发展。三部关于全国人大组织和议事规则的法律分别从组织规则与议事规则的角度规范了全国人大活动，颁布至今已 30 余年。在过去 30 多年里，国家经济、社会、政治情况地覆天翻，法律法规日新月异，而作为我国根本政治制度重要保障的组织法和议事规则也应该“应时而变”，吸收新时代的新经验新成果、适应新时代的新情况新变化、战胜新时代的新困难新挑战。中共十八大以来，以习近平同志为核心的党中央高度重视、全面加强党对人大工作的领导，习近平总书记就坚持和完善人民代表大会制度、发展社会主义民主政治发表过一系列重要论述。按照全国人大常委会立法工作安排，法制工作委员会于 2019 年年初启动对组织法和议事规则的修改工作，这是深化党和国家机构改革、推进国家治理体系和治理能力现代化、发展完善社会主义民主政治制度的重要举措。2020 年 8 月 8 日，《中华人民共和国全国人民代表大会组织法（修正草案）》（以下简称

《全国人大组织法（修正草案）》）和《中华人民共和国全国人民代表大会议事规则（修正草案）》（以下简称《全国人大议事规则（修正草案）》）提请十三届全国人大常委会第二十一次会议审议；2021 年 3 月，这两部法律正式通过。

此次修法充分吸收了人民代表大会制度实践的新成果，总结了全国人大权力运作的实践经验。从具体技术层面来说，两部法律的修正草案都做到了与时俱进，增添了新内容，凸显了新风貌；兼顾了两法的分工与衔接，避免简单重复，进一步调整补充细化完善了全国人大议事规则。除此之外，两法还在加强党对人大工作领导、协调党对人民的政治代表与人大对人民的法律代表、推进党的领导、人民当家做主、依法治国的有机统一等方面有所创新。例如，《全国人大组织法（修正草案）》增加规定，全国人大常委会和各专门委员会、工作委员会应当同代表保持密切联系，听取代表的意见建议，支持和保障代表依法履职，扩大代表对各项工作的参与，充分发挥代表作用；建立健全常委会组成人员和各专门委员会、工作委员会联系代表的工作机制。《全国人大议事规则（修正草案）》严格了会议请假制度和会议纪律，草案增加规定，代表应当出席会议，遵守会议纪律；秘书处应当向主席团报告代表出席会议的情况和缺席的原因。为了加强会议公开和信息化建设，方便选民了解代表的工作状态并加强监督，草案根据以往做法和 2020 年大会的实践经验，在修正案第七条设立了大会设发言人制度，代表团可以根据需要设发言人，同时在第九条增加规定大会加强信息化建设，为代表履职提供便利。

三、打牢人大制度的人民基础

政法体制的社会主义特性的重要体现便是以人民为中心，社会主义坚持对人民的实质代表而不仅仅是法律中形式上的代表。“推进全面依法治国，根本目的是依法保障人民权益。要积极回应人民群众新要求新期待，系统研究谋划和解决法治领域人民群众反映强烈的突出问题，不断增强人民群众获得感、幸福感、安全感，用法治保障人民安居乐业。”[1] 改革开放以来，中国社会的贫富分化、社会分层现象越来越明显，形式化的法律程序越来越难以代表分化的人民群众，这更加要求政法工作提升对人民的实质代表。需要注意的是，近年来党的基层组织涣散，国家机构层面上基层人大代表人数的锐减，双重的基层困境导致了政法体系的代表性不足，难以做到以人民为中心。2020 年政法工作不断加强其人民性，凸显其社会主义底色，不仅在党的基层组织体系上通过健全其基层网络、加强其人民性，在人大制度改革中也凸显出这一基本方向，逐步提高基层人大代表的数量，维持对选民的直接联系。这在某种意义上恰好与 2020 年年底提出的“习近平法治思想”中的“坚持以人民为中心”形成呼应。

在我国的各级人民代表大会中，不设区的市、市辖区、县、自治县、乡、民族乡、镇的人民代表大会的代表由选民直接选举，全国人民代表大会和省、自治区、直辖市、设区的市、自治州代表大会的代表，由下一级人民代表大会间接选举产生。相对而言，直接选举产生的代表与选民的关系最为紧密，人数也最多。有数据表明，在五级人大代表中乡镇和县市的人大代表总数占 95%，是党和国家联系广大人民群众的桥梁和纽带。近年来，随着我国社会改革发展实践，大量乡镇改设街道、撤乡并镇后导致基层人大代表数量锐减：一方面，撤乡并镇后乡镇人大代表数量随之减少；另一方面，由于街道不设本级人大代表，乡镇改设街道后原有的乡镇人大代表名额也随之削减。

1　习近平：《论坚持全面依法治国》，中央文献出版社 2020 年版，第 2 页。

由于乡镇人大代表数量减少，我国五级人大代表总数从 1997 年的 312.5 万名减少到 2017 年的 262.32 万名，共减少了 50.18 万名，降幅为 16.05%；其中乡镇人大代表数量减少是五级人大代表总数逐届减少的主要原因，20 年间乡镇人大代表数量由 1997 年的 242.34 万名减少至 2017 年的 188.15 万名，减少了 54.19 万名。[1]

为了维持人大与选民的直接联系，更好反映人民意愿、代表人民意志，巩固人民代表大会这一根本政治制度，中共十九届四中全会决定提出要健全人大选举制度，适当增加基层人大代表数量。2020 年 10 月 17 日，第十三届全国人民代表大会常务委员会第二十二次会议通过《全国人民代表大会常务委员会关于修改〈中华人民共和国全国人民代表大会和地方各级人民代表大会选举法〉的决定》。《中华人民共和国全国人民代表大会和地方各级人民代表大会选举法》（以下简称《选举法》）于 1953 年制定，1979 年重新修订，此后相继进行过 6 次修改，是保障公民行使选举权和被选举权、依法产生各级人大代表的重要法律。此次修改的重点是贯彻落实中共十九届四中全会决定要求，加强党对选举工作的全面领导，适当增加基层人大代表数量，以解决县乡两级人大代表数量下降与我国人口增长、社会发展形势不相适应的问题。本次《选举法》的修改具体涉及以下三个方面的内容。

第一，坚持党对选举工作的领导。《选举法》增加一条规定作为第二条："全国人民代表大会和地方各级人民代表大会代表的选举工作，坚持中国共产党的领导，坚持充分发扬民主，坚持严格依法办事。"这是对党中央 2019 年 1 月印发的《中共中央关于加强党的政治建设的意见》的精神的贯彻落实。

1　参见《关于〈中华人民共和国全国人民代表大会和地方各级人民代表大会选举法（修正草案）〉的说明》。

第二，适当增加县乡两级人大代表数量。《选举法》适当增加县乡两级人大代表名额的基数，将不设区的市、市辖区、县、自治县的人大代表名额基数增加了20名，即从原来的120名增加到140名；将乡、民族乡、镇的人大代表名额基数增加了5名，即从原来的40名增加到45名。

第三，强化对破坏选举行为法律责任的相关规定。为深刻汲取四川省南充市拉票贿选案、湖南省衡阳市破坏选举案和辽宁省贿选案的经验教训，并同《中华人民共和国监察法》《中华人民共和国公职人员政务处分法》《中华人民共和国公务员法》的有关规定做好衔接，《选举法》相关条款修改为："国家工作人员有前款所列行为的，还应当由监察机关给予政务处分或者由所在机关、单位给予处分。"

县乡人大是基层国家权力机关，是我国地方国家政权的重要基础，是实现基层民主的有效形式。一方面适当增加乡镇人大代表名额，在一定程度上弥补了撤乡并镇后乡镇人大代表数量的减少，能够保证我国人大制度的人民性，维系其与基层群众的直接联系；另一方面，适当增加市辖区、不设区的市、县、自治县人大代表名额，在分配增加的县级人大代表名额时，重点向由乡镇改设的街道倾斜，进一步优化县级人大代表结构，有利于针对性地解决乡镇改设街道后基层群众政治参与度不足的问题。根据修改方案测算，全国县级人大代表名额与2017年上一轮换届选举相比预计将增加8.4万名，乡镇人大代表名额预计将增加22.6万名，县乡两级总计增加约31万名；新一轮换届选举完成后，中国五级人大代表名额总数约为280余万名。[1]《选举法》是我国重要的基础性法律，是人民代表大会制度基础性法律体系的重要组成部分，本次修改能够健全人大选举制度，更好地坚持和完善人民代表大会制度，更好地发展社会主义民主政治、充分保

1 《中国拟修改选举法　县级人大代表名额基数拟增加20名》，中国新闻网，2020年10月13日。

障人民当家做主的权利。不仅如此，在《全国人大组织法（修正草案）》初次审议后，法制工作委员会征求了各方意见，宪法和法律委员会在2020年12月7日召开会议逐条审议，12月11日再召开会议审议，特在修正案第二次审议稿的第四条中增加全国人大及其常委会“坚持全过程民主”“倾听人民的意见和建议”的表述，这也表明2020年的人大制度改革中的人民性。

第五章

追求公平与正义

司法改革与人权保障

中国共产党一向重视国家制度建设和国家治理。中共十八大以来，制度建设被摆在了更加突出的位置。[1] 中共十八届三中全会通过了《中共中央关于全面深化改革若干重大问题的决定》，首次提出“完善和发展中国特色社会主义制度，推进国家治理体系和治理能力现代化”这一重大命题，并将其作为全面深化改革的总目标。[2] 中共十九届四中全会进一步通过了《中共中央关于坚持和完善中国特色社会主义制度　推进国家治理体系和治理能力现代化若干重大问题的决定》(以下简称《决定》)。[3]

在现代国家，法治是国家治理的基本方式，是国家治理现代化的重要标志，国家治理法治化是国家治理现代化的必由之路。[4] 中共十八届四中全会通过《中共中央关于全面推进依法治国若干重大问题的决定》，提出“全面推进依法治国，总目标是建设中国特色社会主

1　参见习近平:《关于〈中共中央关于坚持和完善中国特色社会主义制度　推进国家治理体系和治理能力现代化若干重大问题的决定〉的说明》,《人民日报》2019 年 11 月 16 日。

2　参见《中共中央关于全面深化改革若干重大问题的决定》，2013 年 11 月 12 日。

3　参见《中共中央关于坚持和完善中国特色社会主义制度　推进国家治理体系和治理能力现代化若干重大问题的决定》，2019 年 10 月 31 日。

4　张文显:《法治与国家治理现代化》,《中国法学》2014 年第 4 期。

义法治体系，建设社会主义法治国家”。中共十九届四中全会通过的《决定》，其开篇就总结到，中国国家制度和国家治理体系具有“坚持全面依法治国，建设社会主义法治国家，切实保障社会公平正义和人民权利的显著优势”。

法治犹如天平，一边是公共权力，一边是公民权利。《决定》的第四部分的第三项和第四项就分别要求“健全社会公平正义法治保障制度”和“加强对法律实施的监督”。在2020年11月16日至17日召开的中央全面依法治国工作会议上，习近平强调，要“坚持以人民为中心”，“坚持全面推进科学立法、严格执法、公正司法、全民守法”。具体到司法领域和人权保障，就是要深化司法责任制综合配套改革，加强司法制约监督，健全社会公平正义法治保障制度，努力让人民群众在每一个司法案件中感受到公平正义。而2020年突如其来的新冠疫情对国家治理体系和治理能力的法治化程度更是一场大考。公权力的行使和人权保障都需要应对这一前所未有的挑战。例如，许多地方政府在疫情防控中出现了“任性执法”“过度执法”“粗暴执法”的现象。幸运的是，司法改革的推进和人权保障的强化并未被疫情中断，司法改革和人权保障在疫情的阴霾下取得了长足进步。

2020年人民法院为推进司法改革，加强改革谋划、督察和落实，改革举措次第推出；强化制约与监督，司法责任制走深走实；互联网司法大显身手，人民群众获得感、满意度显著提升。到2020年年底，中央办公厅印发的《关于政法领域全面深化改革的实施意见》确定由最高人民法院牵头的29项改革任务中，有22项已经完成，其余各项均取得实质性进展。最高人民法院发布《关于深化人民法院司法体制综合配套改革的意见——人民法院第五个五年改革纲要（2019—2023）》（以下简称《五五改革纲要》）提出的65项改革举措中，70%已全面推开，中国特色社会主义审判权力运行体系各方面制度更加成熟、更加定型。[1] 人民检察院的司法改革工作则在案件质量评价、审判监督、预防未成年人犯罪、公益诉讼监督等多方面均取得显著成就，深入推进了司法改革。2020 年，除了司法制度改革的推进外，为打造党和人民信得过、靠得住的政法铁军，政法系统也开始进行“整风运动”，筑牢防线保障公平正义。

2020 年，人权保障的强化将以人民为中心的法治理念落到了实处。2020 年 5 月 28 日，第十三届全国人民代表大会第三次会议通过《中华人民共和国民法典》(以下简称《民法典》)。作为民众权益保障书的《民法典》显著提升了中国的人权保障水平。《民法典》将人格权独立成编，创设了一种立体式、开放式的人格权体系，既使得权利的保护范围更宽、权利的保护力度更大，也更加便于民众了解法律究竟保护了自己的哪些切身权益。未成年人的人权保障也得到进一步强化。《刑法修正案（十一）》的颁布与两部涉及未成年人保护法律的修订，更加注重保护未成年人的合法权益，依法严惩各类侵害未成年人的违法犯罪，全方位加强对未成年人的立法保护，防范和减少未成年人遭受犯罪侵害。人权的司法保障也是人权保障的重要内容。2020 年，人权司法保障主要聚焦于程序性制度的修改与完善。例如，认罪认罚从宽制度、值班律师制度的完善，是落实中共十八届四中全会有关改革部署的重大举措，是推动宽严相济的刑事政策具体化、制度化的重要探索。这些对完善刑事诉讼制度、优化司法资源配置、依法及时有效惩治犯罪、加强人权司法保障具有重要意义。

本章概述了 2020 年中国在司法改革方面取得的巨大成就。第一节概述司法改革的总体布局和方向，即用“习近平法治思想”来统领依法治国的各项工作，坚持和完善中国特色社会主义政法工作体系，将切实履行人民法院改革主体责任、健全以人民为中心的司法制度体

1 刘峥、何帆：《司法改革 2020：继续奋斗，勇往直前》，《人民法院报》2021 年 1 月 18 日。

系作为司法改革的工作目标。在此基础上，为了应对疫情和经济发展的需要，司法领域推出了一系列相应的改革，同时着眼于司法公正和便民服务，推出了类案检索来强化“同案同判”，也推出了“一站式多元解纷机制”等措施。而在检察工作领域最重要的措施莫过于最高人民检察院推出了《检察机关案件质量主要评价指标》，标志着以“案－件比”为核心的案件质量评价指标体系正式建立。

第二节概述党中央在司法领域开展的整风活动。司法是公平正义的最后一道防线。司法腐败严重腐蚀执政党的政治基础。在政法领域开展反腐败斗争以及扫黑除恶专项工作的基础上，2020 年最大的亮点就是在司法领域开展“延安整风”，清除一批政治上的“两面人”和黑恶势力的“保护伞”。

第三节概述在人权保障领域的最新进展。除推出《民法典》和刑法领域中的人权保护措施以及未成年人的权利保护法以外，在人权保护的法律制度机制上有了进一步完善，尤其是强化了对人民检察院在办理认罪认罚案件监督管理，并对依法准确适用正当防卫制度做出系统规定。

第四节概述司法舆情对推动法律公平正义的重要意义。无论是李文亮事件引发对训诫问题的热议，还是孟晚舟案件引发对“美国陷阱”的关注；无论是《外国人永久居住条例》草案引发的争论，还是“蛋壳”爆雷和蚂蚁集团暂缓上市引发的焦虑；无论是对以“张玉环案”为代表的冤假错案纠正的期盼，还是对仝卓冒名顶替上学事件和王振华猥亵女童案的愤怒：都表明中国社会主要矛盾已经转化为人民日益增长的美好生活需要和不平衡、不充分的发展之间的矛盾，人民在民主、法治、公平、正义、安全等方面的要求不断提高，而这无疑是推动司法改革、实现国家治理现代化的积极力量。

第一节

司法改革的变化趋势

司法是法治体系的重要基石。完善司法体制、规范司法权力运行，有利于更好地发挥司法制度在全面依法治国中的作用，促进国家治理体系和治理能力的现代化。中共十八届三中全会通过的《中共中央关于全面深化改革若干重大问题的决定》，确定了推进法治中国建设、深化司法体制改革的重要任务。司法改革成为中国全面深化改革的重要组成部分，被纳入国家整体发展战略。中共十九大报告进一步提出“深化司法体制综合配套改革”的总体目标。在这一背景下，人民法院系统高度重视司法改革工作，通过持续深化司法改革，不断提升司法公信、促进司法公正，建设公正高效权威的社会主义司法制度。

2020年的司法体制改革是对之前改革的补充、完善和落实。司法改革在应对疫情、为经济发展提供司法服务和保障、统一法律适用、行政审判规范化、加强未成年人司法保护、推进行政复议体制改革等方面有所进展。在当前司法改革体制框架既定、后改革阶段接近尾声的情况下，需要全面吸取本轮司法体制改革的经验教训，深刻总结其利弊得失。[1]

1 徐昕、黄艳好：《中国司法改革年度报告（2020）》，《哈尔滨工业大学学报（社会科学版）》2021年第3期。

一、司法改革的总体部署

2019年，习近平在中央全面深化改革委员会第十次会议上，对当前改革所处的历史方位和发展阶段做出了重要判断。他指出："落实党的十八届三中全会以来中央确定的各项改革任务，前期重点是夯基垒台、立柱架梁，中期重点在全面推进、积厚成势，现在要把着力点放到加强系统集成、协同高效上来。"[1] 2020年是决胜全面建成小康社会、决战脱贫攻坚之年，是"十三五"规划收官之年和"十四五"规划开局之年，也是人民法院推进落实《五五改革纲要》的关键之年。沿着中共十九大报告提出的"深化司法体制综合配套改革"的总体目标，党中央和中央政法委员会对2020年的司法改革工作进行了总体部署，提出了新要求。

2020年1月，中央政法工作会议对司法改革提出了新的要求与使命。中央政法委书记郭声琨指出，以政法领域全面深化改革为牵引，努力让人民群众在每一个案件中都感受到公平正义。为此，法院系统需要着力健全司法权监督制约体系，检察院系统则需要着力强化检察机关法律监督职能。[2]

8月，中央政法委召开政法领域全面深化改革推进会，聚焦执法司法制约监督体系的改革与建设。会议指出，改革和建设执法司法制约监督体系，是党和国家监督体系的重要组成部分，事关社会公平正义，事关国家治理体系和治理能力现代化。会议要求，加快推进执法司法制约监督体系建设，需要完善党对执法司法工作的领导监督机制、完善政法部门之间制约监督体制机制、完善政法各系统内部制约

1　王子晖：《习近平的全面深改"阶段论"》，《理论导报》2019年第9期。

2　《中央政法工作会议召开！首次提出坚持和完善中国特色社会主义政法工作体系》，中国长安网，2020年1月18日。

监督机制、完善社会监督机制、完善智能化管理监督机制以及加快推进相关配套制度改革。[1]

11月，习近平总书记出席中央全面依法治国会议并发表重要讲话。中央全面依法治国工作会议明确了“习近平法治思想”在全面依法治国工作中的指导地位，是党和国家法治建设史上具有划时代意义的重要里程碑，更是人民法院进一步深化司法体制改革的根本遵循和行动指南。[2]习近平总书记在会议上对司法改革工作进行了重要部署，他指出，公平正义是司法的灵魂和生命。要深化司法责任制综合配套改革，加强司法制约监督，健全社会公平正义法治保障制度，努力让人民群众在每一个司法案件中感受到公平正义。要加快构建规范高效的制约监督体系。[3]

二、法院改革的新动向

一年来，面对突如其来的新冠疫情，人民法院按照既定目标和时间节点，始终坚持中国特色社会主义法治道路不动摇，强化目标导向、问题导向、效果导向，运用改革思维和改革方法破解机制性阻碍、实践性难题，促进制度建设与治理效能更好地转化融合。[4]

（一）法院系统改革的总体部署

习近平在中央政法工作会议上对政法工作做出重要指示，充分肯定过去一年政法工作取得的成绩，明确指出当前和今后一个时期政

1　《中央政法委：加快推进执法司法制约监督体系改革和建设》，中国长安网，2020年8月27日。

2　刘峥、何帆：《司法改革2020：继续奋斗，勇往直前》，《人民法院报》2021年1月18日。

3　习近平：《坚定不移走中国特色社会主义法治道路　为全面建设社会主义现代化国家提供有力法治保障》，《人民日报》2020年11月18日。

4　刘峥、何帆：《司法改革2020：继续奋斗，勇往直前》，《人民法院报》2021年1月18日。

法工作总体要求和重点任务，为做好新时代政法工作提供了根本遵循。会议首次明确提出坚持和完善中国特色社会主义政法工作体系，为全面建成小康社会提供有力保障[1]，这也对司法改革提出了新任务、新要求。

2020年伊始，最高人民法院研究制定《2020年人民法院司法改革工作要点》（以下简称《工作要点》），绘制2020年司法改革“路线图”。《工作要点》提出8个方面共38项举措，对切实履行人民法院改革主体责任、健全以人民为中心的司法制度体系等改革任务做出重要部署。

总体而言，内容主要集中在以下几方面：首先，不断优化司法改革总体规划。《工作要点》提出，要深入开展司法改革“回头看”工作，科学评估改革实效，有力破除体制性、机制性、政策性改革堵点。健全以人民为中心的便民司法制度体系、顺应时代进步和科技发展的诉讼制度体系、人民法院人员分类管理和职业保障制度体系，全面建设现代化智慧法院应用体系。其次，不断深化司法改革系统集成。要进一步健全以司法责任制为核心的审判权力运行体系，完善人民法院组织体系和机构职能体系，服务保障党和国家工作大局。最后，不断抓实各项改革措施落地见效。《工作要点》指出，要加大司法改革督察和指导力度，持续开展常态化改革督察，确保改革政策精准落地。[2]

《工作要点》是2020年司法改革的总体规划，它统筹考虑中央全面依法治国委员会会议、中央政法工作会议精神和政法领域全面深化改革实施意见、最高人民法院的《五五改革纲要》部署的重要

1 《中央政法工作会议召开！首次提出坚持和完善中国特色社会主义政法工作体系》，中国长安网，2020年1月18日。

2 刘峥：《2020年法院改革怎么做，划重点的文章来了》，“法影斑斓”微信公众号，2020年2月27日。

任务，紧密贴合司法改革实际，突出强调可操作性，在研究工作要点过程中，反复征求有关部门意见，力求改革任务连贯性、可行性和可操作性，确保改革任务明确具体，以便各项改革任务能在2020年顺利完成。

2020年8月4日，最高人民法院印发《关于深化司法责任制综合配套改革的实施意见》（以下简称《实施意见》）。在司法改革总体规划纲要的指导下，最高人民法院对司法责任制综合配套改革提出了新的意见与要求，这也是对前几年司法责任制改革的衔接。《实施意见》是对中共中央办公厅2020年3月印发的《关于深化司法责任制综合配套改革的意见》的全面贯彻与落实，对于健全中国特色社会主义法律体系、建设法治社会具有极为深远的意义。[1]

司法责任制改革需要围绕"权、责、利、效"四个方面进行综合配套改革。具体而言："权"就是完善审判权力运行体系；"责"就是完善司法责任追究制度；"利"就是完善司法职业保障制度；"效"就是完善司法质效保障制度。[2]

《实施意见》围绕加强法院政治建设、健全审判监督管理机制、强化廉政风险防控、完善人员分类管理制度、优化司法资源配置五大方面提出28项配套举措。在加强法院政治建设层面，坚持把党的政治建设摆在首位，坚持突出政治标准选人用人，全面落实从严治党主体责任。在健全审判监督管理机制层面，《实施意见》从完善审判权力和责任清单、完善"四类案件"的识别监管机制、优化审判团队组建、完善案件分配机制、健全院庭长办案机制、完善统一法律适用机制、严格违法审判责任追究这七个方面予以细化落实。在强化廉政风险防控层面，建立健全与审判权力运行新机制相适应的廉政风险防控

1　高岚：《司法调研要为责任制改革作贡献》，《人民法院报》2020年8月18日。

2　《最高法院司改办副主任解读深化司法责任制综合配套改革》，澎湃新闻，2020年6月12日。

体系，健全内部监督管理机制，落实防止司法干预“三个规定”，健全落实“三个规定”工作机制、健全廉政风险防控体系、完善自觉接受外部监督制约机制。在完善人员分类管理制度层面，《实施意见》对法官员额管理制度、法官逐级遴选制度、审判辅助人员和司法行政人员管理制度、法官单独职务序列管理制度、绩效考核制度等方面着手对人员分类管理配套机制做了细化完善。在优化司法资源配置层面，《实施意见》对各级法院在健全多元化纠纷解决机制、深化案件繁简分流、推进审判辅助事务集约化、社会化管理和加强智慧数据中台建设等方面提出要求。

总体来看，《实施意见》以具体措施对标对表，将司法责任制综合配套改革各项改革举措在人民法院系统内不折不扣落到实处，是深入贯彻落实中央关于深化司法责任制综合配套改革部署的重大举措，也是今后一个时期人民法院全面落实司法责任制的重要指引。

（二）加快智慧法院建设，应对疫情挑战

最高人民法院响应国家信息化发展战略要求，高度重视推进法院信息化工作，将信息化与司法改革作为法院工作的“车之两轮、鸟之双翼”。疫情防控期间，智慧法院建设成果红利充分释放。面对新冠疫情对人员往来交流的阻隔，智慧法院大显身手，有效保护了当事人诉权，为疫情之下的公正司法提供了重要解决方案，为有序复工复产提供了有力司法保障。指尖立案、云端办案、智慧执行……全国法院充分运用智慧法院建设成果，将司法服务从线下搬到线上，确保疫情防控与审判执行工作两不误，在此次疫情大考中交出了优秀答卷。人民法院通过“中国移动微法院”等平台规范有序开展在线诉讼活动，为及时化解矛盾纠纷、打击涉疫情犯罪、推进疫情防控和复工复产发挥了重要作用。

（三）服务大局，为经济发展提供司法保障

在推动具体司法改革制度的同时，最高人民法院出台了大量司法意见与司法政策助力国家发展。

2020 年 4 月 21 日，最高人民法院印发《关于全面加强知识产权司法保护的意见》。中国知识产权司法保护近年来快速发展，但也存在诸多问题。该意见聚焦知识产权保护的重点难点，提高司法保护整体效能，加强审判基础建设，有效回应社会关切。

7 月 22 日，最高人民法院、国家发展和改革委员会联合发布《关于为新时代加快完善社会主义市场经济体制提供司法服务和保障的意见》。该意见旨在充分发挥法治功能，营造适应经济高质量发展的法治化营商环境，对加快完善新时代社会主义市场经济体制具有重要意义。

8 月 20 日，最高人民法院发布新修订的《最高人民法院关于审理民间借贷案件适用法律若干问题的规定》。新规明确规定，以中国人民银行授权全国银行间同业拆借中心每月 20 日发布的一年期贷款市场报价利率（LPR）的 4 倍为标准，确定民间借贷利率的司法保护上限。这一举措有助于降低民间借贷利率司法保护上限，有助于防范民间借贷的金融风险，引导规范民间借贷健康有序发展。

9 月 25 日，最高人民法院发布《最高人民法院关于人民法院服务保障进一步扩大对外开放的指导意见》。该意见总结了长期以来的司法实践经验，为对外开放的进一步发展提出了更为具体的司法层面的要求。

11 月 9 日，最高人民法院发布《最高人民法院关于支持和保障深圳建设中国特色社会主义先行示范区的意见》，在系统总结前期工作经验基础上，进一步明确了人民法院支持保障先行示范区建设的总体要求，推出了全方位的支持保障措施。

上述司法意见与规定，既体现出法院系统对国家发展各方面的

司法助力，又细化了法院在面对上述问题时的具体遵循，是对过去做法的一些变革。

（四）加强类案检索，统一法律适用

如何实现“同案同判”是2020年司法改革聚焦的一个重要问题。随着中国经济社会快速发展，法律适用标准的短板问题凸显，尤其是“类案不同判”现象越发受到关注。最高人民法院副院长杨万明表示，“类案不同判”现象的背后实质上是法律适用标准不统一，而平等、统一适用法律是人民法院依法独立公正行使审判权的基本职责，事关社会公平正义的实现。在人民法院司法责任制改革不断深入的情况下，“类案不同判”成为司法责任制改革中一块难啃的“硬骨头”。制定系统完整的统一法律适用标准工作机制，是实现新时代公正司法、深化完善司法责任制综合配套改革的内在要求。[1]

近年来，最高人民法院及一些地方法院分别创设了类案检索机制，要求承办法官在审理相关案件时进行类案检索，为合议庭、专业（主审）法官会议、审判委员会研究讨论案件提供必要参考。但类案检索的适用范围、检索主体、平台等仍缺乏统一标准。最高人民法院过去几年出台过一系列措施试图解决这一问题，2020年则连发两份规范性文件，有力规范和指导各级法院审判过程中有效遵循“同案同判”原则。

2020年7月底，最高人民法院印发《关于统一法律适用加强类案检索的指导意见（试行）》（以下简称《指导意见》）。这是最高人民法院为实现法律的统一适用所做出的最新规定。《指导意见》的出台使得类案检索正式成为中国特色成文法体系下的具体制度。《指导意见》规定，所谓类案，是指与待决案件在基本事实、争议焦点、法

1　孙航：《统一法律适用标准　避免“类案不同判”》，《人民法院报》2020年9月24日。

律适用问题等方面具有相似性，且已经人民法院裁判生效的案件。同时《指导意见》也明确了类案的适用情形。在类案检索的搜索范围中[1]，最高人民法院发布的指导性案例具有较高的权威性和指导意义，其作用类似于司法解释，因此被列为类案检索第一选项。按照规定，四个选项中存在着明显的优先级[2]，这不仅降低了基层法官的检索难度，也使得检索结果的参考效力更加明确。

首先，在检索路径方面，《指导意见》明确了检索路径——依托中国裁判文书网、审判案例数据库等进行类案检索。这使得类案检索范围更加精准，检索结果更具参考价值。客观上，这为消除各地司法数据库的技术屏障、建立全国统一的审判案例数据库打下坚实基础。其次，《指导意见》明确了检索结果的参考效力。要确保类案的约束性，关键是有可操作的程序和方式，确保类案真正进入法官决策程序。《指导意见》规定，承办法官应当在相关会议报告中对类案检索情况，以及是否参考类案等结果予以说明或报告。《指导意见》通过建立强制检索、报告、说明、参考制度，使得参考先前相似判决成为案件决策的必经环节。《指导意见》促进了裁判标准统一，回应了法治社会对司法公信力的要求。这是维护当事人对裁判结果合理预期的重要方式，也是现代司法的价值追求和应有之义。

9 月 23 日，在《指导意见》的基础上，最高人民法院又发布了《最高人民法院关于完善统一法律适用标准工作机制的意见》（以下简称《意见》），足见最高人民法院对于统一法律适用的重视。《意见》更加系统地梳理了人民法院统一法律适用标准的各项工作机制，提出 21 条具体措施，矛头直指司法实践中存在的“类案不同判”现象。

1　是指最高人民法院发布的指导性案例、最高人民法院发布的典型案例及裁判生效的案件、本省（自治区、直辖市）高级人民法院发布的参考性案例及裁判生效的案件、上一级人民法院及本院裁判生效的案件。

2　已经在前一顺位中检索到类案的，可以不再进行检索。

《意见》将统一法律适用标准融入人民法院审判的整体工作之中，从完善规范依据、健全分歧解决机制，到指导审判组织、加强审判管理监督，再到类案检索、科技辅助、人才建设等各方面都进行了较为全面的规定。

《意见》有以下几个亮点值得关注：第一，突出最高人民法院在统一法律适用标准工作中的中心地位和具体机制的建设任务。《意见》强调，最高人民法院要建立健全法律适用问题解决机制，形成完备、高效且规范的法律适用问题解决体系，优化法律适用分歧的申请、立项、审查和研究工作机制。并且，以此为基础，领导并解决地方法院统一法律适用标准工作的开展及所遇到的问题。第二，规定高级人民法院作为统一法律适用标准的重要单位与基本机制。《意见》以高级人民法院为关键抓手，要求各高级人民法院通过下发指导性文件、参考案例等方式以规范裁判标准。同时，在其管辖范围内建立本辖区的法律适用分歧解决机制，解决各中级、基层法院法律适用标准不一致的问题。第三，建立系统化、立体化的完善法律适用标准统一的工作机制。《意见》指出，各级法院内部的具体组织或人员在统一法律适用标准工作中的职责，具体包括：强化独任法官、合议庭正确适用法律职责；发挥审判委员会统一法律适用标准职责；明确和压实院庭长统一法律适用标准的监督管理职责。第四，借助科技手段促进法律适用标准的进一步统一。《意见》要求，应当加快司法大数据管理服务平台的建设，完善智能化的类案推送和审判支持系统，从而为各级法院提供更为良好的类案检索服务。各级人民法院应充分利用数字化平台，提高法官熟练运用信息化手段开展类案检索和案例研究的能力。

法律适用标准不统一的成因十分复杂。法律与生俱来的滞后性、成文法国家中对文字的不同理解、新生事物的法律空白以及立法稳定性的内在要求等因素使法律适用统一的难度进一步叠加。因此，真正实现法律适用标准的统一，仍然是一项浩大长期的工程。

（五）一站式多元解纷机制基本建成

自 2019 年最高人民法院印发《关于建设一站式多元解纷机制一站式诉讼服务中心的意见》以来，一站式多元解纷机制建设便在全国各级法院逐步展开，并成为司法体制改革中的一项重要任务。

在 2020 年全国两会《最高人民法院工作报告》解读直播访谈中，最高人民法院立案庭庭长钱晓晨表示："一站式多元解纷机制总的要求是以立体化、集约化、信息化的一站式诉讼服务中心为载体，建设富有活力和效率的一站式多元解纷机制，形成从矛盾纠纷源头预防，到诉前多元解纷，再到简案快审、繁案精审的分层递进、繁简结合、衔接配套的矛盾纠纷预防调处化解综合机制。"钱晓晨介绍，这一举措将为人民群众提供分层次、多途径、高效率、低成本的纠纷解决方案，形成符合中国国情、体现司法规律、引领时代潮流的中国特色纠纷解决和诉讼服务新模式。[1]

2020 年 9 月 1 日至 2 日，周强在全国高级法院院长座谈会上强调，要全面推进一站式多元解纷和诉讼服务体系建设，加快构建中国特色纠纷解决和诉讼服务模式。全国各级法院通过线上形式汇报一站式解纷机制的建设情况。周强在听取汇报后，进一步提出，一站式多元解纷机制要以习近平新时代中国特色社会主义思想为指导，贯彻落实习近平总书记全面依法治国新理念新思想新战略，坚持把党的领导作为根本保证，把以人民为中心作为根本立场，正确认识和处理新形势下人民内部矛盾，加强系统治理、依法治理、综合治理、源头治理，坚持把非诉讼纠纷解决机制挺在前面，坚持深化司法体制改革和智慧法院双轮驱动，努力提供普惠均等、便捷高效、智能精准的公共服务，

1　孙航：《推进一站式多元解纷和诉讼服务机制建设》，《人民法院报》2020 年 5 月 27 日。

推动数字正义，推进实现新时代更高水平的公平正义。会议要求，要突出基层基础政策导向，切实增强源头预防化解矛盾和促进基层社会治理实效。要主动融入基层社会治理格局，融入党委领导的自治、法治、德治相结合的城乡治理体系，坚持发展新时代“枫桥经验”，积极参与党群解纷站点建设，巩固发展“群众说事、法官说法”等经验机制。[1]总而言之，这项措施最终的落脚点，就是要切实解决人民的困难，满足人民群众的法律需求，打通便民利民诉讼服务“最后一公里”。

民事案件数量十分庞大，有些案件标的额较小，案情简单；有些案件标的额庞大，案情复杂。如果适用同样程序，势必会出现司法资源分配不均的现象。为了提高司法效率，2020年1月16日，最高人民法院印发《民事诉讼程序繁简分流改革试点方案》。该方案采用在全国开展试点的方式，率先在北京、上海、江苏、浙江、安徽、福建、山东、河南、湖北、广东、四川、贵州、云南、宁夏、陕西这几个地区推行民事诉讼程序繁简分流。该项改革充分尊重当事人程序选择权，根据案件类型和复杂程度，适用不同的审理程序，配置相应的司法资源，优质、高效、低成本地解决矛盾纠纷，努力让司法更加亲民、诉讼更加便民、改革更加惠民，全面提升人民群众的获得感。同时，严格按照法律要求和法定程序推进试点工作，充分运用大数据、云计算、人工智能等现代科技手段破解改革难题、提升司法能力。

方案主要涉及以下五方面的内容：第一，优化司法确认程序。健全特邀调解制度，完善诉前委派调解与司法确认程序的衔接机制，在进行调解达成协议后，可以向人民法院申请司法确认。在此基础

1　孙航：《全面推进一站式多元解纷和诉讼服务体系建设　加快构建中国特色纠纷解决和诉讼服务模式》，《人民法院报》2020年9月5日。

上要更加完善司法确认的管辖规则。第二，完善小额诉讼程序。加强小额诉讼程序适用，适当提高小额诉讼案件标的额基准，明确适用小额诉讼程序的案件范围。进一步简化小额诉讼案件的审理方式和裁判文书，合理确定小额诉讼案件审理期限。完善小额诉讼程序与简易程序、普通程序的转换适用机制。第三，完善简易程序规则。对需要进行公告送达的简单民事案件，可以适用简易程序审理。第四，扩大独任制适用范围。探索基层人民法院可以由法官一人适用普通程序独任审理部分民事案件，明确适用独任制审理第一审普通程序案件的具体情形。探索中级人民法院和专门人民法院可以由法官一人独任审理部分简单民事上诉案件，明确适用独任制审理第二审民事案件的具体情形和审理方式。建立独任制与合议制的转换适用机制。第五，健全电子诉讼规则，明确诉讼参与人通过人民法院信息化平台在线完成诉讼行为的法律效力。经当事人同意，适用简易程序或者普通程序审理的案件，均可以采取在线视频方式开庭。明确电子送达的适用条件、适用范围和生效标准，经受送达人同意，可以采用电子方式送达判决书、裁定书、调解书。[1] 该试点工作对民事诉讼程序规则相关探索，将成为下一步推动民事诉讼法修改的重要基础，更有利于丰富民事审判改革经验，加快民事审判改革步伐，促进司法改革更加深入。

（六）行政案件案由新规出台，推进行政审判规范化

在行政审判工作方面，最高人民法院也在持续发力以促进行政审判规范化。2020 年年末，最高人民法院审判委员会讨论通过《关于行政案件案由的暂行规定》（以下简称《案由规定》）。此次案由修改历时五年，旨在构建规范统一的行政案件案由体系，解决当下案

1 孙航：《最高法启动民事诉讼程序繁简分流改革试点工作》，《人民法院报》2020 年 1 月 16 日。

由适用难题。此前，行政案件的案由依据是最高人民法院于 2004 年发布的《关于规范行政案件案由的通知》(以下简称《案由通知》)。但该规定较为宽泛，对于行政管理范围在何种情况下予以分解、行政诉讼案件和非诉执行案件的区分都不明确。伴随着《中华人民共和国行政诉讼法》的修改与行政审判工作的发展，遂制定新的《案由规定》。

《案由规定》将案由细化为三级分类，删除了“行政管理范围”之前的规定，还对行政复议、行政协议等八类特殊行政案件的案由做出专门规定，并明确了起诉多个被诉行政行为案件、不可诉行为案件的案由确定规则。同时，进一步明确适用规则，方便司法统计，在适用顺序、诉讼程序、诉讼材料上采取了新的更加细化的规定。《案由规定》还对司法实践中适用案由的注意事项予以强调：一是要正确认识行政案件案由的性质与功能；二是要认识到《案由规定》的开放性；三是要注意行政案件的名称表述要与案由表述保持一致。总的来说，尽管《案由规定》可能还存在一定的问题，但其回应了《案由通知》的实操难题，适用效果值得期待。

（七）司法公开取得里程碑式的成就

裁判文书线上公开是中国司法公开的一个不可忽视的亮点。这一措施不仅彰显中国司法的信心，也给广大民众、法律工作人员、法律学者等群体带来了极大便利。2014 年元旦，各级人民法院严格落实《最高人民法院关于人民法院在互联网公布裁判文书的规定》的要求，陆续将生效的裁判文书在中国裁判文书网公布。到 2020 年年底，中国裁判文书网的文书总量超过了 1 亿篇。这个数字的背后，是“正义不仅要实现，而且要以看得见的方式实现”的实际举措，是对“构建开放、动态、透明、便民的阳光司法机制”的坚定决心，更是实现“努力让人民群众在每一个司法案件中感受到公平正义”

目标的必然要求。[1] 在未来，中国司法公开的脚步会越来越快，不断增强司法的透明度是司法机关不变的决心，也是司法机关对人民的承诺。

三、检察院改革的新动向

2020 年，法院系统在进行大刀阔斧地改革的同时，检察机关配合司法改革，同样出台了一系列改革措施。

（一）以“案 – 件比”为核心的案件质量评价指标体系正式建立

2020 年 4 月，最高人民检察院印发《检察机关案件质量主要评价指标》。这标志着以“案 – 件比”为核心的案件质量评价指标体系正式建立，这也是 2020 年检察机关所做的一项重大的改革。最高人民检察院案件管理办公室主任董桂文介绍说，“案 – 件比”是指发生在人民群众身边的“案”，与案进入司法程序后所经历的有关诉讼环节统计出来的“件”相比，形成的一组对比关系。“案”是指发生的具体案件；“件”是指这些具体的案进入司法程序后所经历的有关诉讼环节统计出来的件。“案 – 件比”中“件”数越低，说明“案”经历的诉讼环节越少，办案时间越短，案结事了，当事人对办案活动的评价相对越高，办案的社会效果越好。[2]

为什么强调“以‘案 – 件比’为核心”？这反映出新时代检察理念的一个重大转变：“跳出检察看检察。”以人民群众、案件当事人的视角为着眼点，以人民群众、案件当事人的感受为基础，从质量、效

1　姜佩杉、万紫千、赵利丽：《中国裁判文书网：法治中国的“亿”道亮丽风景》，《人民法院报》2020 年 9 月 5 日。

2　徐日丹：《最高检首次针对案件质量研制评价指标》，《检察日报》2020 年 4 月 27 日。

率、效果上综合考量检察办案成效。这是检察机关落实习近平总书记“努力让人民群众在每一个司法案件中感受到公平正义”的要求，践行“以人民为中心”发展思想的务实之举。把“案－件比”作为案件质量的核心评价指标，也是节约司法资源的重要途径。那些被纳入“件”的办案环节，表面上看都有法律依据，之所以说它是不必要的，是因为如果把上一环节的工作做到极致，这些环节就可以避免。原本可以避免的环节在办案中出现甚至反复出现，必然导致不必要的程序空转，占用有限的办案力量，耗费大量司法资源。将其纳入负面评价对象，引导检察官在办案中把相应的空转环节挤掉，将大大节省司法成本、节约司法资源。

简言之，“案－件比”是观测、评价检察机关办案运行态势，反映各个办案环节是否将工作做到极致的核心指标。其价值取向是“程序优化、诉讼便捷、效率提升、当事人满意”。如果能够充分发挥“案－件比”这一核心指标的“风向标”“指挥棒”作用，就能引领检察官改变传统的办案观念和工作状态，从保障人民群众司法获得感的高度，在办案中求极致、过得硬，就能实现办案质效最高、司法资源投入最少、当事人感受最好、“三个效果”最优的办案目标。[1]

（二）规范案件审查的听证工作

民事诉讼监督工作是2020年检察机关关注的一项重点。为了更好地履行监督职能，规范检察听证工作，最高人民检察院于2020年10月20日发布《人民检察院审查案件听证工作规定》（以下简称《听证工作规定》）。检察听证是检察机关在案件审查过程中，通过组织召开听证会的形式，广泛听取从人大代表、政协委员和社会人士中邀

1　《检察日报》评论员：《为什么要把“案－件比”作为核心指标》，《检察日报》2020年4月28日。

请的听证员以及案件当事人、辩护人、相关办案人员等其他听证会参加人意见的活动。开展检察听证，可以充分保障民众的知情权、参与权和监督权。《听证工作规定》明确，听证员的意见是人民检察院依法处理案件的重要参考。

本次发布的《听证工作规定》共 4 章 23 条，对听证的范围、听证会类型、听证会参加人、听证会程序、听证费用等做出了明确规定。《听证工作规定》明确了听证的范围。一方面，列举了羁押必要性审查案件、拟不起诉案件、刑事申诉案件、民事诉讼监督案件、行政诉讼监督案件、公益诉讼案件等常见的听证案件类型；另一方面，要求进行听证的应当是在事实认定、法律适用、案件处理等方面存在较大争议，或者有重大社会影响，需要当面听取当事人和其他相关人员意见的案件，并在程序上设置了“经检察长批准”的要求。《听证工作规定》还区分了公开听证和不公开听证。拟不起诉案件、刑事申诉案件、民事诉讼监督案件、行政诉讼监督案件、公益诉讼案件的听证会一般公开举行；处于侦查阶段的审查逮捕案件、羁押必要性审查案件以及当事人是未成年人案件的听证会一般不公开举行。两者的区别在于，公开听证的案件公民可以申请旁听。按照《听证工作规定》，听证会一般按照下列步骤进行：承办案件的检察官介绍案件情况和需要听证的问题；当事人及其他参加人就需要听证的问题分别说明情况；听证员向当事人或者其他参加人提问；听证员就听证事项进行讨论；听证员或听证员代表发表意见；当事人发表最后陈述意见；主持人对听证会进行总结。

《听证工作规定》明确，检察院充分听取各方意见后，根据已经查明的事实、证据和有关法律规定，依法独立做出决定。能够当场做出决定的，由听证会主持人当场宣布决定并说明理由；不能当场做出决定的，在听证会后依法做出决定，向当事人宣告、送达，并将做出的决定和理由告知听证员。[1]《听证工作规定》丰富了检察听证的制度内涵，同时最高人民检察院也提出“应听尽听”的检察机关听证要求。可以说，从行使民事检察调查权的初衷，到今天“让人民群众在每一个司法案件中感受到公平正义”的法治获得感，检察听证正在以崭新的身姿出现在民事检察工作的视野中。[2]

（三）加强未成年人司法保护

未成年人保护工作是2020年社会关注的热点事件。检察机关在其职能范围内发布一系列文件，为未成年人竖立“检察屏障”，更好地保护未成年人的健康成长。

2020年5月7日，最高人民检察院、国家监察委员会、教育部、公安部、民政部、司法部、国家卫健委、共青团中央委员会、全国妇联签下发《关于建立侵害未成年人案件强制报告制度的意见（试行）》（以下简称《强制报告意见》）。《强制报告意见》明确规定，国家机关、法律法规授权行使公权力的各类组织及法律规定的公职人员，密切接触未成年人行业的各类组织及其从业人员，在工作中发现未成年人遭受或者疑似遭受不法侵害以及面临不法侵害危险的，应当立即向公安机关报案或举报。

9月18日，最高人民检察院联合教育部、公安部共同发布《关于建立教职员工准入查询性侵违法犯罪信息制度的意见》（以下简称《查询意见》），并通报相关典型案例。《查询意见》给予明确规定，中小学校、幼儿园在新招录教职员工前，教师资格认定机构在授予申请人教师资格前，应当进行性侵违法犯罪信息查询，对有性侵违法犯

1　刘洋：《最高检印发检察听证规定：公开听证的案件公民可以申请旁听》，光明网，2020年10月20日。

2　于潇：《检察听证向闭门办案说再见》，《检察日报》2020年11月4日。

罪记录的人员，不予录用或者不予认定教师资格。《查询意见》还明确规定入职查询范围、适用入职查询的人员范围、查询方法、查询结果的应用及追责等，从源头上把“大灰狼”挡在校园之外。12月，最高人民检察院下发通知，决定自2021年起，未成年人检察业务统一集中办理工作在全国检察机关稳步全面推开。这标志着全国检察机关涉未成年人刑事、民事、行政、公益诉讼检察业务将由分散办理平稳过渡到统一集中办理。

（四）推进检察机关的公益诉讼工作

近年来，中国发生了多起公益损害案件，给人民群众的正常生活带来较大影响，这也为检察机关公益诉讼工作带来挑战。2020年6月29日，最高人民检察院召开全国检察机关“公益诉讼守护美好生活”专项监督活动动员部署电视电话会议，决定自2020年7月至2023年6月，开展为期三年的“公益诉讼守护美好生活”专项监督活动。其中，外卖包装材料安全、“网红代言”、“直播带货”等网络销售新业态涉及食品安全及监管漏洞等也在本次活动重点监督之列。

2020年8月28日，最高人民检察院召开探索建立食品安全领域民事公益诉讼惩罚性赔偿制度座谈会。会议通报了前期工作，并对民事公益诉讼惩罚性赔偿制度定位以及与其他制度的衔接、公益侵害的认定、提起惩罚性赔偿的情形、惩罚性赔偿金的计算基数与倍数、管理与使用等一系列重要的理论和实务问题进行了深入探讨。在全年范围内，最高人民检察院还发布了一系列的公益诉讼指导案件，对全国各级法院起到了参考作用。这一系列制度给解决公益诉讼问题带来了很大帮助，维护了人民群众的合法利益，未来还将进一步发挥检察院职能，完善相关公益诉讼体制机制。

第二节

司法系统的整风活动

司法通常被视为正义的最后一道防线。政治经济社会生活中难免出现争议和纠纷，现代社会国家垄断了裁判的权力，公检法司及国家安全机关垄断了公力救济的核心权力。政法工作体系就是在党的领导下为人民群众提供矫正正义的制度和实践体系。人们对政法工作给予厚望，因为这些机关是遭遇不公平或面临争端时终局性的裁判者。然而在现实中，政法机关和部分工作人员的徇私枉法、贪污腐败并不少见。近年来的一些热点案件，更是拉低了政法体系在公众心目中的水平。例如，湖南怀化操场埋尸案挖出数名当地司法机关公职人员徇私枉法，在云南昆明孙小果案中，一系列公职人员因职务犯罪获刑……司法权力的滥用、乱用，严重破坏社会公平正义，人民群众深恶痛绝。

政法队伍建设直接关系到民众对公平正义的期待与信任，关乎人心向背。[1] 习近平总书记强调，要“坚持从严治警，坚决反对执法不公、司法腐败，进一步提高执法能力，进一步增强人民群众安全感和满意度，进一步提高政法工作亲和力和公信力，努力让人民群众在每一个司法案件中都能感受到公平正义，保证中国特色社会主义事业

1　于永杰：《政法系统试点“延安整风”，要清除的“害群之马”指的是谁》，“团结湖参考”微信公众号，2020 年 7 月 9 日。

在和谐稳定的社会环境中顺利推进”[1]。在百年不遇之大变局面前，努力打造党和人民信得过、靠得住的政法铁军，保证内部安稳，才能更好地服务经济社会发展大局，从容应对外部挑战。

一、筑牢防线，保障公平正义

中共十八大以来，全面从严治党稳步推进，反腐持续发力。纪检监察工作取得新成绩，反腐败工作的质量和水平不断提高，不敢腐、不能腐、不想腐的格局逐渐形成。全国各级纪检监察机关聚焦国内“打虎”“拍蝇”，发力国际“猎狐”，有腐必反、有贪必肃。2019年1月至11月，中央纪委国家监委立案审查调查中管干部42人，给予党纪政务处分40人；全国纪检监察机关立案审查调查55.5万件，给予党纪政务处分48.5万人，涉嫌犯罪移送检察机关的1.9万人；全国查处民生领域腐败和作风问题8.64万个，处理11万人；全国共追回外逃人员1 841名，其中党员和国家工作人员816人，追赃金额40.91亿元人民币。[2] 2019年10月，中共十九届四中全会召开，着眼于反腐败制度建设的重点领域和关键环节，强化权力运行制约监督，完善权力配置和运行制约机制。同年12月，中央政治局会议研究部署2020年党风廉政建设和反腐败工作，强调要坚持和完善党和国家监督体系，强化对权力运行的制约和监督，建设高素质专业化纪检监察干部队伍，为实现第一个百年奋斗目标提供坚强保障。2020年是全面建成小康社会和“十三五”规划收官之年，做好纪检监察工作意义重大。

1 习近平：《论坚持全面依法治国》，第17页。

2 王鹏：《反腐败斗争压倒性胜利不断巩固发展——全面从严治党纵深发展之“反腐篇”》，新华网，2019年12月30日。

2020年1月13日至15日，十九届中央纪委四次全会召开。会议要求把“严”的主基调长期坚持下去，一以贯之、坚定不移全面从严治党，为决胜全面建成小康社会、决战脱贫攻坚提供坚强保障。2020年反腐工作坚定稳妥、稳中求进，重点任务是统筹层面的“六个要”和执行层面的“八个要求”。[1]“六个要”是习近平总书记对以全面从严治党新成效推进国家治理体系和治理能力现代化做出的战略部署：一要强化政治监督保障制度执行，增强“两个维护”的政治自觉。二要坚持以人民为中心的工作导向，以优良作风决胜全面建成小康社会、决战脱贫攻坚。三要继续坚持“老虎”“苍蝇”一起打，重点查处不收敛不收手的违纪违法问题。四要深刻把握党风廉政建设规律，一体推进不敢腐、不能腐、不想腐。五要完善党和国家监督体系，统筹推进纪检监察体制改革。六要用严明的纪律维护制度，增强纪律约束力和制度执行力。

各级纪检监察机关精准监督、创新监督，落实相关部署，保障制度执行，体现为“八个要求”：一是坚持以初心使命作为政治本色和前进动力，不断增强“两个维护”的自觉性坚定性。二是全力保障脱贫攻坚决战决胜，集中整治群众反映强烈的突出问题。三是持续深化纪检监察体制改革，推动健全党和国家监督体系。四是发挥纪委监委专责监督作用，加强对权力运行的监督。五是巩固拓展作风建设成效，推动化风成俗、成为习惯。六是完善巡视巡察上下联动工作格局，促进巡视巡察与其他各类监督贯通融合。七是构建一体推进不敢腐、不能腐、不想腐体制机制，进一步巩固和发展反腐败斗争压倒性胜利。八是建设高素质专业化干部队伍，做忠诚干净担当、敢于善于斗争的战士。

---

1 孙培军:《2020年如何反腐——贯彻落实十九届中央纪委四次全会精神》,《党课参考》2020年第3期。

2020年反腐重点任务的部署体现了稳中求进的基调。这与中共十八大以来党中央长期坚持并不断巩固发展成功道路和有效制度的要求一脉相承。十九届中央纪委四次全会坚持一以贯之的“严”的主基调。全面从严治党是攻坚战、持久战，需要驰而不息、正风肃纪，坚决贯彻“中央八项规定”精神，保持定力、寸步不让，释放“越往后执纪越严”的强烈信号。[1]中央首次把一体推进“三不”（不敢腐、不能腐、不想腐）上升到反腐败斗争的基本方针的高度，以及全面从严治党的重要方略的高度，具有理论创新意义，昭示出下一阶段的反腐败中“严”的主基调始终如一。[2]这次会议也释放出一些新信号。例如，提出“腐蚀和反腐蚀斗争”的概念，正视政法工作所面临的外部诱惑和拉拢腐蚀，以制度防范外部侵蚀将成为未来反腐新动向。再如，明确提出加大国有企业反腐败力度，首次提出完善境外国有资产监管制度，说明在这两个领域将刮起反腐败风暴，尤其是随着“一带一路”建设中合作项目不断增加，中国对外投资规模不断扩大，境外资产监管将成为反腐败重中之重。

二、推动司法系统的“延安整风”

政法机关具有较强的专业性，权力相对集中、自由裁量权较大。如此特殊的性质遗留了腐败的空间，部分政法干警肆意敛财、干预司法，导致政法队伍不纯、不公、不力。自2018年年初开展扫黑除恶专项斗争以来，全国查处了一批充当黑恶势力“保护伞”的政法干警，揭露出政法系统积存的顽瘴痼疾。习近平总书记在2019年中央

1 《把“严”的主基调长期坚持下去——论学习贯彻习近平总书记在十九届中央纪委四次全会重要讲话》，新华网，2020年1月14日。

2 陈磊：《十九届中央纪委四次全会释放新信号》，《法制日报》2020年1月22日。

政法工作会议上强调，黑恶势力是社会毒瘤，严重破坏经济社会秩序，侵蚀党的执政根基。“落实司法责任制，让审理者裁判，由裁判者负责，同时不能忽视对司法权的监督。必须采取严格的监管、严厉的措施，将司法人员违法乱纪问题最大限度消灭在萌芽状态。”因此，在政法系统开展教育整顿，彻底割除毒瘤、清除害群之马，具有紧迫性和重要性；限制政法机关的权力，促使其制度化规范化，这是维护政法工作体系形象的必然选择，构成全面从严治党的重要组成部分。中央政法委秘书长陈一新指出，这些害群之马屡打不净、屡扫不清，影响极其恶劣，严重削弱政法机关的公信力，践踏社会公平正义底线，损害党和政府的形象。过去几年，通过扫黑除恶专项斗争和政法队伍教育整顿两大行动，政法队伍得到了极大的整治净化，但要保持这一来之不易的成果，必须要依靠制度的力量。队伍不先整治，好的制度建起来也立不住。队伍整治已毕，没有制度约束，很可能若干年后要重蹈覆辙。破立之间，历史的进程已悄然展开。[1]

2020 年年初，中央政法工作会议提出要开展“一十百千万”行动，整治十大行业领域，确保实现扫黑除恶专项斗争三年为期目标。对群众反映强烈、久攻不克的案件，全国扫黑办要挂牌督办，发挥特派督导专员的利剑作用。2020 年 7 月 8 日，全国政法队伍教育整顿试点工作动员会在北京召开。会议决定在 2020 年 7 月至 10 月，在 5 个市本级及 4 个县（市、区）的有关政法单位、2 所监狱开展试点工作；并决定自 2021 年起，教育整顿工作逐级在全国政法系统铺开，到 2022 年一季度前完成整顿任务。[2] 此次教育整顿工作展现了中央清除顽瘴痼疾的决心，被喻为政法系统的“延安整风”。本轮政法队伍

1　于永杰：《政法领域大事衔接之年，制约监督成了改革主题》，“团结湖参考”微信公众号，2020 年 8 月 27 日。

2　余晖：《继周永康、马建等“政法虎”接连被查后，全国政法系统要“清理门户”》，“政知见”微信公众号，2020 年 7 月 8 日。

教育整顿工作，突出以下四项任务：

一是清除害群之马，清查对党不忠诚不老实的“两面人”，彻查黑恶势力“保护伞”，深查执法司法腐败，严查中共十八大以来不收敛不收手的腐败；二是整治顽瘴痼疾，强化治建并举，建立健全执法司法监督管理制度体系，全面防范化解廉政风险；三是弘扬英模精神，激励政法干警忠诚履职、为民服务、担当作为；四是提升能力素质，引导政法队伍坚定做到“两个维护”，切实履行好新时代政法工作的职责使命。[1] 这次会议将整顿工作分为学习教育、查纠问题和整改总结三个环节：学习教育环节要突出专题学习、警示教育，强化固本培元、增强政治自觉；查纠问题环节要突出自查从宽、被查从严，清除害群之马、整治顽瘴痼疾；整改总结环节要突出整改提升、总结评估，整改到位、建章立制。会议之后，各指导小组陆续到达试点地区，开展基层调研工作，一些非试点单位也细化了相关工作安排。在试点工作启动的一周内，全国各级纪检监察机关通报了 21 名政法干部被查处的消息。[2] 2020 年 7 月至 11 月，中央政法委在黑龙江省哈尔滨市、江苏省徐州市、河南省三门峡市、四川省宜宾市本级和下辖 1 个县（市、区），以及陕西省宝鸡市国家安全局，黑龙江省呼兰市、松滨市两所监狱开展政法队伍教育整顿试点工作圆满收官，35 家试点单位 1.6 万名干警参加教育整顿。

2020 年 8 月 26 日，“政法领域全面深化改革推进视频会”在北京召开。会议总结了一年以来政法领域全面深化改革的成效，研究部署加快推进执法司法制约监督体系改革和建设工作。[3] 中央政法委

1　倪弋：《清除害群之马　整治顽瘴痼疾——全国政法队伍教育整顿试点工作启动》，《人民日报》2020 年 7 月 9 日。

2　苏航：《教育整顿试点启动一周，释放三大信号！》，“中央政法委长安剑”微信公众号，2020 年 7 月 16 日。

3　《中央政法委：加快推进执法司法制约监督体系改革和建设》，人民网，2020 年 8 月 27 日。

历次会议都强调制约监督的重要性，但这次会议高度聚焦这一主题，将其写入会议报告的大标题中，值得格外关注。具体而言，本次会议从六个方面论述了如何完善执法司法制约监督体系：一是完善党对执法司法工作的领导监督机制，确保执法司法工作始终保持正确方向；二是完善政法部门之间的制约监督体制机制，既要解决好政法部门之间配合不够的问题，更要解决好制约监督不力的问题；三是完善政法各系统内部的制约监督机制，筑牢法院、检察院、公安机关以及司法行政机关内部防止执法司法权滥用的防线；四是完善社会监督机制，主动把执法司法活动依法向当事人和社会公开，让暗箱操作没有空间、司法腐败无处藏身；五是完善智能化管理监督机制，强化数据的共享、监测和管理，切实将科技优势转化为监督效能；六是加快推进相关配套制度改革，完善政法干警管理制度、办案运行机制和职业保障制度，为执法司法权力规范运行铺设完备的“制度轨道”。[1]

2020 年是扫黑除恶专项斗争的收官之年，全国政法队伍教育整顿将于 2021 年全面铺开。在衔接之年聚焦执法司法制约监督体系改革和建设，其意义体现在：一是加强党对政法工作绝对领导的重要举措。政法机关大量工作都是通过执法司法活动体现的，只有加强党对执法司法工作的领导监督，才能更好实现党对政法工作的全面领导。二是回应人民群众对公平正义新期待的时代课题。人民群众对执法司法乱作为、不作为以及不公、不廉等问题反映强烈，执法司法必须主动接受群众监督、群众评判，努力让人民群众在每一个案件中都感受到公平正义。三是遵循权力运行规律的必然要求。执法司法活动专业性强，自由裁量权大，执法司法人员容易受到各方面利益和关系的干扰、诱惑，必须加强执法司法制约监督，让权力在制度的笼子里规范

1 《中央政法委：加快推进执法司法制约监督体系改革和建设》，人民网，2020 年 8 月 27 日。

运行。四是全面深化政法领域改革的重要抓手。当前执法司法模式发生了深刻变化，要聚焦放权后面临的新情况新问题，加快构建新型制约监督制度机制，在更高层次上实现执法司法权力与责任的平衡、放权与监督的结合、公正与效率的统一。[1]从专项斗争到全面整顿，这表明政法系统改革已经从某个领域的专门工作转变为一项全局性的系统工程。

1 于永杰：《政法领域大事衔接之年，制约监督成了改革主题》，“团结湖参考”微信公众号，2020 年 8 月 27 日。

第三节

人权保障的强化

近年来，中国在人权保障领域取得举世瞩目的成就。中国政府也发布白皮书对人权事业的发展进行介绍和阐述。2020 年，中国人权的法治保障迈上了一个新的台阶，主要体现在立法和司法两个层面。

在立法层面，全国人大制定了新中国有史以来第一部民法典，对私权进行更加详尽和完备的立法。《刑法修正案（十一）》的出台，加强了对人权的保护，使得整个人权法律保障体系更加完备。值得强调的是，2020 年立法机关还对两部涉及未成年人保护的法律进行了进一步修订和补充。

在司法层面，中国也强化了对人权的保障。由于刑事诉讼中更可能发生侵犯人权，因此，司法机关对于刑事司法中犯罪嫌疑人和报告人的人权保障关注较多。首先，针对备受关注的认罪认罚从宽制度，最高人民法院出台相关文件，监督认罪认罚从宽制度实施情况，防止出现犯罪嫌疑人认罪认罚后不提供相应从宽处罚的现象。其次，新修订的《刑事诉讼法》增加了值班律师制度，最高人民法院也出台相应司法文件予以释明，保障刑事诉讼被告人合法权益。再次，针对正当防卫制度，最高人民法院通过颁布司法解释和典型案例明确了正当防卫的具体适用条件，为公民进行正当防卫和司法机关认定正当防卫划定了更加清晰的标准和界限。最后，针对刑事审判的量刑，最高人民法院出台相关意见明确量刑界限，规范审判行为，保障被告人的人身权利不受非法剥夺。此外，在未成年人保护领域，最高人民法院和最高人民检察院也单独或者联合发布相关文件，聚焦针对未成年人的犯罪行为与黑恶势力利用未成年人犯罪的行为，保护未成年人不受侵害。

一、人权法律保障体系更加完善

（一）民事立法的保护

2020 年《民法典》的颁布，对于人权保护来说是一个里程碑式的事件。《民法典》并不仅仅是之前单行法的整合，更是对当下民事实践中出现的问题的“百科全书”式的解决方案。在本次《民法典》的制定过程中，人格权编的制定引起学术界与实务界的极大争议，最终还是保留单独的人格权编。这一做法所体现的最大意义就在于对“人”的关注与保护。

《民法典》人格权编的单独制定，从民事法角度强化了对于人权的保护，让人民感受到更加全方位的保障。人格权是民事主体对其生命、健康、名誉、肖像等特定的人格利益享有的权利，关系到每个人的人格尊严，是民事主体最基本、最重要的权利。人格权编主要是从民事法律规范的角度规定民事主体人格权的内容、边界和保护方式，不涉及公民政治、社会等方面权利。人格权编规定了人格权的一般规则，并对生命权、身体权、健康权、姓名权、名称权、肖像权、名誉权、荣誉权、隐私权和个人信息保护等做了明确规定。人格权编的重大发展和创新主要有以下几个方面：首先，预防和救济并重，加强人格权保护。人格权编的“一般规定”一章确认了请求权，并细化规定了人格权受侵害后的救济方式，为人格权提供了严密的事前预防和事后救济的保护措施。其次，解决现实问题，回应社会关切。近年来，在人格权保护领域出现了人体基因编辑、性骚扰、深度伪造他人肖像、网络暴力等新情况新问题，引起各方广泛关注，人格权编对这些问题做了有针对性的规定。最后，平衡各方利益，提供明确的行为和裁判指引。人格权保护涉及复杂的法律关系，牵扯各方的利益。人格权编充分平衡各方利益，为民事主体提供了明确的行为规范，为司法机关提供了清晰的裁判依据。[1]

（二）刑事立法的保护

在《民法典》制定的同时，刑法也在保护人民群众生命安全方面发挥更大的作用。2020 年 12 月 26 日，《刑法修正案（十一）》正式通过。针对近年来恶性犯罪低龄化的问题，《刑法修正案（十一）》在第一条明确对刑事责任年龄的调整：在“特定情形、特别程序”的前提下，已满 12 周岁不满 14 周岁的未成年人实施严重暴力犯罪也将承担刑事责任。同时，也规定了明确的实体追诉条件，即仅限于“犯故意杀人、故意伤害罪，致人死亡，或者以特别残忍手段致人重伤造成严重残疾，情节恶劣”的情形；程序上，也增加了“经最高人民检察院核准追诉”的法定程序条件。针对高空抛物、危害公共交通安全的相关事件，《刑法修正案（十一）》也对相关法律条文进行了一定的补充和修正。简言之，本次刑法修正案中关于人权保障的修订主要涉及人民群众生命安全保护。

（三）未成年人的立法保护

2020 年立法工作的另一个重点是涉及未成年人保护的法律修订。2020 年 10 月 17 日，全国人大常委会通过新修订的《中华人民共和国未成年人保护法》（以下简称《未成年人保护法》）。新法将于 2021 年 6 月 1 日起施行。《未成年人保护法》的修订全面回应了未成年人

1　石宏：《民法典人格权编的主要制度与创新》，《中国人大》2020 年第 15 期。

保护工作中的突出问题。随着经济社会和互联网的发展，对未成年人合法权益的侵害问题变得更复杂、更隐秘：监护人监护不力情况严重甚至存在监护侵害现象，校园安全和学生欺凌问题频发，密切接触未成年人行业的从业人员性侵害、虐待、暴力伤害未成年人问题时有发生，未成年人沉迷网络特别是网络游戏问题触目惊心，对刑事案件中未成年被害人缺乏应有保护。为此，对《未成年人保护法》进行了更为系统的修订。

《未成年人保护法》的修订主要有以下几个亮点：一是修订力度大，新增了专门章节。新法增设 60 项条文，增设“网络保护”和“政府保护”两个章节。二是强化各方报告义务，突出检察机关的作用。新法明确了相关组织和个人的报告义务，规定任何组织或者个人发现相关情形，都有权劝阻、制止或向有关部门提出检举、控告。三是多方联动，系统推进预防未成年人犯罪。未成年人保护是一项系统工程。2019 年 10 月，全国人大常委会在启动审议未成年人保护法修订草案的同时，还启动了对预防未成年人犯罪法修订草案的审议。此外，《刑法修正案（十一）》规定了已满 12 周岁不满 14 周岁的未成年人应当负刑事责任的情况，并将收容教养修改为专门矫治教育，以配合未成年人保护相关措施。本次修法亮点颇多，但法律中还存在一些原则性表述等待实践的具体运用。例如，互联网上针对未成年的犯罪涉及“取证难”的问题等，未来还需要进一步探索解决措施。[1]

近年来，未成年人的违法犯罪问题也受到社会广泛关注。2020 年 12 月 26 日，全国人大常委会第二十四次会议通过了修订后的《预防未成年人犯罪法》。该法将从 2021 年 6 月 1 日起实施。修订《预防未成年人犯罪法》的核心，在于处理好未成年人犯罪预防与相关惩治、矫正、保护、教育的关系，在对未成年人罪错行为进行科学分类

1 何挺：《未保法修订：未检工作面临“迭代升级”》，《检察日报》2020 年 11 月 11 日。

的基础上，分别设计有针对性的教育、矫治和惩戒措施，形成完整的分级处置机制。[1] 该法案的通过对于维护社会公平正义、推动破解未成年人违法犯罪“处置难”的问题具有重要意义。

修订后的《预防未成年人犯罪法》的亮点主要集中在三个方面：一是与《未成年人保护法》的修订相呼应。《未成年人保护法》与《预防未成年人犯罪法》属“姊妹篇”。前者注重保护，创造优良环境，最大限度保护未成年人健康成长；后者注重预防，采取教育、干预、矫治、帮教等多种措施，千方百计预防未成年人违法犯罪。全国人大社会建设委员会将两部法律修订草案一并提请全国人大常委会审议，已经考虑了两部法律的衔接。二是将“收容教养”措施改为专门矫治教育。新修订的《预防未成年人犯罪法》中规定的“收容教养”退出了历史舞台，相关措施被纳入专门教育，建立“专门矫治教育”制度。依照修订后的《预防未成年人犯罪法》的规定，对于不满法定刑事责任年龄不予刑事处罚的未成年人，教育行政部门会同公安机关可以决定对其进行专门矫治教育。三是分级干预矫治未成年人偏常行为。新修订的《预防未成年人犯罪法》将未成年人的偏常行为划分为不良行为和严重不良行为等，针对不同等级采取相应措施，进行分级干预矫治。两部与未成年人有关的法律积极联动，有助于未成年人未来的健康成长。

二、人权司法保障机制更加健全

（一）刑事人权的司法保障

2018 年 10 月 26 日，全国人大常委会通过新修订的《刑事诉讼法》，正式确立认罪认罚从宽制度。认罪认罚从宽制度在有效惩治犯

1　王亦君、焦敏龙：《预防未成年人犯罪有“新武器”》，《中国青年报》2020 年 12 月 28 日。

罪、提升诉讼效率、化解社会矛盾、促进社会和谐等方面发挥了重要作用。但是随着制度的深化适用，牵涉范围越来越广，问题越来越复杂，因个案处理引发争议的情况也常有发生。特别是司法责任制改革赋予员额检察官更多的办案权限，伴随着权力的扩大，可能会存在侵犯犯罪嫌疑人人权的问题。最高人民检察院第一检察厅厅长苗生明表示，有必要从制度施行的初期阶段就健全完善相应的监督管理机制，在流程上规范、在风险上提示、在运行中监督，进一步明确办案权限，让检察官办案有规可循、有规必循、违规必究。[1]

2020 年 5 月，最高人民检察院出台《人民检察院办理认罪认罚案件监督管理办法》（以下简称《办法》）。《办法》针对检察官办理认罪认罚案件的权力运行机制、监督管理措施等做出明确规定，目的在于进一步健全办理认罪认罚案件检察权运行的监督机制，加强检察官办案廉政风险的防控工作。

《办法》指出，加强对检察官办理认罪认罚案件的监督管理应坚持四个原则，即对办案活动的监督管理与保障检察官依法行使职权相结合；检察官办案主体职责与分级分类监督管理职责相结合；案件管理、流程监控与信息留痕、公开透明相结合；加强检察机关内部监督管理与外部监督制约相结合。

从内部监督和管理的角度出发，《办法》要求检察官在办理认罪认罚案件的过程中，一是应当依法履行各项法定职责，遵守接待辩护人、被告人及其诉讼代理人的相关规定；二是检察官在办理认罪认罚案件中，如果遇到规定的特殊情况，应当层报部门负责人审核把关、层报检察长（分管副检察长）批准决定，不能自行决定案件走向；三是在规范检察官量刑建议裁量权方面，检察官应当充分听取意见，开

---

1 最高人民检察院：《在流程上规范　在风险上提示　在运行中监督——最高检出台 25 条“硬规”全方位监督认罪认罚案件办理》，最高人民检察院网，2020 年 5 月 18 日。

展控辩协商，依法在权限范围内确定应当向法庭提出的量刑建议；四是对于犯罪嫌疑人罪行较轻且认罪认罚，检察官拟做出不批准逮捕或者不起诉决定的案件，应当报请检察长决定。

从外部监督的角度出发，《办法》对办案部门流程之外的监督部门的监控、督查、约束、惩戒等具体职责进行了明确规范。《办法》列举量刑建议明显不当等七类案件作为重点评查案件，逐案进行评查；还明确检务督察部门应当指导办案部门做好认罪认罚案件廉政风险防控和检察官失职督查惩戒工作。

《办法》一方面适应司法责任制改革要求，简化内部审批程序，最大限度减轻检察官工作负担；另一方面明确员额检察官办案权限，因地制宜制定、划分权力职责。既落实谁办案谁负责、谁决定谁负责的要求，又明示监督部门的职责，从内外部制约监督上着力，在程序上防止权力滥用、以权谋私，从而保护犯罪嫌疑人的合法权利。

在新修订的《刑事诉讼法》中，值班律师制度也是一项重要制度。该制度为进入刑事诉讼程序的犯罪嫌疑人或者被告人提供即时初步的服务，具有广覆盖、便利性等特点。这很好地体现了保障司法人权的刑事司法理念。2020 年 9 月 7 日，最高人民法院、最高人民检察院、公安部、国家安全部、司法部共同发布《法律援助值班律师工作办法》(以下简称《办法》)，对值班律师制度设计、值班律师工作职责、法律帮助工作程序、值班律师工作保障等问题进行了全面系统、具体明确的规定。这标志着值班律师工作规范化制度化建设取得新的进展。值班律师制度是刑事诉讼制度中的重要探索，是中国法律援助体系的重要组成部分。因此，《办法》的制定与实施不仅对值班律师制度本身意义重大，也是对《刑事诉讼法》重要的补充。

相较之前的法律规定与司法实践，《办法》更为体系化和细节化。主要聚焦于以下两大亮点：一是进一步明确值班律师的工作范围与职责。二是进一步丰富了值班律师的权利保障。此次《办法》的制定，对于值班律师在履行工作职责过程中享有的权利予以了明确，主要体现在三个方面：第一，明确值班律师的双向会见权；第二，细化值班律师的阅卷权；第三，完善值班律师的提出意见权。《办法》进一步完善了法律援助值班律师的工作，公安机关对此也高度重视，多措并举推进法律援助值班律师工作开展，保障犯罪嫌疑人、被告人合法权益，保障刑事诉讼顺利进行：一是加强法律援助中心驻看守所工作站建设保障；二是强化值班律师法律帮助制度告知宣传；三是规范看守所值班律师法律帮助工作运行机制。多机关、多部门共同发挥作用，实现刑事司法人权保障的进一步完善。

正当防卫是法律赋予公民同违法犯罪行为做斗争的一种重要权利和手段，是一项基本的刑事实体法权利。中国经过多年的刑法修订，结合相关的指导性案例，逐步明晰了正当防卫的具体界限。司法机关在此基础上将其更加细化和规范化，由此出台了相关规定。2020年9月3日，最高人民法院召开新闻发布会，发布《最高人民法院、最高人民检察院、公安部关于依法适用正当防卫制度的指导意见》（以下简称《意见》），对依法准确适用正当防卫制度做出较为全面系统的规定。同日，最高人民法院、最高人民检察院、公安部三部门联合发布了七个涉正当防卫的典型案例，以案说法，有针对性地阐释适用正当防卫制度需要注意的问题。[1]

《意见》明确了正当防卫的界限，对于正当防卫、防卫过当和特殊防卫的具体适用，《意见》用“十个准确”做出了更加明确的解释，坚决捍卫“法不能向不法让步”的法治精神。一是在正当防卫的具体适用上，《意见》对正当防卫的起因条件、时间条件、对象条件、意图条件进行了更为明确的界定。二是在防卫过当的具体适用上，《意

---

1 阴衍哲：《“正当防卫指导意见出台”丨全面激活：鼓励见义勇为，依法保护正当权利》，澎湃新闻，2020年10月9日。

见》对“明显超过必要限度”、“造成重大损害”以及刑罚裁量做出更具体的解释。《意见》强调，要与现实场景进行综合考量，厘清正当与过当之分，不应当苛求防卫人必须采取与不法侵害基本相当的反击方式和强度。三是在特殊防卫的具体适用上，《意见》对“行凶”“杀人、抢劫、强奸、绑架”“其他严重危及人身安全的暴力犯罪”分别做出了明确的认定，指出刑法第二十条第三款规定的“杀人、抢劫、强奸、绑架”，是指具体犯罪行为而不是具体罪名。对于“其他严重危及人身安全的暴力犯罪”，应当与“杀人、抢劫、强奸、绑架”行为相当，并具有致人重伤或者死亡的紧迫危险和现实可能的暴力犯罪。[1]

正当防卫是法律赋予公民的权利。此次《意见》的出台，目的是强调要依法准确适用正当防卫制度，维护公民的正当防卫权利，鼓励见义勇为，弘扬社会正气。鼓励见义勇为、依法保护公民的正当防卫权利是完全必要的，但也必须注意和强调，“松绑”必须在法治框架内进行，要切实防止从一个极端走向另一个极端。

（二）未成年人的人权司法保障

司法机关关注的另一个焦点性问题是未成年人权利保护问题。2020 年密集出台了大量的文件严惩针对未成年人的犯罪行为。2020 年 4 月底，最高人民检察院印发《最高人民检察院关于加强新时代未成年人检察工作的意见》；5 月初，最高人民检察院等九部门印发《关于建立侵害未成年人案件强制报告制度的意见（试行）》。这两份意见为解决未成年人犯罪问题提供了更加完备的制度。首先，设立一站式办案机制，集中办理未成年人犯罪业务，从严从快处理案件；其次，广泛动员社会群众，建立强制报告机制，及时有效干预，形成社

1 《最高人民法院、最高人民检察院、公安部印发〈关于依法适用正当防卫制度的指导意见〉的通知》（法发〔2020〕31 号），2020 年 8 月 28 日发布。

会合力；最后，要狠抓落实，明确义务主体，建立追责激励机制。两份意见的出台不仅回应了社会关切，也为各部门进行未成年人保护工作提供了切实可操作的指导。

近年来，黑恶犯罪组织成员呈低龄化发展趋势。更有黑恶势力利用刑法关于刑事责任年龄的规定，有意将未成年人作为发展对象以规避刑事处罚，严重损害未成年人身心健康，危害社会和谐稳定。2020 年 4 月 23 日，最高人民法院、最高人民检察院、公安部、司法部联合发布《关于依法严惩利用未成年人实施黑恶势力犯罪的意见》，该意见突出打击重点，依法从严惩治利用未成年人实施犯罪的行为，坚决贯彻宽严相济、区别对待的刑事政策，对偶尔参加黑恶势力的未成年人采取教育、感化、挽救的方针。同时注重由点及面，推进源头治理，深挖黑恶势力犯罪分子利用未成年人实施犯罪的根源。总之，预防未成年人犯罪需要社会多方参与，发挥社会合力。

2020 年 6 月 1 日，最高人民检察院发布《未成年人检察工作白皮书（2014—2019）》（以下简称《白皮书》）。《白皮书》总结了 2014—2019 年全国检察机关的具体做法和工作成效，明确了未成年人检察工作的突出问题和发展方向，引发各界广泛关注。《白皮书》通过分析检察机关办理未成年人案件的各项数据，指出了中国未成年人检察工作成绩与差距同在的现状。总体上看，中国未成年人司法保护形势趋稳向好，成效明显。未成年人犯罪形势走向乐观，司法政策基本得到较好落实。尽管近年来未成年人检察工作取得了巨大进展，但稳中有变、好中有忧，一些新情况、新问题值得我们关注。例如未成年人犯罪形态更加复杂多样，侵害未成年人犯罪多发高发，侵害未成年人犯罪趋于暴力化，各地落实“少捕慎诉”政策程度不一，等等。为此，在接下来的工作中，检察机关必须要坚持依法惩戒和精准帮教相结合，严厉打击侵害未成年人犯罪，加强检察机关机构建设，推动未成年人保护社会治理现代化建设。

第四节

司法舆情：呼唤公平正义[1]

新冠疫情与世界变局贯穿着2020年全年的舆情场域与话语空间。以李文亮医生事件引发的训诫合法性问题为导火索，如何在公共卫生事件突发之时保证对公权力运行的监督与制约，成为2020年开年法治舆情的第一个焦点。与此同时，随着中国依法科学防疫工作的全面展开与国际防疫形势的深刻变化，中国道路与制度自信的公共议题日渐凸显。疫情防控既是检验我国当前治理体系和治理能力的一次大考，也是推进国家治理体系和治理能力现代化的一堂大课。国际上，突如其来的新冠疫情加剧了中美贸易战，全球关注的孟晚舟案迎来第一个判决结果，法院认定孟晚舟符合“双重犯罪”标准，未能获释。与此同时，特朗普连续签署两份行政令，禁止受美国司法管辖的个人和实体与TikTok和WeChat进行交易。从利用《反海外腐败法》强制收购法国阿尔斯通，到以国家安全为由封杀中国企业，法律已然成为美国发动经济战的重要武器。

在国内，经过改革开放以来的持续快速发展，中国社会主要矛盾已经转化为人民日益增长的美好生活需要和不平衡、不充分的发展

1　本节写作感谢以下北京大学法学院研究生：郭雅颂、蔺绍春、叶山·叶尔布拉提、夏宗汉、史佳楠、林玲、卢奕吟、马鸣蓝、梅林燕、郭笑多、籍蕾、刘佳欣、王加骥。他们完成了大部分工作。

之间的矛盾。人民在民主、法治、公平、正义、安全、环境等方面的要求不断提高。从民众热议司法部公布的《外国人永久居住条例（征求意见稿）》，到首例涉证券领域犯罪人员适用“从业禁止”宣判，再到“蛋壳”爆雷和蚂蚁集团暂缓上市，这些处于舆情焦点的案件既体现着当前群众参与社会治理的诉求日益突出，也彰显了国家对金融犯罪的零容忍与规范资本市场的坚定决心。

此外，这一年来的法治舆情还聚焦于社会民生领域，尤其是以“张玉环案”为代表的冤假错案纠正和一系列涉及教育公平、未成年人性侵的重大热点案件。一切为了人民，是法治中国的突出标志之一。努力让人民群众在每一项法律制度、每一个执法决定、每一宗司法案件中都充分感受到公平正义，这不仅成为对人民群众做出的庄严承诺，也成为法治中国建设过程中的切实遵循。

一、疫情防控与法治保障

（一）李文亮事件再思考：训诫合法性问题引热议

2020 年 2 月 7 日，李文亮医生经抢救无效不幸逝世，此事件引发舆情高度关注。3 月 19 日，国家监察委员会调查组发布《关于群众反映的涉及李文亮医生有关情况调查的通报》，厘清了事件的来龙去脉，并认定“中南路派出所出具训诫书不当，执法程序不规范”。随后，武汉警方做出“撤销训诫书，向李文亮家属道歉”的通报，同时对相关责任人做出处理。李文亮事件在网络上引发了对训诫行为合法性的探讨。

训诫行为是行政机关的行政活动，属于广义上的行政行为。但对于李文亮事件中训诫行为的法律属性，理论上存在三种不同看法：一是行政处罚说。西南政法大学王学辉教授认为，训诫本质上是书面形式的警告，应当认定为行政处罚的一种，属于声誉罚或者精神罚。

训诫行为在主体、程序、行为对象及行为的应罚性与可罚性上，都和行政处罚具有相同基础。同时，训诫也具有行政处罚的制裁性、处分性等特征，实际上是在警告和提醒当事人行为的违法性。此外，训诫也很好地体现了行政处罚罪责平衡与预防的功能，对当事人起到处罚与教育的作用。[1] 二是批评教育说。西北政法大学姬亚平教授提出，训诫其实是批评教育在法言法语上的表达，不同于行政处罚的警告和通报批评，不具有制裁性，仅仅是一种“告诫”。从实体上讲，告诫的依据就是处罚与教育相结合的原则，无须具体的条款。从程序上讲，告诫的程序法律没有规定，行政机关享有较大的自由裁量权，符合程序正当原则即可。从形式上讲，做出告诫应当制作《告诫书》，法律对告诫书的内容没有明确规定，不需要告知当事人救济权利。综上，训诫应当属于教育措施，不违背依法行政原则。[2] 北京德恒律师事务所程晓璐律师也认同这一说法，认为，在行政处罚的法律规定中没有“训诫”的说法，它是行政机关或司法机关可以采取一种教育措施，是告诫、警示、批评和教导。[3] 三是事实行为说。西南政法大学林金咏博士认为，本案涉及的训诫行为是一种事实行为，属于规制性行政指导行为。训诫行为对相对人具有事实上的压力，但不具有法律上的强制力。[4] 西南政法大学徐庭祥博士在此基础上进一步指出，合法的训诫行为应当具有附随性。[5]

由于对训诫行为定性存在不同看法，公安机关处理李文亮事件

---

1 王学辉：《公安机关对李文亮的“训诫”行为的行政法分析》，“公法之声”公众号，2020 年 2 月 8 日。

2 姬亚平：《训诫的法律分析》，“西北公法学”公众号，2020 年 2 月 14 日。

3 程晓璐：《浅谈公安机关对李文亮“训诫”的法律性质分析》，“法治早餐”公众号，2020 年 2 月 10 日。

4 林金咏：《对李医生的训诫行为系违法的“规制性行政指导”——兼论网谣治理中前置性训诫行为的合法性》，“公法之声”公众号，2020 年 2 月 19 日。

5 徐庭祥：《训诫有其合法性，但单独实施属于超越职权》，“公法之声”公众号，2020 年 2 月 10 日。

的合法性问题也备受争议，主要观点有三：一是认为公安机关有权实施训诫，但在本事件中实施方式不合法。如王学辉指出，不宜以“训诫书”的形式进行所谓的“警示”，而应当直接做出“行政处罚决定书”，以“训诫书”代替“行政处罚决定书”是没有法律依据的。[1]二是认为“训诫”行为本身就无法可依。如清华大学法学院陈新宇副教授指出，作为行政性处置措施没有《立法法》第7条所规定的法律依据，这种训诫权并非公安机关享有的权力，而应当由人民法院行使。[2]三是认为训诫不合法的原因在于，李文亮的行为本身不具有违法性。如程晓璐、林金咏指出，公安机关认定其“严重扰乱社会秩序”属于定性错误，训诫应当被撤销。[3]

参考相关法律规定，训诫在刑法中的适用对象是“犯罪情节轻微不需要判处刑罚的”，在《刑事诉讼法》中的适用对象是“证人没有正当理由拒绝出庭或者出庭后拒绝作证的”，在民事诉讼法中的适用对象是“违反法庭规则的”。同时，现行治安管理处罚法中对中国公民的处罚种类只有四种：警告、罚款、行政拘留、吊销公安机关发放的许可证，公安机关只能采取“当场训诫”的行为，没有其他适用训诫的情形。然而，在没有法律明文规定的情况下，一些地方公安机关开具训诫书已成惯常做法。因此，训诫行为的合法性亟待权威定性和立法规范。[4]

对此，法律界学者与专业人士提出相关建议。一是应当规范训

1 王学辉：《公安机关对李文亮的“训诫”行为的行政法分析》，“公法之声”公众号，2020年2月8日。

2 陈新宇：《论训诫》，“法学学术前沿”公众号，2020年2月10日。

3 程晓璐：《浅谈公安机关对李文亮“训诫”的法律性质分析》，“法治早餐”公众号，2020年2月10日；林金咏：《对李医生的训诫行为系违法的“规制性行政指导”——兼论网谣治理中前置性训诫行为的合法性》，“公法之声”公众号，2020年2月19日。

4 路治欧：《疫线观察丨公安出具训诫书，亟待权威定性和立法规范》，猛犸新闻，2020年3月20日。

诫的行使，严禁训诫的单独适用，制定《公安机关实施训诫程序规定》。[1]二是加强对行政执法的监督，执法规范化不仅保护管理相对人，也同样保护执法者自身。[2]三是给予当事人对训诫行为依法提出行政复议或行政诉讼的权利，以防止公安机关滥用。[3]如何更好地规制行政行为，保障行政相对人合法权益，依然是在建设法治国家的道路上不可忽视的重要命题，也是李文亮事件给予社会的启示。

（二）私权保障的争议与挑战

2020 年 12 月，成都突发疫情，不少舆论将矛头对准了其中一名确诊病例赵某。在当地通报该病例曾到访多家酒吧后，其姓名、身份证号、家庭住址等个人信息在各大平台开始流传。12 月 9 日中午，成都成华区公安局表示，转发信息的男子王某已被依法予以行政处罚。该事件引发“疫情防控下个人隐私保护问题”的讨论。

第一，个人生活不应该是公共议题。新闻联播主持人海霞表示，四川省成都市确诊病例对疫情传播该负什么责，还需调查认定；即使真有责任，这也不是曝光其信息的理由。她的个人生活不该是公共话题，防疫才是。我们的敌人是病毒，不是感染病毒的人。战疫要讲科学，也要讲法治。[4]第二，疫情防控不容添乱。《潇湘晨报》指出，通报确诊患者的活动轨迹原为配合疫情防控工作，却因涉及酒吧、美甲店等成为网暴者揣测评判他人私生活的依据，这无疑是对患者的二次伤害；同时，这些无关疫情的言论分流了公众对疫情

1　林金咏：《对李医生的训诫行为系违法的“规制性行政指导”——兼论网谣治理中前置性训诫行为的合法性》，“公法之声”公众号，2020 年 2 月 19 日。

2　王学辉：《公安机关对李文亮的“训诫”行为的行政法分析》，“公法之声”公众号，2020 年 2 月 8 日。

3　姬亚平：《训诫的法律分析》，“西北公法学”公众号，2020 年 2 月 14 日。

4　《央视评成都确诊女孩信息遭泄露》，央视新闻，2020 年 12 月 9 日。

的注意力，给严肃的疫情防控工作添乱。[1]第三，过度苛责绝不可取。《成都日报》表示，顺着绷紧的节奏，将对疫情的恐慌上升为对个人生活的指点，甚至无端谩骂，属于反应过度。保持平和心态和理性态度，消除内心恐惧，才能更好地缓解焦虑情绪，汇聚起做好常态化疫情防控的正能量。[2]

突发的疫情给舆论场带来的紧张与不满情绪，致使部分舆论将确诊患者作为泄愤的对象，肆意侵犯个人隐私并进行人身攻击。在疫情防控常态化的大背景下，疫情零星的反复的确为生活工作带来了挑战与不便。但各地在防控、应急管理与舆情应对的工作中，不仅应通过信息公开等多种形式化解负面情绪，保障群众知情权[3]，也应形成精细化的隐私保护机制，保护患者的隐私权。

我国《传染病防治法》对个人信息保护具有明确规定，力图在公共卫生与个人信息保护之间寻求一种平衡。一方面，由于公共卫生和传染病防治的需要，个人信息可以被强制收集和使用。其主要体现在相关主体有义务“如实提供有关情况”。这切实保障了公众的知情权，强化了大众疫情防控意识和能力。发布流调报告，公开确诊病例活动轨迹，已经成为疫情防控的重要手段，也是成功防控疫情的科学手段。另一方面，因为公共卫生、传染病防治而对个人信息自主权的侵入，也必须有边界。这就需要对收集、使用、存储个人信息的公共权力机构进行必要的“反向限制”。《传染病防治法》禁止疾控机构、医疗机构泄露个人信息并辅以相应法律责任的制度设计，就是此类“反向限制”。[4]但与此同时，我国《传染病防治法》在个人信息的收集、存储、使用、披露、被遗忘和个人信息泄露后的责任问题等方面

1 《成都确诊女孩被网暴？严肃的疫情防控不容添乱》，新华网，2020 年 12 月 10 日。

2 《过度苛责绝不可取》，《成都日报》2020 年 12 月 8 日。

3 《成都疫情的 B 面：“他者”视角下的次生舆情与风险》，人民网，2020 年 12 月 10 日。

4 《寻求疫情防控与个人信息保护的平衡》，澎湃新闻，2020 年 3 月 18 日。

的规定尚不明晰。

反思《传染病防治法》的不足，不仅是为了更好地实现公共卫生与个人信息保护的平衡，更是希望在疫情尚未结束、抗疫仍在进行的当下，公共权力部门“想立法之未想”，认真、慎重对待个人信息及其背后涉及人格尊严的宪法权利。上海、北京等地选择“只提地点不提人”，隐去确诊病例的性别、年龄等个人信息，为各地平衡大众知情权和病例隐私权提供了可参考的道路，精准拿捏了公权和私权的边界，在疫情防控和尊重个人隐私之间找到了平衡。疫情防控既是检验我国当前治理体系和治理能力的一次大考，也是对推进国家治理体系和治理能力现代化所上的一堂大课。在此次疫情中，平衡好患者隐私权与公众知情权以及公共利益之间的关系，切实保障每一位公民的隐私权，是精准和科学防控疫情的应有之义，也是公共管理精细化的应有之策，绝不可让疫情防控变成随意泄露个人隐私的借口与通道。

二、孟晚舟案件：美国陷阱与法律战争

在中美博弈的全球格局下，孟晚舟案不仅是一场法律战争，更释放着关乎中美关系未来走向的先锋信号。美国新政府上台后，中美关系迎来新的转机。在经历中美之间的较量之后，这场世界瞩目的案件最终于 2021 年 9 月以和解的形式迎来了孟晚舟的无罪释放，这无疑是中国外交的重大胜利。

第一，双重犯罪：法律主战场。孟晚舟被引渡到美国的核心法律问题是加拿大《引渡法》的“双重犯罪”原则，即被指控的行为必须在要求引渡的国家和嫌疑人目前所在的国家都被认定为是犯罪行为。孟晚舟的法律团队表示，该案件的本质是美国对伊朗的制裁，而加拿大并没有针对伊朗的制裁，因此孟晚舟面临的指控在加拿大并不构成犯罪，引渡请求不满足“双重犯罪”的要求。检方认为，孟晚舟

被引渡是因其误导汇丰构成欺诈行为，美国制裁伊朗可以被视为孟晚舟欺诈行为发生的一个法律背景，而非其被引渡的理由。[1] 加拿大不列颠哥伦比亚最高法院副首席大法官福尔摩斯认定并原文引用了检方“孟晚舟案的本质是欺诈”意见，认为孟晚舟应对华为“涉嫌违反美国制裁条款和伊朗方面交易”负责，而这种“行为”会对加拿大境内的企业和个人利益构成侵害。[2]

在美国联邦调查局的告知下，加拿大联邦警察和边境服务局在温哥华国际机场逮捕孟晚舟不只是司法行为，更是美国与加拿大的一次联合政治行动。负责逮捕孟晚舟行动的加拿大联邦警务国家安全部门在逮捕前对逮捕行动进行评估认为，逮捕具有“高度政治性”，并将“引发全球性的震荡波”。[3] 孟晚舟案眼下引渡程序远未走完，理论上最终结果的出台也尚需时日，但鉴于时下复杂的国际形势及各方政治的角力，孟晚舟案也许会陷入“持久战”的旋涡。[4]

第二，科技竞争：经济大战场。华为在5G等高新技术领域具有领先优势，这引发美国担忧，并发布各种禁令限制华为发展。孟晚舟案是美国压制华为发展，滥用引渡条例，联同英、加对中资电讯企业的围剿大阴谋。2016年，美国对华为展开“艾尔卡彭”战略式调查，正式打压华为。2018年，美国总统特朗普签署《2019财年国防授权法案》，要求美国政府机构禁止从华为购买设备和服务，同时联合西方国家对华为展开围剿，拒绝华为5G技术和服务入境。[5]

孟晚舟案是美国打倒华为的战术，美国试图通过孟晚舟来制衡

1 《孟晚舟引渡案正式开庭，她被引渡至美国的可能性有多大？》，《新京报》2020年1月21日。

2 《孟晚舟案裁决："双重犯罪"的认定意味着什么？》，《新京报》2020年5月28日。

3 《孟晚舟案再次开庭，律师团队认为汇丰银行配合美国构陷孟晚舟，加方承认逮捕具有政治性》，每日经济新闻，2020年6月16日。

4 《孟晚舟案裁决："双重犯罪"的认定意味着什么？》，《新京报》2020年5月28日。

5 《孟晚舟案揭美英加合谋抢5G肥肉　法庭文件证实汇丰出卖华为》，《大公报》2020年6月8日。

华为，汇丰银行配合美国出卖客户，对孟晚舟进行了构陷。[1] 在此期间，美国还通过发布贸易禁令，使台积电、中芯国际、华虹宏力等中外大量采用美国设备的代工厂和封测厂需获得美国许可后才可为华为代工芯片产品，这相当于控制了华为的命脉。美国司法部不仅针对孟晚舟女士进行指控，还以银行欺诈、电信诈骗、违反美国对伊朗经济制裁等 23 项罪名指控华为。华为不仅需要应对美国政府的调查和刑事指控，还可能遭遇到一系列的跨境商事纠纷，从而导致其全球供应链被干扰。华为表示，美国下令逮捕孟晚舟是非法滥用程序，背后有政治因素驱动，而非出于法治考虑。[2]

第三，中美关系：政治后战场。2018 年中美贸易战以来，美国并非仅针对华为进行打击，而是对中国整个高新产业进行打压，孟晚舟案成为中美贸易谈判的正面交锋。首先，特朗普曾表示，愿意把孟晚舟案列为中美贸易谈判的筹码之一。其次，加拿大执法机构在温哥华国际机场逮捕孟晚舟的过程中，存在程序滥用的行为。最后，美国提交的《案件记录》和《案件补充记录》中存在误导性内容，美方向加方提供的案件记录文件存在“重大遗漏和错误陈述”。[3]

面对美方压制，中国外交部发言人赵立坚表示：“美加两国滥用其双边引渡条约，对中国公民任意采取强制措施，严重侵犯中国公民的合法权益，这是一起严重的政治事件。”[4] 孟晚舟律师表示：“对华为创始人的女儿孟女士的临时逮捕，似乎明显是为了创造一个潜在的谈判筹码，而这是与国际经济、政权和贸易相关的更为重要的政治战略的一部分。”[5] 哥伦比亚大学教授杰弗瑞·萨克斯甚至将孟晚舟案描述

1 《美国对孟晚舟案的布局或始于 2012 至 2013 年》，环球网，2020 年 9 月 7 日。

2 《华为发布四点声明：下令逮捕孟晚舟是非法滥用程序》，环球网，2020 年 5 月 9 日。

3 《孟晚舟再次出庭，律师指加美双方涉嫌“程序滥用”》，腾讯网，2020 年 9 月 29 日。

4 《孟晚舟案裁决在即　中方：加方应立即释放孟晚舟并确保其平安回国》，中国新闻网，2020 年 5 月 26 日。

5 《孟晚舟案新进展！加美当局非法引渡证据已提交法庭》，搜狐网，2020 年 8 月 22 日。

为对华为的战争。

在中美博弈的全球格局下，孟晚舟案是一场法律战争，更释放着关乎中美关系未来走向的先锋信号。

三、社会治理与法治思维

（一）司法部公布《外国人永久居住条例（征求意见稿）》引热议

居留权是指一国政府根据本国的法律给予外国人在本国境内停留或者居住的权利。[1] 2020 年 2 月 27 日，司法部就新拟定的《外国人永久居住条例（征求意见稿）》（以下简称《条例》）进行网上意见征集，消息一出，社会各界反响剧烈。3 月 7 日，司法部和移民管理局对公众的巨大争议做出官方回应。有关负责人表示，《条例》目前尚处于向社会征求意见阶段，将按照科学立法、民主立法、依法立法的要求，对公众所提的意见建议，认真深入地予以研究。《条例》在充分吸纳公众意见、进一步修改完善之前不会仓促出台。[2]

居留权从属于基本人权中的迁徙自由。一个主权国家有权规定给予外国人居留的条件、期限及在居留期间所享有的待遇等。根据国际惯例与通行标准，各国对于合法进入本国的外国人会给予不同的居留期限。有限期的居留被称作限期居留，无限期居留则是永久居留。永久居留权是指被容许在某国居留而不受期限限制的权利。拥有永久居留权的人被称为“永久居民”。永久居留权制度俗称“绿卡”制度，是一国政府允许符合一定条件的外国人在本国永久居留的法律制度。[3]

1　参见翁里：《国际移民法理论与实践》，法律出版社 2010 年版。

2　《外国人永居条例引争议　司法部：修改完善前不会仓促出台》，《新京报》2020 年 3 月 7 日。

3　张庆元、刘小敏：《论我国外国人永久居留权制度的完善》，《武汉大学学报（哲学社会科学版）》2012 年第 2 期。

在美国新社群主义学者埃兹尼奥看来，作为社群的国家本身具有开放性，这种开放性促进了不同社群之间的交流，同时也是对个人加入以及退出某一社群自由的保障。从现实角度来看，开放居留权可以使一国融入全球市场，充分借鉴、互通、共享全球资源。以发达国家的移民政策为例，第二次世界大战后，美国的绿卡制度为其带来了数量可观的优秀人才，这些被赋予永久居留权的移民给美国社会注入了创新的活力。此外，劳动力移民也弥补了发达国家中低端层次劳动力的缺口，澳大利亚的移民政策就不断向中低端的国际劳动力送出橄榄枝。

当然，开放居留权制度也会带来负外部性，典型的弊端是群体之间矛盾（这种矛盾多基于人种、宗教、文化等因素）的调和以及国际人口流动带来的疾病、资金、族群比例等的失控。此外，庞大的福利开支也是一些国家面临的问题。最难控制的便是族群比，其中包括人种比例、性别比例等。

针对本次永居条例的出台，舆论普遍认为操之过急，立法技术不够精良，配套措施亦不够完善。对现有永居条例意见稿的反对观点可以归纳为如下几类：一是获得永居条件较为宽松，不利于移民数量和质量的把控。永居条例草案第 13—17 条规定了在中国申请永居的条件，具体可以归纳为三类，即投资移民、技术移民、婚姻家庭团聚移民。相比西方发达国家，该条例设置的移民条件较为宽松。舆论认为，中国的国情（人口众多、发展不均衡）使得中国事实上要在移民条件上严苛于目前的一些典型移民国家。而对这一点的辩护是中国的移民审核实际上相当严苛，因为从过去的数据看，中国的移民审批强度远高于西方典型国家。

二是立法技术上未能有效解决假移民问题。假移民的讨论主要集中在投资移民条款，认为该条极易使中国成为国际金融犯罪的“避风港”，更有意见指出，从当前中国的社会福利制度来看，投资移民是一款不经济的规定。假移民的另一个讨论集中在超国民待遇上，认为很多条款对外国人的条件优于国人，容易产生超国民待遇，引起国人的不满。

三是对未来可能带来的影响未做充足考虑，其中的男女比例失衡、国内男青年的配偶权是聚焦点。中国国内自计划生育实行以来出现了性别比例的失衡，大量的弱势男青年不易寻得配偶，在该种情况下开放永居权使得部分网民担心加剧国内单身弱势青年的不利处境，引起潜在的骚动。更可能令中国面临过去未曾出现过的人种问题，例如婚姻市场的竞争和子代中非亚洲人的数量不断膨胀。但也有反对意见认为，该观点缺乏事实支撑，并削弱了婚姻自由，缺乏严谨的论证。

当前我国的发展阶段与国际背景使得外国人永久居住条例的制定势在必行。但是永居条例的制度的设计必须在充分解决当下问题的同时也为将来做好铺垫。具体而言，永居条例要做到几下几点：一是符合我国的国情，顺应国内民众的合理期待。二是立法技术上谨慎论证，与现有法律相协调，与现有政策相一致，最主要的是符合我国宪法的规定与精神。三是做好配套实施方案，例如，批准权限如何安排，监察体系是否能合理介入，具体落实情况如何反馈，等等，这些都是需要考虑的问题。总而言之，永居条例需精细论证，以国家利益为本，兼顾国际道义，徐徐图之。

（二）我国首例涉证券领域犯罪人员适用“从业禁止”宣判

2020 年 5 月 26 日，上海市第二中级人民法院对宁某、樊某内幕交易案做出宣判，判决宁某有期徒刑一年，同时对其处以“从业禁止”，即禁止宁某自刑罚执行完毕之日起三年内从事证券相关职业。作为全国首例对涉证券领域犯罪的从业人员适用“从业禁止”的案件，本案对明确“从业禁止”在刑法上的定位、遏制证券犯罪、防范化解重大金融风险具有重大意义。

中共十九大报告将防范化解重大风险列为“三大攻坚战”之首，金融风险是其中的重要一环。在本案中，原任职广州某证券公司项目经理的宁某，全程参与一并购重组项目，在利用其职务便利获取内幕信息后，与其妻樊某在内幕敏感期内，共同商量、筹集资金、操作股票，非法获利 17 万余元。公诉机关指控二人犯内幕交易罪成立，并当庭建议法庭对宁某适用“从业禁止”。这样做的原因在于，职业犯罪具有一定的专业性，传统刑罚手段不足以预防特定行业的犯罪分子，在刑满释放后回到其任职领域中再次开展犯罪活动，进而扰乱行业秩序、破坏公平竞争。金融领域更是具有敏感性强、脆弱性高的特点，以此类具有保安处分性质的非刑罚措施对犯罪分子进行从业限制，可以在一定程度上维护金融稳定运行。因此，本判决也是司法系统对防范化解金融风险做出的重要努力。

“从业禁止”制度最初由《刑法修正案（九）》确立。根据刑法第三十七条之一[1]，“从业禁止”需要满足以下四个条件：一是行为人已经实施了犯罪行为；二是行为人利用职务便利或违背了特定职业要求实施犯罪行为；三是行为人因其犯罪行为而被判处刑罚；四是法院根据“犯罪情况和预防再犯罪的需要”裁量判断。[2]在司法实践中，“从业禁止”适用的相关争议体现在三方面。

一是对“相关职业”的认定。有观点认为，对“职业”没有特殊要求，因此本罪的犯罪主体为一般主体；另外“职务”是职业的下

---

1 《刑法》第三十七条之一：“因利用职业便利实施犯罪，或者实施违背职业要求的特定义务的犯罪被判处刑罚的，人民法院可以根据犯罪情况和预防再犯罪的需要，禁止其自刑罚执行完毕之日或者假释之日起从事相关职业，期限为三年至五年。被禁止从事相关职业的人违反人民法院依照前款规定作出的决定的，由公安机关依法给予处罚；情节严重的，依照本法第三百一十三条的规定定罪处罚。其他法律、行政法规对其从事相关职业另有禁止或者限制性规定的，从其规定。”

2 王震：《浅析刑法修正案（九）中的“从业禁止”之规定》，中国法院网，2015 年 12 月 22 日。

位概念，因此行为人利用职务便利犯罪的，也可以成为“从业禁止”的对象。[1] 另有学者认为对“相关职业”的判断需要考虑以下两个条件：一是具有利用该职业再犯罪率较高[2]；二是相关职业的范围必须与犯罪人的再犯危险性相适应[3]。

二是对“刑罚执行完毕”的认定。一般认为，“刑罚执行完毕”仅指主刑的执行，不包括附加刑的执行。另外，对于被判处管制的行为人是否可以适用“从业禁止”可能存在争议，有观点认为，管制本身蕴含着允许劳动的精神，故不应当适用“从业禁止”。[4] 但也有观点指出，“从业禁止”对特定职业进行限制不违背允许和鼓励劳动的整体精神，故管制执行完毕后也可适用“从业禁止”。[5]

三是刑法中“从业禁止”与其他法律法规中规定的“从业禁止”之关系。我国多部法律法规中规定了类似的“从业禁止”制度。对于刑法与其他法律法规中“从业禁止”规定的竞合问题，根据刑法第三十七条之一，应当首先考察相关法律、行政法规中有关“从业禁止”的条件和期限，而不需要拘泥于刑法第三十七条之一的三年至五年之限制，以使得刑法与其他法律法规相互衔接和协调。[6]

本案判决从侧面表现出，“从业禁止”在金融司法实践中开始得到适用，其防范化解金融风险的功能正在逐渐发挥。但是，关于“从业禁止”的具体应用，还有许多细节仍待完善。如在审理中，应当通过指导意见、典型案例等方式，指导基层法院使用“从业禁止”规定，帮助一线法官明确“从业禁止”的适用范围、条件和对象，敢

---

1 王震：《浅析刑法修正案（九）中的“从业禁止”之规定》，中国法院网，2015 年 12 月 22 日。
2 李灿：《〈刑法修正案（九）〉中职业禁止条款理解与适用》，《湖北工业职业技术学院学报》2016 年第 5 期。
3 武晓霞：《论〈刑法修正案（九）〉关于职业禁止的规定》，《政治与法律》2016 年第 2 期。
4 陈山：《“职业禁止”中的“刑罚”如何理解》，《检察日报》2015 年 9 月 7 日。
5 武晓霞：《论〈刑法修正案（九）〉关于职业禁止的规定》，《政治与法律》2016 年第 2 期。
6 王震：《浅析刑法修正案（九）中的“从业禁止”之规定》，中国法院网，2015 年 12 月 22 日。

用、会用“从业禁止”惩治犯罪。在执行中，应当与社区矫正机关、证券、市场等重点行业主管部门沟通衔接，建立相关信息库，依法披露案件信息，审核并排除被依法判处“从业禁止”人员的招录。在监督中，“从业禁止”的裁判、执行以及执行完毕后的复权应当被纳入检察监督范围，一方面充分发挥“从业禁止”的惩戒和警示作用，另一方面也保护行为人的劳动权利不会受到过度的限制。[1]

（三）长租公寓“蛋壳”爆雷引发热议

2020年12月3日，广州蛋壳公寓一租客坠楼身亡的新闻将“长租公寓爆雷”的话题推到了风口浪尖。“蛋壳事件”并非长租公寓问题频现的开端，“爆雷”带来的严重影响也引起了各界的持续讨论和关注。长租公寓作为一个新兴行业具有其积极性，盲目打压非明智之举，“如何监管”才是关键。法律思维与法治方式在此过程中将起到重要作用。目前已有多座城市发布监管新规，长租公寓进入“强监管时代”，仍未来可期。

2018年以来，长租公寓企业频频“爆雷”。据天眼查统计，至2020年11月，因资金链问题，全国已经注销或吊销的长租公寓相关企业约有170家，占相关企业总量的15%。从已“爆雷”的上海的寓见、青客等品牌公寓的教训来看，除大量依赖“租金贷”饮鸩止渴外，采取“长收短付”、竞价圈房等不正当竞争方式做大规模是长租公寓平台资金链断裂的主要原因。[2] 此外，在新冠疫情的强烈冲击下，长租公寓入住率明显下降，这放大了平台的资金链紧张问题。2020年，“蛋壳们”的相继爆雷似乎已不可避免。

1　周栋梁：《依法适用“从业禁止”更好预防犯罪》，《人民公安报》2020年6月4日。

2　《长租公寓三年“爆雷”逾百家　谨防资本冒险裹挟租客“埋单”》，新华网客户端，2020年11月30日。

长租公寓的运营涉及房东、租客与平台等多方主体，其经营模式涉及两个重要概念：一是“长收短付”，即平台从房东处承租房屋时，约定租金按月支付，而将房屋转租给租客时则约定租金按年支付。[1]利用租金支付的周期差，长租公寓截留的款项可形成资金池用于继续高进房屋或者投资理财。二是“租金贷”，即平台让租客向金融机构借贷，由金融机构替租客一次性付清全年的房租，租客每月还款，平台则将这笔钱用于向房东月付租金和扩大经营。“租金贷”缓解了租客的压力，保证了业主的租金收入，增大了平台的资金池，可谓“一举三得”。[2]然而当“租金贷”遇上“长收短付”，一旦平台因经营不善跑路进而无法继续履行合同，租客和房东都将陷入窘境。

长租公寓涉及多方主体、多重法律关系，相关合同的性质影响着法律适用、诉讼管辖、合同约束力等问题，对案件的处理十分关键。实践中，各长租公寓平台与房东签署的合同名称繁多，例如《资产委托管理服务合同》《房屋出租委托代理合同》《委托经营合同》等，给合同的定性带来困难，法院的判例也存在不同观点。但并非合同名称中有“委托”二字，就是委托合同。[3]根据《最高人民法院关于经济合同的名称与内容不一致时如何确定管辖权问题的批复》的规定，当事人约定的合同名称与合同约定的权利义务不一致的，应根据合同约定的权利义务内容来确定合同性质。委托合同中受托人的义务是依据委托人的授权处理某项委托事务，其权利仅为收取处理该项事务的报酬；受托人依据委托处理该项事务的后果，由委托人承担。而租赁合同中承租人的义务是向出租人支付租金，其权利是根据约定使

---

1 《关于长租公寓的法律思考（一）》，法律研讨，2020 年 12 月 1 日。

2 《长租公寓“爆雷”不断 “租金贷”模式将走向何方?》，央视新闻综合，2020 年 11 月 18 日。

3 《关于长租公寓的法律思考（一）》，法律研讨，2020 年 12 月 1 日。

用房屋（居住或收益）；承租人使用租赁房屋经营收益亏损由承租人自身承担。因此，房东和长租公寓之间的合同性质定性要具体问题具体分析，要从双方之间合同的权利义务特征的实质来分析，不能仅凭名称一概而论。

尽管问题频发，长租公寓平台作为一种新兴业态所具有的积极性仍不可忽视，其满足了当下年轻人的租赁需求，是解决我国租赁市场结构性失衡的重要途径。因而针对近期长租公寓平台“爆雷”、跑路等现象，多地政府紧急出手，制定监管新规，陆续介入此类纠纷的解决当中。

2020 年 11 月 17 日晚，深圳市住房和建设局发布《深圳市住房和建设局关于切实规范住房租赁企业经营行为的紧急通知》，要求全市各住房租赁企业加强住房租赁行业监督管理、切实规范从业人员管理、依法从严处罚违法租赁行为、建立健全纠纷调处机制等。11 月 24 日，西安市发布关于公开征求《西安市住房租赁企业信用信息管理办法（征求意见稿）》意见的公告，将对西安市的住房租赁企业进行信用分级，并根据信用等级进行奖励和惩戒。北京、深圳、济南、成都等地也已发文加强监管，让长租公寓回归“住”的本质。[1]

盘古智库高级研究员江瀚表示：“政府通过不断规范租房市场发展，长租公寓市场依然有其存在的市场基础，是提供住房基础服务的重要市场平台，在这样的情况下，长租公寓市场需要的是更加规范的发展。”[2] 当下是长租公寓平台转型升级的关键节点，相关立法的完善、有效监管的加强，以及经营模式的合法化与规范化，都将助力其摆脱危机，继续蓬勃发展。

1　《长租公寓进入“强监管”时代》，中国经济网，2020 年 12 月 15 日。

2　同上。

（四）上海证券交易所暂缓蚂蚁集团上市引发热议

2020年11月3日晚间，上海证券交易所发布了《关于暂缓蚂蚁科技集团股份有限公司科创板上市的决定》，根据《科创板首次公开发行股票注册管理办法（试行）》第二十六条和《上海证券交易所股票发行上市审核规则》第六十条等规定，并征询保荐机构的意见，上海证券交易所决定蚂蚁集团暂缓上市。蚂蚁集团发文回应：H股上市同步暂缓。[1]香港特区政府回应，蚂蚁集团暂缓港股上市，不涉系统性风险。

蚂蚁集团脱胎于阿里巴巴集团，起步于2004年，支付宝的出现是为了解决淘宝在交易中的信任问题。支付宝出现后的十年时间，与监管度过了愉快的蜜月期。当支付宝最初还只被监管定义为“支付服务市场的补充者”角色时，监管看到更多的是其创新性。等到支付宝成为蚂蚁集团这个庞然大物后，监管则会更注意其可能带来的风险。2008年的金融危机席卷全球，之后迅速向美国及全世界的金融市场蔓延，最终使全球经济多年陷入泥潭。之后金融业和监管对这场危机不断进行反思，“宏观审慎管理”和“系统性金融机构”这两个概念开始呈现。并得出了一个重要的结论：金融危机形成的一个重要原因是系统重要性金融机构带来的风险。金融危机最深刻的教训是金融机构“大而不能倒”的问题必须解决。根据央行《中国金融稳定报告》上的说法，实际上其已是具有系统重要性的金融机构。从估值上看，其体量也与上榜的中国银行相当。

过去几年，蚂蚁集团取得了涵盖银行、保险、信贷、财产管理、征信等各个领域的金融牌照，资产管理规模巨大。不过，蚂蚁集团所代表的金融科技企业，在监管层面一直以来是处于相对模糊的状态。

1　陈月石：《蚂蚁集团致歉投资者：稳妥创新拥抱监管，会经得起考验和信任》，澎湃新闻，2020年11月3日。

尽管蚂蚁集团在上市之前一再强调金融科技的属性，给自己的定位是一家科技公司，从而规避金融层面的一些监管。但从业务和收入构成来看，蚂蚁集团的核心依然是一家科技驱动的金融服务提供商。几年来，蚂蚁集团最核心的数字支付和商家服务板块收入占比持续下滑，而花呗、借呗借贷业务营收占比持续上升，成为蚂蚁集团最赚钱的核心业务。从金融业务中尝到甜头的蚂蚁集团，却不再以解决用户金融难题为出发点，反而为了盈利无节制地鼓励年轻人超前消费。2020年11月2日，央行、银保监会、证监会、国家外汇管理局四部门联合对蚂蚁集团实际控制人马云、董事长井贤栋、总裁胡晓明进行监管约谈；11月2日晚间，银保监会会同中国人民银行发布《网络小额贷款业务管理暂行办法（征求意见稿）》，限制了杠杆率；11月3日晚，上交所发布《关于暂缓蚂蚁科技集团股份有限公司科创板上市的决定》，暂缓蚂蚁集团IPO。

中国政法大学民商经济法学院教授张子学认为，上交所做出的暂缓蚂蚁集团上市的决定是监管职责所在，既有必要，又合理合法。一是负责任的做法，近日舆论集中质疑蚂蚁集团上市，以及有关部门正在明确网络小额贷款业务管理制度安排等，可能对蚂蚁集团本次发行上市构成重大影响，事关万千投资者切身利益。在这种情况下，交易所根据近日发生的一系列情况，做出暂缓蚂蚁集团上市的决定，是监管职责所在，也是一种负责任的做法。二是有充分制度依据，对于可能对发行上市构成重大影响情形的处理，《科创板首次公开发行股票注册管理办法（试行）》和《上海证券交易所科创板股票发行上市审核规则》等科创板注册制相关制度规则已有安排。按照这些规定，交易所应当对蚂蚁集团做出暂缓上市的决定。三能维护金融稳定发展和投资者权益。近期，媒体对大型互联网企业进入金融领域所引起的问题和风险进行了较多讨论，涉及市场垄断和不公平竞争问题、信息技术的可控性和稳定性问题、数据安全与隐私保护问题、系统性风险，以及由此带来的监管框架有效性问题等。张子学建议，发行人及中介机构应当从处理好金融发展、金融稳定和金融安全关系的角度，科学研判、充分评估舆论反映的问题和风险，拿出有效防范措施，对发行人是否符合发行条件及信息披露要求进行严格核查论证，切实维护金融稳定发展和投资者权益。[1]

四、人民权益与司法关切

（一）张玉环案国家赔偿尘埃落定：启示与反思

2020 年 10 月 30 日，江西省高级人民法院向赔偿请求人张玉环送达了国家赔偿决定书，依法决定向其支付赔偿金 496 万余元。此前，江西省高院对 27 年前张玉环故意杀童一案再审改判，认为原审认定事实不清、证据不足，根据疑罪从无原则，不能对张玉环定罪。被羁押了 9 778 天、创下“史上最长冤狱案”记录的张玉环终于等来了他的无罪宣告。[2] 随着该案国家赔偿的尘埃落定，人们围绕冤案如何形成、如何对当事人进行弥补和救济，以及如何通过制度设计防止悲剧重演展开热议。

在刑事案件中，错案几乎是不可避免的。任何国家、任何时代，无论技术多么发达，都有可能出现无法查明真相的案件。冤案的发生是多种因素共同造成的结果。

第一，刑事司法制度的不健全是冤案发生的客观原因。《刑事诉讼法》第一百二十条规定：“犯罪嫌疑人对侦查人员的提问，应当如实回答。但是与本案无关的问题，有拒绝回答的权利。”这一“如实回答”的法定义务，不仅使犯罪嫌疑人、被告人面对指控时无权保持沉默，也给了侦查人员强制犯罪嫌疑人按其预断进行交代的权利。沉

---

1 《蚂蚁集团暂缓上市！最新进展》，央视新闻，2020 年 11 月 4 日。

2 《张玉环国家赔偿决定书全文公布，496 万赔偿金如何构成？》，红星新闻，2020 年 10 月 30 日。

默权的缺失极易使犯罪嫌疑人沦为刑事诉讼的客体[1]，刑讯逼供的发生也就在所难免。

客观上的制度不健全体现在当事人及律师的诉讼权利未能得到有效保障。几乎每一起刑事冤案的背后，辩护律师都有不同程度的缺席。张玉环在侦查阶段、审查起诉阶段和审判阶段均没有得到辩护律师的帮助，直到2017年两位律师介入后才一步步推动案件再审并改判。[2]无论是以见证者的身份消极监督讯问过程，还是以保护者的身份积极参与并随时制止讯问人员不合理的讯问策略和不恰当的提问，律师在场见证都可以最大限度地消除刑讯逼供发生的可能。[3]

客观上的制度不健全还体现在未建立起以审判为中心的刑事诉讼制度。强调以庭审为中心，即案件事实要在法庭上查清，就要求开庭审理、证人出庭，其中还涉及法官的自由裁量权。张玉环案第二次上诉到江西省高院时，二审法官决定不开庭，采用书面审理的方式。这种做法按照当时的法律来看也是违法的。因为法律虽然规定刑事案件二审可以不开庭审理，但张玉环不认罪，对一审判决有异议，并提出了自己被刑讯逼供的申诉，显然属于“对一审认定的事实和证据有异议，可能影响定罪量刑”的情形，没有任何理由不开庭。不开庭，不让证人出庭，不让控辩双方面对面辩论，不让法官亲历整个案件审判过程，就很难贯彻直接言词原则。这些都是有违司法公正的做法。[4]

---

1 《冤案是如何被制造出来的？对话张玉环案律师王飞》，“跨越全球”微信公众号，2020年8月12日。

2 《从张玉环案看律师辩护制度对防止冤假错案的作用》，南京法律顾问工作室，2020年10月30日。

3 《聚焦｜张玉环案，刑讯逼供以及讯问过程律师在场》，“重庆索通律师事务所”微信公众号，2020年8月19日。

4 《冤案是如何被制造出来的？对话张玉环案律师王飞》，“跨越全球”微信公众号，2020年8月12日。

第二，重结果、轻程序的思维是冤案发生的主观原因。刑侦人员内心的预断与《刑事诉讼法》要求的定罪标准并不一致，前者是一种以结果正义为导向、可以牺牲程序正义的经验判断，后者是一种恪守程序正义甚至可以牺牲结果正义的技术理性。二者之间是现代刑事法治理念与传统的办案逻辑、人的朴素正义观之间的分歧。过去很长时间，我国的基层办案人员没有树立起人权保障的观念，习惯于传统的追诉模式，盲目追求办案指标，过分轻信口供，以致采取暴力、威胁、恐吓等方式不择手段获取嫌疑人的口供。这种重实体、轻程序的办案思维，造成了大量屈打成招的冤狱案件。[1]

但是一味苛责办案人员，对其喊打喊杀也是有失公允的。因为这种办案思维部分源于某一时期“命案必破”的刑事政策要求。20世纪 90 年代前后，伴随改革开放和经济发展，大量违法乱纪和刑事犯罪案件汹涌而来。当时的治安情况使得人们普遍缺乏安全感，希望公安从快、从重、从严办案。[2] 20 世纪 90 年代以后，随着我国的法治现代化建设，人们对警察办案的错误率开始变得零容忍。可见，冤案的形成是主客观多种因素共同造就的。刑事司法制度的不健全只是表象，在这背后，是作为制度基础的社会公平正义观、法治文化水平、民众对重大刑事案件“宁纵不枉”的容忍度的变化。

从佘祥林、聂树斌、呼格吉勒图、念斌到张玉环，这些案件的嫌疑人或因亡者归来，或因真凶浮现，或因证据不足，最终都被法庭宣告无罪。平反冤案、国家赔偿是公权力机关的基本职责所在，但金钱并不足以弥补几十年牢狱生涯给心灵造成的重创。对那些人为造成错案的责任主体进行追究，要求其公开道歉，并承担相应的民事责

1　周群峰:《冤假错案的追责困境》,《中国新闻周刊》2020 年第 32 期。

2　《张玉环案，请停止对办案民警喊打喊杀，以免凉了人心！》，“时光盛宴”微信公众号，2020 年 8 月 7 日。

任、行政责任乃至刑事责任，才能抚平被害人的创伤，从源头避免冤案的发生。遗憾的是，大量冤案平反之后，摆在当事人面前的是追责不了了之的新困境。

第一，冤案追责存在客观障碍。一是追诉时效的问题。[1] 二是法律适用的问题。[2] 三是取证难度的问题。不少冤案发生的时间久远，重要物证灭失，也给刑讯逼供的事后取证带来了困难。第二，除了上述客观障碍以外，冤案追责难还根源于不少人为因素的制约。一是集体决策机制给追责带来的难度。[3] 二是现实利益的干扰。[4] 如此看来，通过最高人民法院、最高人民检察院、人大解释法律等方式，追诉时效、法律适用、调查取证等"技术性难题"并不难克服。是否启动追责，是否追责到底，司法机关的态度和立场或许才是最关键的问题。[5]

细数曾引发舆论热议的冤案，在各种主客观因素的制约下，冤案的追责比平反更难。[6] 蒙冤者的青春和人生已经不可能从头再来，司法纠偏能做的只是尽力弥补当事人，抚平其所受的伤害，帮助其重新融入社会。如何通过制度的设计，让对冤案的救济不仅仅止步于国家赔偿，让当事人的事后追责不再举步维艰，如何通过制度的设计，警示天平上的执法者，让类似的悲剧不再发生，是刑事司法真正需要关心的问题。

不少法院将发回重审、再审改判的案子列为"错案"，这种"客

1 《罗翔谈张玉环案，之前的刑讯逼供还能追诉吗？》，《上海法治报》微信公众号，2020 年 8 月 8 日。

2 周群峰：《冤假错案的追责困境》，《中国新闻周刊》2020 年第 32 期。

3 《冤错案纠正后如何进行"后续追责"？》，立法网，2018 年 5 月 28 日。

4 周群峰：《冤假错案的追责困境》，《中国新闻周刊》2020 年第 32 期。

5 《羁押 26 年后无罪释放，张玉环案何时追责？谁来按下启动键？》，新浪科技，2020 年 8 月 13 日。

6 《盘点历年冤案追责：10 起案件只 3 起已处理》，搜狐新闻，2014 年 12 月 18 日。

观追责”模式不尽合理，既压制了法官审判工作的积极性和独立性，也导致真正的错案并未被突出。此外，错案的责任追究往往采取通报批评、扣发奖金、暂停评优晋升、调离审判岗位等行政手段。这样，错案标准的泛化和责任追究的轻化，一方面使法官广受错案责任追究之苦，另一方面又导致应该被严厉惩戒的情形蒙混过关。[1]因此，在追责制度的设计上，首先要明确冤错案的范围。

《中华人民共和国国家赔偿法》第十六条规定："赔偿义务机关赔偿损失后，应当责令有故意或者重大过失的工作人员或者受委托的组织或者个人承担部分或者全部赔偿费用。对有故意或者重大过失的责任人员，有关机关应当依法给予处分；构成犯罪的，应当依法追究刑事责任。”也就是说，谁造成国家赔偿，就必须追究谁的责任，包括政纪、法律和经济责任。不能走进“国家赔偿，纳税人埋单”的怪圈。[2]

在域外，有些国家建立了专门的追责部门，有些由检察机关兼任追责部门。而在我国，监察委员会的上阵，为追责部门的选择提供了新的可能性。2018 年 3 月 26 日，《中华人民共和国监察法》正式出台，相比于检察院，监察委员会与被追责人关联性更小，也更能公正迅速地追究责任人的责任。根据《中华人民共和国监察法》第三条、第十五条的规定，监察委员会的监察范围为所有行使公权力的公职人员，而在冤错案中需要追责的人员亦属于此，不能认为这是监察委员会权力的扩张，而是其应有之义。[3]

---

1 《羁押 26 年后无罪释放，张玉环案何时追责？谁来按下启动键？》，新浪科技，2020 年 8 月 13 日。

2 周群峰：《冤假错案的追责困境》，《中国新闻周刊》2020 年第 32 期。

3 《羁押 26 年后无罪释放，张玉环案何时追责？谁来按下启动键？》，新浪科技，2020 年 8 月 13 日。

（二）顶替上学事件频曝光，教育公平引发热议

2020年5月22日，艺人仝卓在直播中自爆当年参加高考时伪造应届生身份，打响了2020年高考打假第一炮。6月12日，山西省临汾市纪委监委公布了仝卓事件的调查结果，多名参与者分别受到严肃处理。[1]随后，山东省又爆出陈春秀、王丽丽、苟晶被冒名顶替上学的事件。这一系列严重戕害高考的公正性、权威性的案件，引发了公众对于捍卫教育公平和社会正义的广泛讨论。

山东省纪委监委机关、省教育厅、省公安厅等部门单位组成的工作专班，已经对陈春秀事件等"242人冒名顶替取得学历"的问题开展调查。现已初步查明，上述冒名顶替问题发生于1999年至2006年之间，主要有被冒名顶替者完全不知情被冒名顶替、被冒名顶替者主动放弃入学资格被冒名顶替、被冒名顶替者知情并与顶替者之间存在交易行为等情形。[2]

无论是宣称"只是违规，没有受益"的仝卓，还是放弃填报志愿而被人"捡漏"的苟晶，再或者是协议顶替的行为，看似无人受害，实际都是对高考制度的严重破坏。而"上别人的学，让别人无学可上"的作假行为性质更为恶劣，不仅破坏了教育公平，还偷走了别人的人生。对此，必须严惩作恶者，堵上制度漏洞，有效维护高考公平。[3]

首先，冒名顶替上大学，不仅仅是宪法问题：一是宪法旨在约束公权力，冒名顶替案中不存在政府压制基本权利的行为，仅仅是个别公职人员的徇私舞弊；二是"受教育权"视角难以涵盖冒名顶替案的复杂情形。如协议顶替的行为并未侵害特定人的"受教育

1　《仝卓事件调查：一场直播牵出高考舞弊案》，中央纪委国家监委网站，2020年6月14日。

2　《山东通报两起冒名顶替上学问题调查处理结果46人被问责》，中国经济网，2020年6月30日。

3　《"冒名顶替上大学"：一个帮凶都不能放过》，《检察日报》2020年6月17日。

权”，而是侵犯教育公平这一公共利益；三是普通法律足以规制冒名顶替这种恶行，不必诉诸宪法。例如，违法违规者做出民事赔偿、接受刑事处罚，准许被冒名顶替者重新入学等方式，在路径选择上更具比较优势。[1]

上大学是我国普通人改变命运的重要渠道，行政法学应认真对待陈春秀们发出的“能否重新上学”的疑问。《中华人民共和国高等教育法》（2018）第十九条规定，高级中等教育毕业或者具有同等学力的，经考试合格，由实施相应学历教育的高等学校录取，取得专科生或者本科生入学资格。依据行政法的基本原理，冒名者被注销学籍意味着原本的法律关系得到恢复，此时，被顶替者多年前获得的以“高中毕业 / 同等学力 + 经考试合格”为前提要件的入学资格可被视为刚刚送达而可以延缓实施，不因时间的流逝而丧失法律效力。

从民法的角度来看，顶替者未经被顶替者的许可冒用其姓名，侵害了他人姓名权；非法使用、加工他人的姓名、出生日期、身份证件号码等信息，同时构成对被顶替者个人信息的侵害。《民法典》第一千一百八十三条明确规定：“侵害自然人人身权益造成严重精神损害的，被侵权人有权请求精神损害赔偿。”因此，除参照不同学历间的平均薪酬差异计算被顶替者大致的财产损失外，相应的精神损害赔偿也必不可少。[2]

近期曝光的几起冒名顶替案件，其处理结果引发了较大争议。对冒名顶替行为应否入刑的问题，学界也存在对立意见。

一是现行刑法下冒名顶替的罪与罚。户籍与户口迁移证是证明个人身份的重要文书，必须依法制作。冒名顶替上学案中，行为人制

1　《七位学者跨学科讨论：高考“冒名顶替”事件》，《中国法律评论》微信公众号，2020 年 7 月 6 日。

2　同上。

作虚假的户籍或户口迁移证明，涉嫌我国刑法第二百八十条规定的伪造国家机关公文罪。冒名顶替者凭虚假的户籍或者户口迁移证明向公安机关申领身份证件的行为涉嫌刑法第二百八十条之伪造身份证件罪，使用该虚假身份证件的行为同时触犯刑法第二百八十条之一的使用虚假身份证件罪，但该罪应包括在伪造身份证件罪中，无须并罚。冒名顶替上学案涉及诸环节公职人员的违法履职行为。其中，国家工作人员如派出所民警应邀为当事人伪造户籍的行为，不仅涉嫌伪造国家机关公文罪，而且涉嫌渎职类犯罪。此外，在上述冒名顶替案中或存在“权钱交易”现象，需要追究请托人与受托人的刑事责任。[1]

二是新增罪名体现立法与法治之间的张力。一些全国人大常委会委员和法学专家建议，在刑法中增加包括“妨碍高等教育考试录取公正罪”、“冒名顶替入学罪”或者“侵害公民受教育权罪”等条文。徐显明委员表示，以假冒手段侵害公民受教育权的事例之所以泛滥，与司法对公民受教育权保护不力有关，而司法的不作为，又与立法上的根据不足有关。张业遂委员表示，2015 年刑法曾针对当时突出的考试作弊问题增加两个新罪名：“非法出售、提供试题、答案罪”和“代替考试罪”。此后高考作弊案件明显减少，可见刑法惩戒的作用之大。[2]

北京大学法学院教授车浩不赞成过于急迫的修法。一是立法需要一个过程，大量案件就发生在当下，远水解不了近渴。二是刑法不溯及既往，专为某种行为创设新罪名，恰恰意味着在新法出台之前此类行为是无罪的，提出立法建议，也往往意味着穷尽了已有的刑法手段仍然无法实现正义。但就冒名顶替上学案而言，从解释论的立场出

1 《七位学者跨学科讨论：高考“冒名顶替”事件》，《中国法律评论》微信公众号，2020 年 7 月 6 日。

2 《多名全国人大常委会委员建议：增设“冒名顶替上学作弊罪”维护社会底线公平》，新华网，2020 年 7 月 3 日。

发，我们可以对冒名顶替上学相关的行贿受贿、渎职类犯罪以及伪造、盗用类犯罪进行规制。三是刑事立法是最后一步棋，不应成为解决问题的急行军。频繁地立法，无法真正实现以稳定的可预期性为核心精神的法治。[1]

（三）王振华猥亵女童案一审判决引发热议

2020年6月17日，上海市普陀区人民法院依法不公开开庭审理了王振华、周燕芬案，并以猥亵儿童罪分别判处被告人王振华有期徒刑五年，被告人周燕芬有期徒刑四年，王振华不服并提出上诉。一审判决结果一经公布，立即引发了舆论的广泛争议，网友普遍认为五年有期徒刑的刑罚过轻，不足以惩治性侵儿童的犯罪分子，本案判决没有满足大众对司法公正的期待。

总体上看，舆论对本案的争议主要聚焦于以下三个方面：一是量刑问题。一审法院判决被告人王振华有期徒刑五年，多数网友认为该判决量刑过轻。但从刑事实体法的角度看，法院的判决已是“从重”。根据我国刑法第二百三十七条，在不具备其他恶劣情节的情况下，猥亵儿童罪最高判处有期徒刑五年。[2]一审法院认定，王振华的猥亵行为不属于在公共场所当众实施，也不具备其他恶劣情节，因此判处王振华有期徒刑五年，已是刑事实体法上的顶格刑罚。有质疑的声音称，本条中的“其他恶劣情节”应做扩大解释。具体来讲，猥亵儿童罪中的“其他恶劣情节”包括但不限于“对象”（如不满12周岁）、“后果”（如造成被害人轻伤）、“手段”（如使用暴力、胁迫、麻醉等强制性手段）等。行为人实施犯罪满足上述条件时，就应当理解

1　车浩：《冒名顶替上学的罪与罚》，《中国法律评论》微信公众号，2020年7月6日。

2　我国《刑法》第二百三十七条规定：“以暴力、胁迫或者其他方法强制猥亵他人或者侮辱妇女的，处五年以下有期徒刑或者拘役。聚众或者在公共场所当众犯前款罪的，或者有其他恶劣情节的，处五年以上有期徒刑。猥亵儿童的，依照前两款的规定从重处罚。”

为“其他恶劣情节”。[1]但是，由于我国目前没有就猥亵儿童罪出台相关司法解释，所以如何认定“其他恶劣情节”存在一定困难。基层法院若如此判决，并无明确法律依据和先例。

二是定罪问题。有质疑者提出，如果以强奸罪指控被告人，那么其将可能面对高至十年有期徒刑的刑罚。但是，当前司法实务对强奸罪的认定都以存在“性器官接触”为前提，如果是由其他异物接触或插入，则很难认定为强奸。本案被告人和被害人并未发生性器官接触，是控辩双方均认同的事实。对此，有人认为强奸罪的认定应当结合实际情况做扩大解释，任何“插入式猥亵”均应以强奸论处。[2]但此类观点在理论上仍存争议，司法实践采取此种认定标准可能性较低。

也有人认为，王振华根本不构成犯罪，其主要论点有三：第一，王振华之所以受到“重判”是因其富豪身份，否则舆论不会有如此反响。第二，王振华给周燕芬的费用不一定是为介绍卖淫，也可能是被后者威胁。第三，关于女童“处女膜破裂”属新伤还是旧伤，控辩双方各执一词，但鉴于此前已有因司法鉴定结果错误而产生的冤假错案，因此在无明确结论的前提下，应当进行审慎判断。此种观点仅为极少数，并未得到主流舆论的支持。

此外，关于被告人周燕芬的罪名也存在一定争议。据案情，周燕芬长期充当王振华的“淫媒掮客”，此次带来两名女童，也是为了实现王振华嫖娼之目的。根据刑法第三百五十九条，周燕芬还可能构成引诱幼女卖淫罪。[3]但是，检方和法院都未对此做出指控或认定。

---

1 《王振华案陷入“轻判”舆论旋涡　邓学平、斯伟江：二审改判可能性不大》，红星新闻，2020年6月20日；刘言：《有些猥亵甚于强奸》，《中国青年报》2020年6月24日。

2 刘言：《有些猥亵甚于强奸》，《中国青年报》2020年6月24日。

3 《刑法》第三百五十九条规定：“引诱不满十四周岁的幼女卖淫的，处五年以上有期徒刑，并处罚金。”

三是律师职业伦理问题。在本案中，王振华辩护律师坚持为其做无罪辩护，此举引发民众质疑。一审判决后，王振华辩护律师之一、浙江京衡律师事务所主任陈有西发表 8 条声明称，“女童发生阴道撕裂的鉴定结果本身存在问题，律师为被告人做无罪辩护并不违反职业伦理”，此举更是招致舆论谴责。有人质疑，陈有西在声明中透露了女童伤情，违反了涉及未成年人隐私案件不公开审理的保密原则。根据刑法第三百零八条之一[1]规定，若王振华辩护律师违法泄露更多与案情相关的信息，则可能要背负刑事责任。

也有同行为陈有西等律师喊冤。有人认为，舆论对陈有西存在误解，只要没有违反律师执业规范，就不应当被送上道德审判席。[2]还有人认为，媒体事实不能偏听偏信，其能否被采用，应当经过法律程序的筛选。本案被舆论千夫所指，反倒是不利于法治社会建设，这会让程序正义先于实质正义的“法治根基”被破坏，同时催生司法机关的权力滥用。[3]但此种说法显然不能得到民众的理解和认同。

王振华案一审判决引发舆论声讨，其背后存在四方面深层次原因：一是立法上对性侵儿童犯罪的惩戒力度不够。有学者曾对 2017 年 389 份猥亵儿童罪的一审判决书进行统计分析，结果显示，五年有期徒刑以上的判决只占 6.2%。[4]由此可见，猥亵儿童在中国还是一个量刑较轻的罪名，王振华案并非个例。除有其他恶劣情节外，猥亵儿童罪的最高法定刑被设置为五年有期徒刑，这本身就限制了对性侵儿童犯罪的惩戒力度。此外，参考国外比较成熟的经验和做法，针对性

---

1 《刑法》第三百零八条之一规定：“司法工作人员、辩护人、诉讼代理人或者其他诉讼参与人，泄露依法不公开审理的案件中不应当公开的信息，造成信息公开传播或者其他严重后果的，处三年以下有期徒刑、拘役或者管制，并处或者单处罚金。”

2 张志旺：《误读陈有西律师就是误解律师职业》，新浪财经，2020 年 6 月 24 日。

3 《追求更好还是避免更坏：骂陈有西会让正义离我们更远》，“老虱杂货铺”微信公众号，2020 年 6 月 22 日。

4 《王振华被判 5 年，量刑过轻吗？》，“侠客岛”微信公众号，2020 年 6 月 23 日。

侵儿童犯罪，还可以通过“化学阉割”“公示制度”等方式予以震慑，而我国除人身自由刑外，刑罚上没有其他保护儿童的有效手段，规制方式过于单一。

二是司法上对现行制度的执行缺乏变通。尽管现行立法存在不足，但法院和检察院可以充分发挥能动性扬长避短。然而在本案中，检察院的起诉首先限制了二审的改判空间，决定了案件走向。尽管被告人仍旧存在强奸罪、引诱幼女卖淫罪的嫌疑，但法院很难在证据不足的情况下，以其他罪名做出判决或加重刑罚。如果检察院在起诉时稍做变通，以“强奸罪”“存在其他恶劣情节的猥亵儿童罪”“引诱幼女卖淫罪”等罪名起诉被告人，即使法院认定被告人只构成一般的“猥亵儿童罪”，在二审时也仍存在改判余地，司法机关便能掌握化解舆情的主动权。这反映出，我国司法实务中“审判中心主义”仍旧无法完全落地。弊端在于，若检察院垄断了刑事案件的定罪权，那么当其无法履行保护公民的职责时，司法制度便会完全失效，这为源自检察系统的司法腐败提供了很大操作空间。

三是民众对精英腐化、社会不公的强烈不满。本案被告人王振华为新城集团原董事长，其对外公布的资产达 3 000 多亿元人民币。雄厚强大的资本实力与弱小无助的受害女童形成了鲜明对比，对民众的道德观感造成了极大冲击。因此，一石激起千层浪，王振华案成为民众发泄对精英群体腐化现象强烈不满的渠道。

尽管改判面临重重阻碍，但如果因此而停滞不前，那么便可能引发更为严重的后果。司法机关不能想当然地用教条的法条主义对抗人民群众朴素的法感情，这只会增加民众对资本日益猖狂、为所欲为的担忧和愤慨。因此，关键的问题不在于要不要处理，而是如何交出一个尽可能让人民群众满意的答复。对此，讨论集中于以下两方面建议：一是解决制度困境，完善保护儿童的法律制度，加大对类似犯罪的惩戒力度。首先，从立法层面完善保护儿童的法律规范。如在刑事实体法上，考虑到儿童的易受侵害性、身体器官的脆弱性，可以将猥亵儿童罪同一般强制猥亵、侮辱罪区分开来，升格其法定刑的最高限度至无期徒刑，乃至死刑。同时，可以仿照在国外实践中比较成熟的“性犯罪人员信息公示制度”，使犯罪分子在遭受人身自由刑罚的同时，还受到声誉处罚。其次，从司法解释层面完善保护儿童的法律规范。目前关于保护儿童的法律规范在司法实践中仍需进一步解释，如猥亵儿童罪中的“其他恶劣情节”，由于没有相关司法解释和指导性案例，导致法院在审判中不敢贸然适用。二是破解实践难题，强化司法工作中党的领导。具体而言，政法委要充分发挥其指导、协调公检法三机关的积极作用，对于易引发舆论争议或社会关注度高的各类案件，应当提前介入，做好预先研判，拟定应对方案，而不是任由法院、检察院，尤其是基层法院、检察院，独自推进司法程序。对于一般案件，政法委员会则不必干涉，只需发挥好其监督职能，保障司法活动在法治框架内有序推进。

总体而言，不论王振华、周燕芬最终是否会受到更加严厉的刑罚，本案暴露出的多重法治漏洞，都必将推动儿童保护的法律制度建设，必将成为我国司法实践中值得深刻反思的案例。但随着舆论的不断发酵，在王振华及其辩护律师受到更多谴责的同时，被害人及其家庭也承担了很大压力。案件已经发生，犯罪分子造成的伤害不可逆转，司法机关、共青团、妇联以及其他未成年人保护组织，应当着重做好善后工作，以确保将案件对被害人的负面影响降至最低。

第六章

中国基层治理的五张面孔

基层治理的中国方案

自1989年年底世界银行在其报告中将非洲发展面临的系列问题归结为“治理危机”以来，“治理”（governance）理论已然成为国际学术界的一大“显学”，于国内亦是如此。“全球治理”（global governance）、“国家治理”（state governance）、“都市治理”（urban governance）、“公司治理”（corporate governance）等诸多合成概念，频频出现在政治学、社会学、法学、经济学等多个学科的研究话语当中，似乎作为主要成分的“治理”一词其内涵已然不言自明，但现实可能恰恰相反。“很少有人去追溯：这个概念到底从何而来？它到底有没有准确的内涵与外延？不同领域使用的‘治理’概念到底是否相同？即使同一领域里不同学者所说的‘治理’到底是不是同一回事？”[1]究其源流，既有研究对于“治理”这一概念，实际存在两种方向迥异的解读。

第一种解读将“治理”视为某种特定标准下的“良治”（good governance）。以世界银行为例，其1992年发布的年度报告《治理与发展》（*Governance and Development*），从公共部门管理、问责、法治和信息透明四个维度规范了“良治”的意涵。此后，世界银行又连

1　王绍光：《治理研究：正本清源》，《开放时代》2018年第2期。

续多年发布“全球治理指数”（WGI）报告，从“表达与问责”“政治稳定与零暴力”“政府效能”“监管质量”“法律规则”“控制腐败”六个方面，对1996—2019年期间200多个国家和地区的治理情况进行统计和排名。在2019年的“政治稳定与零暴力”排名中，排名前十的分别是格陵兰、冰岛、列支敦士登、安多拉、摩纳哥、新加坡、新西兰、开曼群岛、安圭拉和卢森堡。在学术界，以克林顿、布莱尔、施罗德、若斯潘等人为代表的“第三条道路”或“新中派”明确把“少一些统治，多一些治理”（less government，more governance）当作其新的政治目标，认为国家现在已不可能通过自己的行动解决所有问题，故而要推行以公民社会为核心的“新治理”。[1]尽管有学者认为“治理”是一个中立概念，事实却是无论“良治”或“新治理”，二者都在用一套既定标准去评判各国各地的治理实践。问题在于，判明“良”或“新”的那套标准本就是特定意识形态的产物，属于缺少实证基础的规范性主张。

若将目光从西方的“governance”概念中抽离开来，回到中国本土的历史与政治传统，便可发现“治理”的第二种解读为一种普遍意义上的治国理政之法。正如《史记·滑稽列传》所言：“子产治郑，民不能欺；子贱治单父，民不忍欺；西门豹治邺，民不敢欺。三子之才能谁最贤哉？辨治者当能别之。”[2]子产、子贱与西门豹的治理之法看似内容迥异，实则殊途同归。治理也是如此，究竟以何路径入手，需要根据当时当地的具体时空语境来判断，不然就难免犯削足适履、邯郸学步的毛病。当年的智利、俄罗斯和东欧诸国如此，从“阿拉伯之春”到“阿拉伯之冬”的利比亚、埃及等国也是如此。“辨治者”必须具备审慎的政治智慧，拒绝新自由主义治理术之类的炫目迷梦，

1　俞可平：《全球治理引论》，《马克思主义与现实》2002年第1期。
2　司马迁：《史记·滑稽列传》，中华书局1959年版，第3213页。

拒绝“言必称希腊”的思维定式，如此方能找到符合自身实际的“治理”之道。

1840年以来近代中国的诸多政治实践，一再证明了“治理”的第二种解读，为后来者提供了丰富的思想资源。“治理”即为普遍意义上的治国理政之法，最要紧处就在基层。基层治理不畅，则整体必然根基不稳。费孝通将中国传统社会实际运作中的权力结构，概括为中央集权和地方自治两层的“双轨政治”：自上而下的皇权一轨，皇帝的政策经由读书人下延民众；自下而上的绅权一轨，下面的意见经由士绅逐级上达皇帝，这种双轨形式被费孝通视为传统中国政治运作的根本保障。1905年科举制度的废除使士绅阶级退出了历史舞台，“双轨政治”仅余一轨。而1949年新中国的成立以及随后开展的社会主义改造，则重新塑造了中国基层的治理体系，原本分散的小农和市民个体被重新组织进了党国一体的大政治体当中，民众权益与国家意志之间重新实现了一定程度的良性互动。改革开放后基层的组织模式与权力结构发生了较大变化，但迈克尔·曼（Michel Mann）所说的民众与国家之间“权力的双向通道”仍然存在。这是西方所谓“治理”理论所难以解释和回应的问题，却也是在中国大地上时时刻刻都在发生的鲜活的事实。

以中国的基层治理实践为着眼点，回望已然过去的2020年，可以发现这一能够载入史册的年份，至少呈现出五张迥然有异却又浑然一体的面孔。第一是“脱贫奔小康”的一面，2020年是决战脱贫攻坚与决胜全面建成小康社会的“双决”之年，“双决”的主战场就在城乡基层。在整体经济疲软、社会不安且忙于疫情防控和经济恢复的当下世界，这一面向显得尤为珍贵。第二是“赋权基层”的一面，向基层放权赋能，将更多资源、服务与权限下沉至基层，重构新时代的“双轨政治”，激活基层社会的政治与经济能动性。第三是“万物互联”的一面，新技术革命重塑了权力与政治的内在逻辑，在新冠疫情的助推之下，互联网以云端会议、在线课程、直播带货等不同面目进一步嵌入普罗大众的生活世界，渐趋成为“日常”的一部分，这是新时代基层治理必须面对的现实。第四是扫黑除恶的一面，为期三年的扫黑除恶专项斗争在2020年也将迎来关键时期，基层黑恶势力的存在与规模直接关系着人民群众对社会整体治理效果的判断，更关系着人民群众的切身利益。第五是社会“兜底”网络日趋完善的一面，从农民工工资支付到城乡居民养老、医疗保障，再到社会救助，中国织就了一张更为严密的“社会保障安全网”，在疫情防控期间为基层群众提供了必要的生活保障。透过这五张面孔，我们可以进一步认识基层治理的中国方案，进一步理解中国在纷繁变乱的世界当中始终“有序”的奥义所在。

治理本无定法，与形式相比，更重要的是治理的具体效果与实际质量，是能否在巩固整体利益的同时尽可能地将政策资源向社会中下层倾斜。就治理的各部分而论，作为直接面向城乡民众的治理层级，基层治理又是其最要紧处。回首过去的2020年，在这一年间中国与世界的种种政治和社会实践，都已经一再证明了中国基层治理模式的巨大优势与特殊意义。由此出发，下文将从扶贫攻坚、基层赋权、技术治理、基层扫黑除恶和社会保障这五个2020年的关键方面切入，尝试总结和概括基层治理的中国方案。

第一节

脱贫攻坚与强国建设

一、“贫困”仍是全球性问题

据美国有线电视新闻网（CNN）报道，2020 年 3 月以来，美国亿万富翁们拥有的财富总额增加了 40%，而就在同年后半年，有 800 多万美国人陷入贫困。[1] 大疫之年的财富流动为“占领华尔街”运动的发生和特朗普上台的缘由做了生动的注脚。就在此前一年，诺贝尔经济学奖被颁给了三位研究贫困问题的经济学家：阿比吉特·班纳吉（Abhijit Banerjee）、埃斯特·迪弗洛（Esther Duflo）和迈克尔·克雷默（Michael Kremer），以表彰他们“为缓解全球贫困所提出的实验性方法”。在 21 世纪第二个十年行将结束之时，世界各国为什么仍需如此重视贫困问题？尽管马克思在 19 世纪就已指出，“资产阶级在它不到 100 年的阶级统治中所创造的生产力，比过去一切时代创造的生产力还要多”，第一次工业革命过去 200 多年后，解决贫困问题仍然是联合国 2030 年可持续发展议程制定的首要目标。据联合国统计，今天仍有 7 亿多人（占世界人口的 10%）生活在极端贫困中，其中

1 Matt Egan. *America's billionaires have grown $1.1 trillion richer during the pandemic*. CNN BUSINESS. January 26, 2021.

包括占全世界五分之一的儿童。[1]生产力最为发达的美国，也是贫富分化最严重的西方国家。

贫困问题的影响是多方面的。作为生产、分配、交换和消费四个社会生产环节的神经末梢，贫困带来的直接后果就是消费的疲软。当有效需求不足之后，其他经济环节势必受其影响。除影响经济之外，贫困更是个政治问题。“人心是最大的政治”，当贫困问题在一定时期内得不到有效解决乃至持续加剧，必将侵蚀民众对执政者的信任与支持，长此以往其政治正当性自然会受到影响。贫困问题的重要性毋庸置疑，古今中外都有很多案例为其证明。问题在于，如何消除贫困？这是所有有识之士必须面对的问题。

二、走出“贫穷陷阱”的中国实践

阿比吉特·班纳吉与埃斯特·迪弗洛二人曾花费15年时间，在五大洲最贫穷地区做调查，最终合作出版了《贫穷的本质：我们为什么摆脱不了贫穷》一书，认为：“无论何时，如果男人和女人都受过良好的教育、拥有健康的身体，如果市民们在为了孩子投资方面具有安全感和信心，让孩子们走出家门，到市里去找一份新工作，那么人们就更容易摆脱贫困，这看上去似乎是合理的。”[2]而穷人在教育、健康与抚育子女等诸多方面恰恰缺少必要的资源，进而减少了在上述几方面的投入，因此陷入“贫穷陷阱”，贫穷就变得更难摆脱了。阿比吉特与埃斯特的结论不无道理，就个体而论，要摆脱这一陷阱是极为困难的。如此外力的介入就成了必然之举。但外力如何介入也是一

1 《可持续发展目标》，联合国官网。

2 〔印度〕阿比吉特·班纳吉、〔法〕埃斯特·迪弗洛：《贫穷的本质：我们为什么摆脱不了贫穷》，景芳译，中信出版社2013年版，第227页。

个被广泛讨论的问题。西方常见的做法对外是物资与经济援助，对内为各项福利政策。反对者如威廉·埃斯特利、丹比萨·莫约等认为："援助使人们停止寻找自己解决问题的方法……对于贫穷国家来说，最好遵循一个简单的原则：只要有自由市场和恰当的奖励机制，人们就能自己找到解决问题的方法，避免接受外国人或自己政府的施舍。"[1] 这是指责包括援助在内的各项干预政策的经典逻辑，将解决问题的出发点设置为原子化的个体，同时将药方归结为"自由市场和恰当的奖励机制"，那么如何解释近年来美国街头日趋增多的无家可归的流浪汉呢？但西方式援助确也有其弊端，这也是相关讨论能够持续的原因。其中之一为这类近似施舍的援助难以在当地形成持久有力的脱贫动力，甚至根本达不到预期目的。与之相比，中国则代表了扶贫、脱贫实践的另一条道路。

按中国政府 2011 年确定的收入绝对贫困线衡量，中国农村贫困发生率从 1978 年的 97.5% 下降到 2018 年的 1.7%，到 2019 年年底，贫困发生率进一步下降，达到 0.6%。西部地区农村贫困人口由 2012 年年末的 5 086 万人减少到 2018 年年末的 916 万人，下降幅度为 82.0%；农村贫困发生率由 2012 年年末的 17.6% 下降至 2018 年年末的 3.2%。从 1978 年到 2018 年，中国农村贫困人口总共减少超过 7.5 亿人。在 2020 年这一决战脱贫攻坚、决胜全面建成小康社会的"双决"之年，中国脱贫攻坚的诸般举措，既是国家能力的具体体现，也是强国建设的必然选择。

"党政军民学，东西南北中，党是领导一切的。"中国基层治理中的脱贫攻坚模式，统合于中国共产党的领导，这也是我国能够集中力量办大事的主要原因。相比之下，西方发达国家的多党选举机制使

---

1 ［印度］阿比吉特·班纳吉、［法］埃斯特·迪弗洛：《贫穷的本质：我们为什么摆脱不了贫穷》，第 3 页。

其福利政策深受政党轮替的影响，政策缺乏连续性与稳定性，而利益集团、经济寡头等也会影响其偏向社会底层的政策制定和实施。邓小平指出："社会主义要消灭贫穷。贫穷不是社会主义，更不是共产主义。"[1] 坚持发展生产力、实现共同富裕是中国共产党的奋斗目标，而领导一切的组织与动员模式则为其制定政策、协调资源、监督实施提供了必要保障。中共中央、国务院印发的《关于抓好"三农"领域重点工作确保如期实现全面小康的意见》（即 2020 年中央一号文件）即以"对标全面小康，坚决打赢脱贫攻坚战"为主题，指出面对国内外风险挑战明显上升、经济下行压力加大的复杂局面，稳住农业基本盘、发挥"三农"压舱石作用至关重要，并从补齐农村基础设施和公共服务短板、保障重要农产品有效供给和促进农民持续增收、加强农村基层治理与强化农村补短板保障措施等进行了重点论述。

三、从"富起来"到"强起来"

新技术革命带来了全新的生活方式，也促进了新业态的发生与经济增长新契机的出现，在扶贫领域尤其如此。所谓"要致富、先修路"，对于偏远落后地区而言，交通基础设施的落后限制了人员、物资与信息的大规模流动，进而直接影响经济的后续发展。互联网的出现则为解决这一问题提供了新方案，数据网络能够消弭物理空间的阻碍或屏障，将不同类型的图文资料以数字化形式转移至网络空间，使远程交易、在线学习等成为可能。故而近年来中国政府在乡村网络基础设施建设方面用力显著。截至 2018 年年底，行政村通光纤比例已从电信普遍服务试点前的不到 70% 提升至目前的 96%，行政

1　邓小平：《建设有中国特色的社会主义》，《邓小平文选》第 3 卷，人民出版社 1993 年版，第 116 页。

村 4G 网络覆盖率达 95%。贫困村通宽带比例提升至 97%，其中固定宽带用户数增至 4 522.9 万户，移动宽带用户数增至 16 854.6 万户。《中共中央　国务院关于实施乡村振兴战略的意见》（即 2018 年中央一号文件）明确提出要实施数字乡村战略，加快农村地区宽带网络和第四代移动通信网络覆盖步伐。2019 年《数字农业农村发展规划（2019—2025 年）》则对新时期推进数字农业农村建设的总体思路、发展目标、重点任务做出明确部署。2020 年，发展数字乡村、走信息化兴农道路依然是中国扶贫工作的重要组成部分。数字乡村建设将促进智慧农业的发展，从根本上改变农业社会组织体制和管理模式，促进形成大幅度提高农业生产力、资源利用效率和实现农业可持续性的综合性解决方案。

在技术扶贫、网络扶贫之外，教育扶贫是 2020 年中国脱贫攻坚工作的另一大重要组成部分，也是强化国家能力的重要一环。正如班纳吉等人的研究所指出的，“受过良好的教育”无疑能提高摆脱贫穷的可能性，但身处贫穷之中的人们只能在教育上投入极少的资源，最终自然也难以取得理想的效果，这就需要国家在既有条件基础上对贫困落后地区的教育基础设施予以更大的资源倾斜。2020 年，以 52 个未摘帽贫困县和“三区三州”为重点，以义务教育有保障为方向，统筹“发展教育脱贫一批”各项任务，中央先后推出“特岗计划”“银龄计划”“控辍保学”“学生资助”“推普脱贫”等多个政策工具，意在改善和解决贫困地区的教育难题，助力脱贫致富的早日实现。而贫困地区教育水平的提升，不仅能够缩小与其余发达地区之间的信息和能力的鸿沟，也能提升国家的濡化能力，巩固、提升全体国民对社会秩序与主流价值的认同和接受程度。

一部国家机器，如果不了解自己国土上人口、财产、物产、行为和事务的数量、流向的真实状况及其优劣，就无从区分利弊得失，进而无法恰当行动，无法实现征税、征兵、维护社会秩序、缔造国族凝聚力、建立福利体系、维持官僚机构廉洁高效和规管社会经济事务等国家目标。扶贫工作更是如此，如果对贫困户的具体情况不能全面掌握，自然就难以高质量地精准扶贫。全面而准确的认证工作，是上述一切脱贫攻坚措施的前提。2020 年 6 月 29 日，国务院办公厅发布《国务院办公厅关于开展国家脱贫攻坚普查的通知》，定于 2020 年至 2021 年年初开展国家脱贫攻坚普查，并对普查的内容、方式、组织、经费等做出规范与保障。与以往脱贫普查不同，此次是首次在国家层面开展脱贫普查，要求保证成果的科学性和全面性；同时强调利用信息技术直接采集上报数据，加强对普查队伍的监督问责，确保源头数据真实可靠。实施国家脱贫攻坚普查，有利于全面检验脱贫成果和确保脱贫质量，为全面建成小康社会提供数据支撑。

面对同样的难题，中西各国给出了不同的解决方案。作为一种发展意义上的分配制度，中国的公共福利不是简单的社会救济，而是通过产业扶贫，将产业发展的实惠回馈给贫困人口。而资本主义的福利分配从一开始就是一种“托底式”的救济扶贫，是为了确保市场秩序和政治秩序而实施的功利性政策。[1] 改革开放以来中国经济的迅猛增长，为扶贫工作的展开提供了工业反哺农业、城市反哺乡村、市民反哺农民的必要经济资源，党国一体、党管一切的组织机制为扶贫工作的持续进行提供了必备的政治保障，新技术、新媒介与新业态的出现则为扶贫工作的进一步发展提供了新动能、新起点。“站起来”之后，下一步就是“富起来”。脱贫攻坚工作，既是对贫困人口的精准帮扶，也是强国之路的必要一环。

1　谢岳：《中国贫困治理的政治逻辑——兼论对西方福利国家理论的超越》，《中国社会科学》2020 年第 10 期。

第二节

基层赋权与国家发展

一、“基层赋权”的政治意涵

所谓“基层治理”，题眼在于“基层”。作为国家治理体系的神经末梢，“基层”是联系国家机构与人民群众的枢纽。它既是国家意志最终落实、延展至人民群众的桥梁与纽带，也是群众利益和吁求进入国家权力体系的第一道环节。是故，基层的状态直接关系着国家能力的落实，也关系着民众对公权力的态度。2019 年年末新冠疫情的暴发，使基层的重要性和紧张性一并凸显了出来。首先，疫情发生后各地城乡基层社区能够迅速动员起来，贯彻国家关于疫情防控的各项举措，使疫病的发展得到有效控制，凸显了中国基层治理模式的制度优势，这在欧美诸国抗疫举措的对比之下显得格外突出；与此同时，抗疫初期围绕部分地区基层社区、村两委等组织的争议，反映出当前基层治理中存在的不少短板，例如，多元主体的协同参与、公共服务的精细化与科学化等，更反映出当下基层组织所承受的巨大压力。2020 年 4 月 19 日，《人民日报》发表《用改革减少“甩锅”，为基层“放权赋能”》一文直指“甩锅”乱象：“督查检查‘甩锅’，转发文件‘甩锅’，分配任务也‘甩锅’，‘锅锅’砸向基层，让基层难堪重负。”从“上面千条线，下面一根针”，到“上面千把锤，下面一根钉”，改变的不仅是基层工作者的工作状态，也是基层在整个治理体系中的权力关系和基层工作的实际性质。因此，为基层“赋权增能”，加强基层自主性，使基层工作从“重锤砸钉”重回“穿针引线”，就成为基层治理改革的必然之举。

为基层赋权的前提，是上级部门适度放权，将部分权力针对性地下放至基层，激活基层自主性，同时在基层治理实践探索的基础上总结先进经验并加以推广，这是在中国革命年代就已经证明并在之后被广为采用的行为路径。弗朗茨·舒曼（Franz Schurmann）在《共产主义中国的意识形态与组织》一书中分析了中苏体制的不同。他认为：“苏联道路是高度依赖技术专家来贯彻中央计划经济指令，而‘延安道路’则是一切首先发动群众依赖群众的道路。”[1] 新中国成立之后，以毛泽东为首的中国领导人在经过思考后实质上部分地摆脱了苏联的中央计划经济体制，使中国各省、各地区乃至各县都有自成一套的工业体系，即所谓“麻雀虽小、五脏俱全”，为改革开放后各地民营企业的勃兴打下了基础。甘阳在此基础上进一步指出，与托克维尔研究美国与法国政治时提出的集权和分权概念相类似，毛泽东时代的中国实质上已经形成了“政治集权”与“行政分权”的统一。前者指举国上下在党的一元化领导下，能够形成统一的行动意志；后者指的是地方机构在行政事务上的相对自主性，尤其是经济结构向地方倾斜的“地方经济分权”。[2] 当然，放权也应适度，必须要运用好权力的收－放辩证法，保证中央可以调动必要的政治、经济资源以实现其整体性的政治考量，这需要根据国内外具体发展情境加以灵活调整，而这也是 20 世纪 90 年代“分税制”改革的主要原因之一。

1　甘阳：《通三统》，生活·读书·新知三联书店 2007 年版，第 27—28 页。
2　同上书，第 32—33 页。

二、从“穿针引线”到“重锤砸钉”

就当下而论，为基层“赋权增能”，让“穿针引线”取代“重锤砸钉”重回基层工作的主阵地，是基层治理改革必须要走的一步，无论对基层民众、基层工作者而言，还是对国家宏观治理而言，都是如此。这主要是因为，基层组织在许多时候有职无权，或有职有权但权责混乱，按现有行政层级划分，来自上级部门的各类指示、通知、命令都需要基层组织去执行，一旦执行不力，他们便极容易从“上面千把锤，下面一根钉”变成“上面千把刀，下面一根葱”。唯有扭转“执法权限在上级，责任归属在基层，落实管理在基层，实际收益在部门”等失衡问题，只有理清权责关系、理出权责清单，才能让基层治理进一步权责分明、权责对等，也才能激活基层的政治活力。2020年4月14日，中共中央办公厅印发《关于持续解决困扰基层的形式主义问题为决胜全面建成小康社会提供坚强作风保证的通知》，在肯定2019年基层减负主题工作的同时，继续强调要坚决杜绝形式主义、官僚主义，持续为基层松绑减负。在指出应加快制定赋权清单，推动更多社会资源下沉基层，科学规范“属地管理”，防止责任不当转嫁的同时，该通知也强调应激发广大干部的能动性，审慎规范实施问责，完善选人用人机制，尤其在重大斗争中考察识别干部把政治上过硬、“愿作为、能作为、善作为”的干部选拔出来，并落实带薪休假、津补贴等待遇保障制度，建立村（社区）干部报酬动态增长机制。

要让为基层“赋权增能”落到实处，上级组织不仅要会适度放权，也应保证基层组织能够接得住。这就一方面要求基层工作者自身及时转变工作思路，调整工作定位，更新工作方法，同时也需要上级组织在为基层赋权的时候，提供必要的资源保障与配套措施。“徒法不足以自行”，如果仅有一纸“权责清单”，难以立马见效。

三、构建新时代的“双轨政治”

在中国的基层治理实践中，多部门联合助力基层的政策实践是常见之举，这也为基层从“赋权”到“增能”的过渡提供了有力保障，它在 2020 年的小微企业或民营企业帮扶、抗洪救灾与农业农村现代化建设等多个问题领域中都有不同程度的体现。

首先是疫情期间帮扶那些对抗风险能力较弱的小微企业或民营企业。这项工作涉及融资、税费、社保、租金等多个方面，国家均出台了相应的帮扶政策。例如，在融资方面，财政部会同有关部门陆续出台财税支持措施，加大对小微企业或民营企业或制造业等重点领域的金融支持。在税费方面，国务院常务会议要求，自 2020 年 3 月 1 日至 5 月底，免征湖北省境内小规模纳税人增值税，其他地区征收率由 3% 降至 1%。在社保方面，考虑到人力支出是企业最主要的成本之一，国务院常务会议决定阶段性减免企业养老、失业、工伤保险单位缴费。

其次是非常规财政资金在抗洪救灾中的大规模应用。2020 年中国的雨情汛情为多年所罕见，长江、淮河等流域遭受严重洪涝灾害，受灾范围广，经济损失大，是历史上较严重的一年。通过各种渠道，中央和地方财政用于灾后恢复重建资金规模约 1 000 亿元人民币，并建立资金直达灾区和项目机制。在前期中央已下拨资金基础上，两年内拟安排高标准农田建设补助资金 160 亿元对受灾地区予以倾斜。2020 年安排 100 亿元自然灾害防治补助资金支持有关省份恢复重建，安排 100 亿元车购税资金支持受灾严重省份公路等建设。

再次是新时期的农业农村现代化建设工作。仅 2020 年 7 月，农业农村部先后印发《全国乡村产业发展规划（2020—2025 年）》《关于加快推进设施种植机械化发展的意见》，中央农办等七部门联合印发《关于扩大农业农村有效投资　加快补上“三农”领域突出短板的意见》，多部门多渠道加大农业农村投资力度，多方面部署推进农业农村现代化建设。农业农村现代化建设是一长期的系统性工程，唯有从国家层面调动相关资源持续发力，方能实现较大转变。面对新冠疫情的影响和中国农业农村自身发展的限制和瓶颈，前述政策的顶层设计意味着相应的资源倾斜，这为基层治理提供了不同程度的保障。

费孝通笔下的传统中国的“双轨政治”在相当程度上巩固了大政治体的稳定，因为它在将皇权意志传递到民众当中的同时，也保有了基层适度的自主性，并存在将基层意见诉求传递至中央决策层的现实渠道。今天中国的基层治理改革，也应在保证中央自主性与自主能力的同时，根据社会经济发展的现实需要，为基层组织“赋权增能”，充分发挥基层社会的政治与经济能动性，使之在上级党政组织与人民群众之间“穿针引线”，并成为基层组织的工作常态。将党的领导、人民当家做主和依法治理在基层社会有机统一起来，这既是基层治理的客观需要，也是加快推进国家治理体系和治理能力现代化的必然要求。

第三节

技术治理与社会安全

一、社会的网络化与治理的技术化

阿西莫夫在其系列小说《银河帝国·基地与地球》中构想了一个名为“盖娅”的星球，它本身就是一个巨大的超级生命体。用书中人物特维兹的话来说，该星球上任何一个人的结论都可代表“这个星球上的每一滴露珠，每一块小石子，甚至这个星球中心的液体内核所共有的同一个意识”。[1] 技术力量在盖娅星球的运转和维系过程当中扮演着最为核心的角色，山川草木、万类生命都能因之而享有同一个意识。这是它与其他星球的最大不同。而在现实世界中，信息技术的发展使得“互联网”开始渐趋进入“物联网”阶段，盖娅模式不再只是纯粹的科学幻想。在信息技术助推下，“网络社会”成为理解当下社会形态的一个关键概念。曼纽尔·卡斯特指出，虽然“网络”早已有之，在前信息技术时代它只是“权力的延伸”，分布于垂直组织底端，而信息技术带来了更为彻底的网络结构。[2] 它使网络社会获得了相比垂直组织更高的传播效率，最终从国防军

1　〔美〕艾萨克·阿西莫夫:《银河帝国·基地与地球》，叶李华译，江苏文艺出版社 2012 年版，第 1—40 页。

2　〔美〕曼纽尔·卡斯特:《传播力》，汤景泰、星辰译，社会科学文献出版社 2018 年版，第 17 页。

事、国民经济到普罗大众的日常生活，普遍开启了数字化、代码化进程。美国国防部早在20世纪60年代便开始搭建数据网络架构，前期主要使用于军事部门，至80年代后民用化进程加速，此后德、法、英、意、加、日、韩乃至新加坡、越南等国也先后推出了各自的“信息高速公路”计划。

当社会形态日趋网络化、信息化之后，治理手段技术化就成了必然之举。在抗击疫情的过程中，信息技术在基层治理中的重要性得以进一步凸显。当云端会议、在线课程、直播带货等成为普罗大众的生活“日常”之后，新时代的基层治理就需要将新技术、新媒介纳入传统的治理渠道当中。2020年10月29日，中共十九届五中全会审议通过了《中共中央关于制定国民经济和社会发展第十四个五年规划和二〇三五年远景目标的建议》，其中明确指出要“加强数字社会、数字政府建设，提升公共服务、社会治理等数字化智能化水平。……保障国家数据安全，加强个人信息保护。提升全民数字技能，实现信息服务全覆盖”[1]。此后不久《人民日报》发表署名文章，讨论数字化技术对基层治理的巨大助力。文章指出，在抗疫斗争中，大数据识别、网上医疗和线上教学等新技术使基层社区成为外防输入、内防扩散最有效的防线。在“放管服”改革中，基层政府部门的“最多跑一次”改革、“不见面审批”服务、“一次办妥”等改革创新举措，对落实以人民为中心的发展思想、改善营商环境等起到了积极促进作用。充分利用智能互联技术为基层治理赋能，有助于夯实基层社会治理的根基，实现防风险、保安全、护稳定、促发展、惠民生等治理目标。[2]

---

1 《中共中央关于制定国民经济和社会发展第十四个五年规划和二〇三五年远景目标的建议》，中华人民共和国中央人民政府网，2020年11月3日。

2 吴新星：《以数字化助力高效能基层治理》，《人民日报》2020年12月16日。

二、2020年基层治理的数字化转型

在2020年到来之前，国内部分发达地区已经开始尝试社会治理的数字化转型，如北京、浙江等地都打造了大数据与人工智能技术支撑的社会治理平台，提高了社会治理的精细化水准，也提升了人民群众对公共服务的满意度。而新冠疫情的暴发和随后开始的疫情防控要求，则促使几乎所有基层组织开始不同程度的数字化转型。“在新冠疫情所导致的各国紧急状态下，谁能将常态的政治整合与特殊的技术嵌入结合起来，让技术嵌入服务于政治整合，形成有效的健康认证机制和疫情防控体系，谁就能在疫情防控上占得先机。”[1]以“健康码”“通信大数据行程卡”等为典型代表的多种数字防疫手段，从浙江、上海等发达地域迅速覆盖全国多地，协助各地职能部门落实数字化“网格管理”，有效支撑了公共服务体系的正常运转和民众基本生活的有序进行。与此同时，对民众而言，线上购物、工作、学习、求医等也渐趋成为疫情期间的生活常态。这是中国基层治理从未有过的新局面、新状态，也将在未来相当一段时间之内延续下去。这除了现实需求之外，也间接反映了中国互联网行业的实际发展。截至2019年年底，中国移动互联网用户规模达13.19亿，占据全球网民总规模的32.17%；4G基站总规模达到544万个，占据全球4G基站总量的一半以上；电子商务交易规模34.81万亿元，已连续多年占据全球电子商务市场首位；全国数字经济增加值规模达35.8万亿元，稳居世界第二位。[2]

虽然数字化技术在基层治理中开始得到不同程度的应用，但数

1 欧树军：《新冠时代的健康认证与“防疫政治学”》，《中国政治学》2020年第3辑总第7辑；戴昕：《“防疫国家”的信息治理：实践及其理念》，《文化纵横》2020年第5期。

2 《中国互联网发展报告2020》，2020年7月23日由中国互联网协会发布。

字化技术的网络特征与代码属性使之与传统的科层制行政组织存在天然的隔阂，纳入基层治理的既有轨道并非易事。有学者指出，基层治理的数字化转型存在三个瓶颈问题：首先是数据观念瓶颈，公共部门不仅要保证数据的全面、准确和时效性，还要让数据使用进入“深耕”与“深养”的程度；其次是基础条件瓶颈，基层治理的数字化转型离不开硬件与软件、人员与平台、资金与数据等基础条件全方位覆盖；最后是保障体系瓶颈，面对基层治理实践中“多头管理、职责分散、协调困难”的窘境，应改变“重绩效、轻保障”的传统观念，强调保障体系的重要性并予以持续投入。[1] 数字化技术在网络社会的基层治理中诚然重要，却也不应迷信技术的力量。以科技巨头的技术与数据垄断为代表，各种类型的“数字鸿沟”都在提醒着“辨治者”应更审慎地看待社会治理中的技术力量，后者在提高治理绩效的同时，也对社会的整体安全提出了挑战。

三、跨越“数字鸿沟”，规制“科技巨头”

“数字鸿沟”首先体现在不同国家之间。尽管各大国都已先后推出本国的数据网络发展计划，但不同国家之间仍存在巨大差异，而美国无疑在这一领域占据较大优势。以用来管理互联网主目录的根域名服务器为例，目前全球 IPV4 根域名服务器一共有 13 台，其中美国就有 10 台，欧洲 2 台，还有一台在日本。2018 年 6 月 11 日，美国的《废止“网络中立原则”决议》正式生效，这在事实上给其他国家的网络安全造成了威胁。“数字鸿沟”也体现在同一社会内部的不同群体之间。看似普惠、自由、开放的网络资源实质上仍存在一定的技术与设备门槛，对于老弱群体或残障人士而言更是如此。此外，网络

1　张锐昕：《基层治理数字化转型亟待破解的三个瓶颈》，《国家治理》2020 年第 38 期。

社会普遍存在的“信息茧房”在一定程度上容易造成网民个体与现实世界的疏离，一旦习惯了与冷冰冰的数据代码打交道，传统的主流集体认同就很有可能消失。

“数字鸿沟”的集中体现是“科技巨头”的技术与数据垄断。单从用户数量来看，它们在同组织之间的对比之中就体现出巨大优势。仅 Facebook 一家公司，截至 2017 年 6 月，使用其旗舰服务的活跃用户人数就达到 20 亿，远远超过全球任何一个国家的人口数量，也超过全球人口总数的 25%。[1] 如果加上 INS、Twitter 以及在中国大陆地区广泛使用的微信、QQ 等社交软件，可以发现，由少数几个科技巨头掌控的社交软件掌握了全球的大部分社交流量。在前信息时代，与其他组织和个人相比，传统国家凭借着垂直管理的科层制行政体系占据着绝对优势，而网络社会的到来大幅提升了科技巨头的总体地位。在“硬规则世界”中，“没有下载打车软件，我就被排除在了打车出行的硬规则之外。如需打车，就要请年轻人帮忙，获准进一趟硬规则世界”。[2] “硬规则”源于技术运行自身的逻辑架构，也源于大型科技公司的主动创制。它们在特定网络空间内部拥有主导权，握有充足的技术储备和超大规模的数据流量，这也使之具备走出网络空间干预现实世界的可能性，当数据代码武器化、传统武器数据化之后，数据权力就可能演变成数据暴力。若不对平台垄断做出有效规制，势必会影响国家的整体安全。

2020 年年末，阿里巴巴、阅文集团和丰巢科技因违反《反垄断法》被中国市场监管机构处罚，这可看作中国政府防范平台垄断、维

---

1 Facebook 对月度活跃用户的定义是，在过去 30 天通过其网站、移动设备或使用其 Messenger 应用登陆并访问过 Facebook 的 Facebook 注册用户，使用 Instagram 或 WhatsApp 网络而非 Facebook 的用户则不包括在内。参见《Facebook 月活跃用户数破 20 亿》，《人民邮电报》2017 年 7 月 6 日。

2 冯象：《欢迎来到硬规则世界》，《文汇报・文汇学人》2018 年 12 月 7 日。

护国家安全的一个重要举措。针对谷歌、微软、Facebook 等大型科技公司的垄断行为，近年来美欧诸国也都已采取了不同类型的防范措施。当然，无论信息技术还是数据平台，其本身并不必然意味着对人类共同体的安全产生威胁，甚至产生原本就是人类生产力不断演进的成果，它们也让人类能够避免“职业的痴呆”。看似由技术生产力或机器带来的社会问题，往往并非出自机器本身，而是源于机器的应用方式。对科技巨头进行反垄断处罚仅是起点而非终途，还应探索更好的社会组织形式，方能更好地规训技术，使之带来的生产力进步之果能够真正服务于普罗大众。

第四节

基层扫黑除恶与法治社会

一、扫黑除恶构筑平安中国

2020 年 9 月 25 日，全国扫黑除恶专项斗争第三次推进会在北京召开，会议总结了第二次推进会以来扫黑除恶专项斗争取得的成效，并在分析当前形势的基础上，对之后的“六清”行动和常态化推进扫黑除恶“六建”工作进行了研究部署。据新华社报道，截至 2020 年 8 月底，全国累计打掉涉黑组织 3 347 个、涉恶犯罪集团 10 564 个，其中包括农村涉黑组织 1 126 个、农村涉恶犯罪集团及团伙 13 225 个。两年多打掉的涉黑组织相当于前 10 年的总和。一批为恶多年的黑恶势力被连根拔起，4.09 万名犯罪嫌疑人慑于强大压力而投案自首。全国还有 173 个涉黑组织、396 个涉恶犯罪集团处于侦查阶段。此外，截至 2020 年 8 月底，全国纪检监察机关立案查处涉黑涉恶腐败和“保护伞”问题 69 023 件，处理 82 159 人，给予党纪政务处分 57 899 人，移送司法机关 8 411 人，其中处理涉及政法系统人数 31 203 人，占 37.98%。“12337 网络举报平台”共收到群众举报线索 125 万余条，近 4% 的线索转化成案。[1] 这次全国范围内的扫黑除恶专项斗争，起点

1　熊丰、刘奕湛、鲁畅：《将人民战争进行到底！——奋力夺取扫黑除恶专项斗争全面胜利》，新华网，2020 年 9 月 25 日。

为2018年1月中共中央、国务院发出《关于开展扫黑除恶专项斗争的通知》。该通知指出，要把打击黑恶势力犯罪和反腐败、基层“拍蝇”结合起来，把扫黑除恶和加强基层组织建设结合起来，既有力打击震慑黑恶势力犯罪，形成压倒性态势，又有效铲除黑恶势力的滋生土壤，形成长效机制。[1] 若将时间线延长至新中国成立初期，可以发现自那时起扫黑除恶就被列入了执政者的政治考量当中，新中国成立后短短数年内便在全国范围内消灭了此前延续千年的流氓盗匪、地痞恶霸。

扫黑除恶何以成为中国基层治理实践中不可忽视的一个面向，并在近年来受到特别关注？原因自然是多方面的。首先，将原本散布于社会中的暴力使用权集中起来，进而保障整体秩序的相对稳定，本就是现代国家诞生的内在要求。当霍布斯直言：“谁又会相信没有人插手、没有人握着剑作后盾，纸上谈兵的法律能够伤害自己呢？”[2] 200余年之后，德国人韦伯将霍布斯笔下“执剑的利维坦”发展为垄断了“暴力”或“物理暴力”合法使用权的现代国家。在1918年至1919年之交的革命之冬，韦伯发表了题为《以政治为业》的著名演讲。他认为，现代国家就是一个“在一定疆域之内（成功地）宣布了对正当使用暴力权力的垄断权”的“人类团体”。[3] 在后来的《经济与社会》中，他再次指出：“‘政治共同体’一词指的是这样一种共同体：其社会行动的目的就是由参与者借助已经准备就绪的物理暴力（原文为德语词：physischer Gewaltsamkeit）——包括通常的武装力量——使一定‘领土’以及领土之内人员的行为服从有序支配。”[4] 由

1 《关于开展扫黑除恶专项斗争的通知》，中华人民共和国中央人民政府网，2018年1月24日。

2 ［英］霍布斯：《利维坦》，黎思复、黎廷弼译，商务印书馆1985年版，第553页。

3 ［德］马克斯·韦伯：《学术与政治》，冯克利译，生活·读书·新知三联书店1998年版，第55页。

4 ［德］马克斯·韦伯：《经济与社会》第二卷，阎克文译，上海世纪出版集团2005年版，第1036页。

此出发，现代国家天然负有扫黑除恶、收拢暴力、重建秩序的使命，它必须在其领土范围之内使自己成为暴力合法使用权的唯一或垄断性拥有者。问题在于，尽管现代国家唯有集中暴力合法使用权方能自证其存在的合法性，何以现实世界的许多国家内部仍然有着不同规模的黑社会势力存在，成为国家之外的暴力主体？这是因为并非所有国家都拥有必要或充足的强制能力。

1984 年，迈克尔・曼（Michael Mann）发表了《国家自主权力的起源、机制和结果》[1] 一文，他从“中心”与“领土”两个维度出发，将国家权力划分为专制性国家权力和基础性国家权力，后者主要指的是一种对市民社会的渗透和控制能力，也即一种源自社会的权力（power through society）。[2] 王绍光在此基础上将基础性国家权力分为八种，而强制能力便是其中之一。他认为，国家这种人类组织与其他人类组织最大区别即在于它可以合法垄断暴力，合法使用强制力。这种国家的强制能力，对外要求能够抵御外来威胁，这意味着国家要建立和维持一支常备军；对内要求必须维持国家安宁，这意味着要建立一支训练有素、经费充裕、纪律严明、着装整齐的专业警察队伍。[3] 如果没有必要的国家基本制度建设，就难以形成基础性的国家能力，自然也就不具备充足的遏制乃至消除黑恶势力的强制能力，南美、非洲部分国家和欧美部分城市谋杀率的高企是当地政府缺少强制能力的鲜明反映。也正因如此，自 2018 年开始的全国范围的扫黑除恶专项斗争，既是中国国家强制能力的直接体现，也是进一步增强强制能力、巩固社会秩序的自然选择。

1　Michael Mann. “The autonomous power of the state: its origins, mechanisms and results.” *European Journal of Sociology*. 25. 2 (1984). pp. 185-213.

2　史焕高：《权力与国家：评迈克尔・曼〈社会权力的来源〉》，《政治与法律评论》2011 年第 1 期。

3　王绍光：《国家治理与基础性国家能力》，《华中科技大学学报（社会科学版）》2014 年第 3 期。

二、法治社会建设的多元实践

理解中国的扫黑除恶专项斗争，更应放在中国发展的整体规划与战略部署大背景之下。2020 年 12 月，中共中央印发了《法治社会建设实施纲要（2020—2025 年）》，为加快推进法治社会建设做出了宏观部署。法治社会是构筑法治国家的基础，法治社会建设则是实现国家治理体系和治理能力现代化的重要组成部分，而这也是理解扫黑除恶专项斗争另一个重要背景和语境。若黑恶势力长期得不到遏制，各类“保护伞”始终受不到打击，法治社会就只是一纸空谈。在扫黑除恶之外，劳动纠纷多元化解试点、法治乡村建设规划和社会信用体系建设，是 2020 年法治社会建设的另外三个重要组成部分。

首先是全国范围内的劳动纠纷多元化解试点工作。2020 年 3 月 4 日，最高人民法院、中华全国总工会联合印发《关于在部分地区开展劳动争议多元化解试点工作的意见》（以下简称《意见》），在内蒙古、吉林、上海、江西、山东、湖北、广东、四川八省（自治区、直辖市）和西安、宁波、北海三市开展劳动争议多元化解试点工作。“多元共治”理念是其中的亮点之一，“党委领导、政府主导、各方协同”是“多元共治”的核心内容，而在仲裁与诉讼之外，《意见》非常重视调解的实际作用。此外，工会的重要性进一步提升，这就要求工会强化参与协调调解职能，法院切实做好工作协同、技术支持和司法保障等配套性工作，使当事人在解决纠纷时真正拥有更大选择、更实保障、更多公正。

其次是法治乡村建设规划。2020 年 2 月 5 日，中央全面依法治国委员会第三次会议审议通过《关于加强法治乡村建设的意见》，明确了法治乡村建设的具体阶段及其目标任务，突出强调弱势群体的权益保护，要求完善农村留守儿童和妇女、老年人关爱服务体系，健全残疾人帮扶制度，加强对严重精神障碍患者、刑释人员等特殊人群的教育监督和服务管理。

再次是社会信用体系建设。2020 年 11 月 25 日，国务院总理李克强主持召开国务院常务会议，确定完善失信约束制度、健全社会信用体系的措施，为发展社会主义市场经济提供支撑。会议决定，坚持依法合规、保护权益、审慎适度、清单管理，规范和完善失信约束制度，有序健康推进社会信用体系建设，并明确了六方面措施，包括科学界定信用信息纳入范围和程序、规范信用信息共享公开范围和程序、规范严重失信主体名单认定标准、依法依规开展失信惩戒、建立有利于自我纠错的信用修复机制和加强信息安全与隐私保护。

无论作为 2020 年重头戏的扫黑除恶专项斗争，或渐次展开的劳动纠纷多元化解试点、法治乡村建设规划和社会信用体系建设，它们都是法治社会建设的重要环节，也是国家能力发展的必要步骤。不过，正如卢梭所言："规章只不过是穹隆顶上的拱梁，而唯有慢慢诞生的风尚，才最后构成那个穹隆顶上的不可动摇的拱心石。"[1] 在法律规章之外，更为重要的也许是人心风尚民情的构建，这又仰赖于必要的制度基础和持久延续的着力浇灌，更重要的是汲取新中国成立以来丰富的实践经验，让"为人民服务"从笔下、口中落到手中，落到实处。

1 〔法〕卢梭：《社会契约论》，商务印书馆 1983 年版，第 48 页。

第五节

筑牢社保与美好社会

一、“贫穷陷阱”与“健康陷阱”

人类的健康与贫困之间存在重要关联，世界上“不到 5 岁便夭折的儿童每年有 900 万名。在撒哈拉沙漠以南的非洲地区，产妇死亡率为 33%，这一比率在发达国家仅为 0.018%。全球至少有 25 个国家，大多数为撒哈拉沙漠以南的非洲国家，其人口的平均寿命不超过 55 岁”[1]。而在“贫穷陷阱”之外，对于穷人而言，另一个难以凭借自身力量轻易跨越的陷阱是“健康陷阱”。一旦某个家庭成员身患重疾，势必占据家庭较大比重的健康支出，导致其他成员的疾病难以得到有效医治，其人生进程也因而受到影响，最后整个家庭都被贫困和健康问题笼罩。大量调查表明，穷人总体上并不会因缺少必要的经济来源而不重视自己的健康，许多穷人会将自己手中的大部分钱花在健康上。“在印度农村，对于那些极度贫穷的家庭来说，他们平均会将每月预算的 5% 花在健康上。在巴基斯坦、巴拿马和尼加拉瓜，这一比例为 3% 至 4%。”[2] 但是，他们缺乏相关的医疗健康知识，所在地的

1　〔印度〕阿比吉特 · 班纳吉、〔法〕埃斯特 · 迪弗洛：《贫穷的本质：我们为什么摆脱不了贫穷》，第 1 页。

2　同上书，第 47 页。

医疗基础设施也比较落后，这导致其超出家庭实际收入水平的医疗支出很难获得相应的健康回馈，由此继续陷入“贫穷陷阱”与“健康陷阱”。但与此同时，阿比吉特和埃斯特两位经济学家也指出，假使相关国家对这一群体的健康和医疗问题予以必要的资源投入，最终可以收到较为可观的综合效益，无论是对民众个体而言，还是对整体发展态势而言。大量资源的投入意味着进入实施的门槛，这就对各国的执政理念、国家能力和发展水平提出了实际考验。

根据国务院扶贫办的建档立卡数据，截至2015年年底，全国建档立卡贫困户中，因病致贫的占到44.1%，患大病重疾的240万人，患长期慢性病的960万人。因病致贫、因病返贫仍是造成贫困的重要因素。这部分反映了在改革开放以来相当一段时间内，我国在医疗健康领域存在的短板和不足。通过对中国城市卫生保健筹资和服务利用的不平等程度的实证分析，王绍光认为，以市场为导向的卫生改革不但没有解决医疗费用上涨问题，反而加剧了这一问题，在医疗保障体系不完善的情况下，降低了弱势人群对卫生服务的获取，使得卫生保健的公平性受到极大的损害。[1]看病难、看病贵成为社会的共识，因病致贫、因病返贫也就自然成了可以理解的现象。在医疗之外，养老保障、社会救助等领域同样存在不同程度的短板，也是因此，自2003年“非典”暴发以来，特别是2009年以来，中国开始了大规模的社会保障制度建设，从老年人的养老金，到全民医保制度，再到综合型社会救助制度和保障性住房政策，以及儿童和残疾人福利事业，近十年来中国的社会保障水平整体上了一个台阶。

就因病致贫问题而论，据报道，截至2019年，已有670万户因病致贫返贫的贫困户实现脱贫，这一成果的背后是近年来贫困地区医疗卫生机构服务能力的明显提升、大病和慢性病救治病种范围

1　王绍光：《政策导向、汲取能力与卫生公平》，《中国社会科学》2005年第6期。

的相应扩大以及贫困患者费用负担明显减轻。[1]以患者的经济负担为例，县域内住院“先诊疗、后付费”和“一站式”的即时结算模式，使2019年上半年内全国贫困患者医疗费用个人平均自付比例控制在10%左右。这在一定程度上解决了印度、巴基斯坦、尼加拉瓜等发展中国家存在的“贫穷陷阱”与“健康陷阱”难题，为美好社会的建设构筑了必要的基础。但就整体而论，国内不同地区之间、不同人群之间，仍然存在相当程度的医疗与社会保障资源分配不充分和不平衡问题，在未来相当一段时间内，这仍将是政治经济改革与治理模式演进的重要方面。

二、优化社保制度，为“美好社会”筑基

对2020年而言，医疗保障、养老保障和社会救助是理解年内社会保障制度进一步发展的三个关键切口。首先是医疗保障问题。作为减轻群众就医负担、增进民生福祉、维护社会和谐稳定的重要制度，医保制度建设是2020年中国社保体系发展的核心要点。2020年3月，中共中央、国务院印发了《关于深化医疗保障制度改革的意见》（以下简称《意见》），从顶层设计上为我国医疗保障制度的进一步改革明确了方向。针对医疗保障领域存在制度碎片化、待遇不平衡、保障有短板、监管不完善和改革不协同难题，《意见》提出了“1 + 4 + 2”的总体改革框架，其中“1”是指力争到2030年，全面建成以基本医疗保险为主体，医疗救助为托底，补充医疗保险、商业健康保险、慈善捐赠、医疗互助共同发展的多层次医疗保障制度体系。“4”是指健全待遇保障、筹资运行、医保支付、基金监管四个机制。“2”是完善医药服务供给和医疗保障服务两个支撑。2020年6月，国务

1　《卫健委：已有670万户因病致贫返贫贫困户实现脱贫》，中国新闻网，2019年7月9日。

院办公厅印发《国务院办公厅关于推进医疗保障基金监管制度体系改革的指导意见》（以下简称《意见》），预计到2025年，要基本建成医保基金监管制度体系和执法体系，形成党委、政府、社会等多主体全方位监管格局，建立事前、事中、事后全流程数据化监管机制，推进医疗保障治理体系与治理能力现代化。在上述两大《意见》相继出台之外，新一版国家医保药品目录也在2020年12月28日揭晓，共计119种药品谈判成功，被新增进入药品目录，其中包括多个抗癌药物。谈判总成功率为73.46%，谈判成功的药品平均降价50.64%。[1]这进一步夯实了医疗保障制度的基础，降低了人民群众因病致贫、因病返贫的可能，也彰显了中国巩固国民健康水平、继续构建“健康中国”的决心和能力。但医保的建设和完善之路任重道远，上述《意见》的最终落实还面临着不同程度的挑战，这是未来继续着力解决的问题。

其次是在医疗保障之外，养老保障问题也是2020年我国整体社会保障体系建设的一个重要方面。据报道，2020年中国的老龄化人口已经超过11%，而巨大的人口体量使中国面临的老龄化问题比美、日等发达国家更为突出、更为复杂。在此背景下，2020年1月，银保监会等多部门联合印发了《关于促进社会服务领域商业保险发展的意见》，明确将推动行业研发老年人专属保险产品，优化养老保险支持政策，促进养老服务产业发展。同月，市场监管总局、国家标准委发布了《养老机构服务安全基本规范》，制定了强制性国家标准，明确了养老机构服务安全“红线”。它们分别从商业保险、养老机构两大方面对我国社会养老保障的发展做了规划，具有较强的针对性和实用性。在人口老龄化成为今后一段时期我国基本国情的背景下，让

1 李潇潇：《2020医保目录调整六大亮点：国产三大PD-1全部进医保》，澎湃新闻，2020年12月28日。

老年人老有所养、老有所依、老有所乐、老有所安是最重要的民生工程。而在提供优质养老保险、养老机构之外，尽可能弥补老年群体与中青年群体的“数字鸿沟”，使之在新技术革命浪潮中能够尽可能地不掉队、少掉队，一定程度上也享受到技术发展带来的各方面红利，是进一步提升养老保障水平的自然之举。据国家统计局数据，截至2019年年末，中国60岁及以上人口约有2.54亿，占总人口的18.1%，其中约四分之三的老年人未接触过互联网。面对这一问题，2020年11月，国务院办公厅印发《关于切实解决老年人运用智能技术困难的实施方案》，表明中国政府高度关注老年人使用智能技术的难题，力图尽可能填平这一群体面临的“数字鸿沟”，使之也能共享智能社会带来的各项便利。

再次是社会救助问题。社会救助事关困难群众的基本生活，是社会保障体系建设的兜底性、基础性工作。2014年国务院颁布《社会救助暂行办法》，确立了以最低生活保障、特困人员供养、受灾人员救助、医疗救助、教育救助、住房救助、就业救助、临时救助为主体，社会力量参与为补充的“8 + 1”社会救助制度框架。但与新时代困难群众对美好生活的向往相比，社会救助发展不平衡不充分的问题仍然较为突出。新冠疫情的暴发进一步恶化了基层困难群众的生产和生活状况。在此情形之下，2020年1月29日，民政部下发了《关于做好疫情防控期间有关社会救助工作的通知》，指导地方采取简化救助申请程序，放宽临时救助的申请限制，落实分散供养人员照料服务等措施。当疫情出现新进展之后，3月6日，民政部又印发了《关于进一步做好疫情防控期间困难群众兜底保障工作的通知》，进一步加大对困难群众的保障力度。8月，中共中央办公厅、国务院办公厅印发《关于改革完善社会救助制度的意见》，明确了社会救助事业发展的总体目标、重点任务和保障措施，为推动新时代社会救助改革发展提供指引。

医疗保障制度、养老保障制度和社会救助制度等都是社会保障体系的一部分，是反映一个社会具体发展阶段的晴雨表，也是广大人民群众能够过上美好生活的基本保证。美好社会的建设离不开配套的社会保障体系。环顾新中国建立社会保障体系过程中的波折与成效，所谓纲举目张，必须始终坚持为最广大人民群众，尤其是中下层困难群众服务的基本方向，如此才能体现社会保障的最终要义，也才能使“老有所终，壮有所用，幼有所长，矜、寡、孤、独、废疾者皆有所养”的社会理想落地成真。

结　语

“新冠大变局”下中国基层治理的世界意义

2020年虽已远去，但新冠疫情仍在蔓延。新型冠状病毒导致的死亡人数、感染人数每天都在刷新纪录，变种病毒接连在不同大陆出现，而政治隔阂、经济困境等诸多现实因素也使世界各地的疫苗接种从科学问题发展为政治问题、经济问题。诸般现实的叠加后果可能便是新冠疫情将在相当一段时间内继续存在下去，并演变成通常流感，与人类生活共存。它对人类世界的最终影响，或许要在很多年后才能被未来的人们最终看清。

对于全球几乎所有国家而言，“新冠元年”或许都将是一个至为重要的历史拐点。在各国数十亿民众的生命健康之外，它首先改变的是全球范围内的脱贫进程。据联合国统计，自20世纪末以来，全球范围内生活在极端贫困中的人口比例本已出现较大幅度的下降，从1990年的36%下降到2015年的10%，但新型冠状病毒有可能逆转几十年来在消除贫困方面取得的进展。联合国大学世界发展经济学研究所在最新研究中警告，此次全球大流行病造成的经济影响，可能使全球贫困人口增加5亿人，占全球总人口的8%。晚近30余年来，全球贫困率可能将首次出现增长。[1] 就新冠疫情带来的综合性风险而

1　《可持续发展目标》，联合国官网。

论，发展中国家面临的挑战最大。根据联合国开发计划署的数据，发展中国家的收入损失预计超过 2 200 亿美元，全球预计有 55% 的人无法获得社会保障。收入损失将持续影响全社会，影响教育和人权，在最严重的情况下，甚至也会影响基本粮食安全和营养状况。

发展中国家如此，发达国家面临的情况同样不容乐观，不仅新冠感染人数与死亡人数不断增加，疫情带来的社会与经济问题也与日俱增。在美国，新冠疫情加剧了美国劳动者的失业率，失业人口很快超过 3 000 万人，大量低收入家庭、中下阶层的生活因此陷入困境，温饱不是问题，但养家成了问题。在此助推之下，本就日益分裂的社会心态变得更加极端化，美国社会心态中固有的两极化更加突出，社会各群体在政治、经济、文化等问题上的观念更加对立。[1] 在英国，智库决议基金会发布的数据显示，疫情对英国就业市场和民众收入造成严重冲击，约 200 万人在过去 6 个月中没有工作。据美联社报道，截至 2021 年 1 月 4 日，英格兰地区还有 206 万名新冠住院病人，较一周前新增 30% 以上，也比 2020 年春季英国第一波疫情时的峰值高出 40%。在德国，据德国联邦统计局数据，德国人 2020 年的名义工资（不考虑通胀收入）比上一年来减少了 0.6%，这是该数字自 2007 年以来首次出现下降。即便在全球金融危机爆发后的 2009 年，德国人的名义工资还增长了 0.2%。在日本，据其总务省公布的统计数字，2020 年 8 月，日本全国的完全失业率为 3.0%，连续两个月恶化，完全失业人口达到 206 万人，这是自 2017 年 5 月以来，日本全国完全失业人数再度超过 200 万人。

与其他发展中国家或欧美诸国相比，中国在疫情防控中的表现堪称出色，不仅迅速控制住了疫情的传播和蔓延，还通过多种措施协同发力，尽可能降低了疫情带来的综合影响。世卫组织总干事谭德塞

1　欧树军：《三大危机下，美国社会更加保守》，《环球时报》2020 年 7 月 14 日。

在疫情发布会上对中国疫情防控措施做出了高度评价："我一生中从未见过这样的动员。"谭德塞大为赞叹的"动员"或许只是理解中国抗疫成绩的切口之一，其实不只是"动员"如此，在疫情防控的其他方面，诸如疫苗研发、社会保障、技术治理等诸多方面，中国都提供了与世界其他诸国并不相同的实践方案，而这一方案的成绩和效果也是显而易见的。政治共同体的建立，同时也意味着"自然状态"的终结和政治秩序的开端，市场的运转则依赖于人口、货币和物资的顺畅流动，而新冠疫情的暴发却意味着封锁与隔离，意味着"紧急状态"的发端和持续，这便极大冲击了不少政治体的权力结构，甚至在一定时空范围内造成了"无序"状态。

在这次席卷全球的新冠疫情中，中国的2020年依旧"有序"，城市与乡村、学校与企业、民众与政府，在整体逻辑中各司其职，于疫苗问世前中国便迅速控制住了疫情，降低了影响。其中固然有医护人员的巨大贡献，但更应看到的是新中国成立以来不断发展、巩固和完善的基层治理体系，正是这一体系的事实存在使全国范围内的有效社区防控成为可能。在大规模传染病的防治问题上，医疗体系的现代化诚然有用，但更为关键的是以紧密组织、高效动员、政治整合、众志成城、守望相助为核心特征的基层治理体系，全民覆盖普惠公平的公共医疗体系，辅以必要且适度的技术治理，最终合力将疫情的影响降至最小。相比于其他层级的治理，基层治理面对的问题更复杂，实现"有序"的难度自然更高，中国啃下了这块硬骨头，即便是在新冠疫情暴发之后。如此而论，要想理解中国在抗击疫情过程中取得巨大成绩的最终原因，理解"有序"能够在举国范围内始终延续的根本要义，或许需要把目光投向基层治理的中国方案。

治理本无定法，与形式相比，治理效果与实际质量更为关键，而中国方案的核心秘诀还在于从国家层面对社会中下层的资源倾斜，无论是包括网络、交通、教育、医疗等在内的基础设施向农村地区、边远地区和落后地区的不断延展，还是基层赋权、扫黑除恶、筑牢社保等自上而下的具体治理措施，都旨在为基层营造一个更为通畅、便利和安定的生活世界。在这一过程中，一方面，国家的基础性权力得到了提升，国家意志能够更为准确地延伸至基层民众当中；另一方面，人民群众对公权力的信任度、支持度也大幅增加，使“穿针引线”的基层治理工作更为自然。即便是在大疫之年，中国依然保持着将脱贫攻坚作为强国建设一大基石的战略定力，及时为基层赋权推动国家经济社会恢复发展，引入技术治理方式促进社会整体安全，继续扫黑除恶，构建法治社会，坚持为最广大人民群众筑牢社会保障体系，逐步提升保障水平，共建美好社会。2020 年中国基层治理的五张面孔，正是身处“新冠元年”的中国，在历经了丰富而深刻的社会实践之后，为人类社会的整体发展做出的一大贡献。

第七章

赢得未来

“两个大局”下的科教兴国之路

中华民族伟大复兴的历史关键时刻与世界百年未有之大变局的进程同步交织、相互激荡，而新冠疫情的全球暴发，则为这两个大局的发展增添了许多不确定性因素。在这一背景下，“十四五”时期将科技创新放在了前所未有的重要位置，正显示了中央以科技进步和人才升级来应对长期挑战的战略规划，“科教兴国”“人才强国”日益成为中国“于危机中育先机、于变局中开新局”的“关键一招”。[1]

近代以来，世界格局的变化总是与科技革命的发生偕行，自第一次工业革命以来，世界科技创新的主要策源地都在世界格局中占据重要一席。18 世纪，随着大英帝国在全球的不断扩张，日渐成长为世界工厂的英国不断引入大机器生产取代传统的工场手工业，用源源不断的工业制成品从世界贸易中获得巨额利润。随着第一次工业革命的率先完成，英国成为世界上第一个工业国家。19 世纪，电气工具的发明与使用推动第二次工业革命在英、美、德等主要资本主义国家发生，率先进入电气时代的国家将其在殖民地获取的廉价原材料通过

1 参见《中共中央关于制定国民经济和社会发展第十四个五年规划和二〇三五年远景目标的建议》，人民出版社 2020 年版，第 6 页。

加工带来高额的附加值，资本主义世界体系逐渐确立。第二次世界大战后的美苏军备竞赛的背后实际上是激烈的科技战场竞争，随着苏联的解体，强大的科技优势巩固了美国的世界霸主地位。第三次工业革命是一场信息控制技术革命，使得知识赋予产品的附加值进一步提升，美国等科技发达国家进一步将低端产业转移，占据产业链上游的竞争优势，知识在被日益商品化的过程中成为世界贸易体系的重要一环。如果说第一次工业革命的促动者还主要是手工业工匠，从第二次工业革命开始，科学与技术研究已经逐渐成为一个独立部门，以德国洪堡大学为首，研究型大学和专业科研部门在科技创新和人才生产中扮演着越来越重要的位置。美国 20 世纪五六十年代开始兴起的人力资本理论，进一步将知识红利在大国竞争中的重要作用揭示出来，《国防教育法案》更是直接明确了知识生产与国家安全和实力之间的内在联系，此后，通过《无尽前沿法案》等文件，美国一直在国家战略层面引领科技创新与人才生产布局。

与之相对应，中国科技创新与教育体系的发展也面临着新的形势与任务。

一是随着社会主义现代化建设的推进，经济发展要从资源密集型、资本密集型、劳动密集型转向知识密集型，经济增长方式要从对人口红利的依赖转向全要素增长，科技与教育就必须肩负起为经济增长模式转变、产业转型升级提供智力与技术支持的使命，这就决定了整个科教体系必须在国家创新体系中发挥主体作用，面向国家与社会的需求产出创新成果，培养创新型人才。

二是随着社会主义建设进入新时代，我国社会的主要矛盾已经转变为人民日益增长的美好生活需要和不平衡、不充分的发展之间的矛盾，教育作为人才地域间流动的重要环节，可以在调节社会主要矛盾中起到积极作用。从基础教育的全面普及和高等教育毛入学率提高到 50% 以上，教育发展也从规模扩张转向提质增效阶段，地域、学科、学校之间存在的结构性失衡成为下一阶段必须重点解决的问题，教育内涵的全面拓展、教育质量的全面提升成为主要任务。

三是随着新一轮科技革命的推进，知识更新迭代的速度加快，国民受教育水平全面提升，即将进入全民终身学习时代，培养学生自主探索和终身学习能力成为教育的核心使命。同时，科技也成为推进教育发展的新动能，在线教育资源的可达性提升，使得全民学习、终身学习的理念在技术支撑下得以实现。这就更要求教育者不能将目光局限在“分数”“升学率”“文凭”等阶段性的评价指标上，而是要从人的整体发展和长远发展出发，培养新时代的社会主义建设者和接班人。

四是随着国际竞争局势的复杂化，我们就更需要从长远布局，向未来谋划。科技创新成为国际竞争的主战场，要想从“跟跑者”变成“并跑者”乃至“领跑者”，就不能继续追随西方国家的准则，而是要探索中国式的跨越式发展。我国的科教事业要想更好地服务于国内国际“双循环”的新发展格局，就必须塑造一批既拥抱世界又心怀祖国的高素质创新型人才，为国家社会的长足进步贡献更多创新成果。

在这一背景下，中共十九届五中全会对科技创新领域提出了“面向世界科技前沿、面向经济主战场、面向国家重大需求、面向人民生命健康”的“四个面向”要求，成为引领科技创新与教育领域发展的破题之举。科教兴国的关键在于将科技创新的活力转化为社会生产变革的动力，通过知识创新推动先进生产力的发展，并不断为现代化建设输送创新型人才，最终实现产业的更新换代与转型升级，走在全球产业链变革的前沿，成为建设社会主义现代化国家的关键环节。

本章概述了 2020 年科技创新与人才培养领域的改革图景。其中第一节关注科技创新，国家如何通过体制机制改革激发科技创新活力，以评价体系改革为引领，为原始性科技创新的活力迸发赋能，引导科技创新领域向“四个面向”转型，为社会输送高质量创新型人才。第二节关注立德树人，国家立足百年树人大业，在教育领域持续深化改革，真正引领教育行业扎根中国大地，回归教育本质，培养服务于社会主义现代化的德智体美劳全面发展的建设者和接班人。

第一节

“四个面向”

推动科技创新“从 0 到 1”新突破

中共十八大以来，我国高度重视科技创新，坚持把创新作为引领发展的第一动力。通过全社会共同努力，我国科技事业取得历史性成就，发生历史性变革。重大创新成果竞相涌现，一些前沿领域开始进入“并跑”“领跑”阶段，科技实力正在从量的积累迈向质的飞跃，从点的突破迈向系统能力的提升。在这次抗击新冠疫情过程中，广大科技工作者在治疗、疫苗研发、防控等多个重要领域开展科研攻关，为统筹推进疫情防控和经济社会发展提供了有力支撑，做出了重大贡献。

在 2020 年 9 月 11 日召开的科学家座谈会上，习近平总书记强调，当今世界正经历百年未有之大变局，我国发展所面临的国内外环境发生了深刻复杂的变化，我国“十四五”时期以及更长时期的发展对加快科技创新提出了更为迫切的要求。加快科技创新是推动社会高质量发展的需要，是实现人民高品质生活的需要，是构建新发展格局的需要，是顺利开启全面建设社会主义现代化国家新征程的需要。在科学家座谈会上，习近平提出了“四个面向”，并写进了《中共中央关于制定国民经济和社会发展第十四个五年规划和二〇三五年远景目标的建议》，为科技创新指明了方向。

2020 年，国家从体制机制改革入手，充分激发科技创新领域的活力，引领科技创新工作者面向世界科技前沿、面向经济主战场、面向国家重大需求、面向人民生命健康贡献优质的科研成果，培养高素质创新型人才。其中，对基础研究领域的布局、对研究生教育的改革与对评价体系的改革成为突出亮点。

一、转变导向：释放科技创新活力

（一）重基础：促发“从 0 到 1”重大原始性创新

当前，新一轮科技革命蓬勃发展，革命性的科技进展成为抓住战略机遇的关键，“从 0 到 1”的基础科学研究被视为国际科技竞争的“制高点”。在单边主义、保护主义上升的大背景下，要走出适合我国国情的创新之路，必须把提升原始性创新能力摆在更加突出的位置。中国经济发展的转型与社会主要矛盾的变化也决定了我们比过去任何时候都更加需要增强创新这个第一动力，以生产效率的提升取代规模化扩张，进而从根本上解决发展的不平衡性与不充分性。然而，当前中国科学研究成果仍然呈现出以跟踪、改进学科热点为主，重大原始性创新成果缺乏特点，科研领域的功利性导向也比较突出。但相比应用性技术，基础研究的原创性爆发点往往难以预测，这更需要长远布局和氛围营造。体制机制的改革为科研人员营造有利于潜心治学的研究环境，并提供容错率更高的长期支持，充分激发科研人员的活力与创造力，这样才能让他们在高速发展的社会节奏中保有“板凳甘坐十年冷”的学术热情与创造空间。因此，基础研究领域的布局，重点在于科研体制与机制方面的改革。

2020 年伊始，科技部等五部门联合印发了《加强“从 0 到 1”基础研究工作方案》（以下简称《方案》），进一步贯彻落实《国务院关于全面加强基础科学研究的若干意见》，从优化原始性创新环境、强化国家科技计划原创导向、加强基础研究人才培养等多个方面入手，探索以体制机制改革释放科技创新活力的路径，切实解决我国基础研究缺少“从0到1”原创性成果的问题。[1]

从研究布局入手，《方案》支持高校、科研院所自主布局基础研究。高校可以遵循科研活动规律，扩大科研选题自主权，自主布局基础研究；鼓励科学家围绕重要方向开展长期研究，不追热点，把冷板凳坐热；鼓励科学家挑战前沿科学问题。此外，通过改革重大基础研究项目形成机制，充分重视科学研究过程的灵感瞬间性，对原创性课题开通项目申报、评审绿色通道，建立随时申报的机制；深化国际学术交流合作，积极参与国际大科学计划和大科学工程；加强学风建设，严惩学术造假。国家也将强化自然科学基金的原创导向，在平衡各学科发展的同时，加强对数学、物理等重点基础学科的支持，稳定支持一批基础数学领域的科研人员围绕数学学科前沿问题开展基础理论研究；着重关注研究的原始创新性，强化学科交叉融合，培育新的学科发展方向。

评价机制和项目导向也要向有利于原始性创新的方向转变。在评价机制改革中，推行代表作评价制度，避免唯论文、唯职称、唯学历、唯奖项倾向；建立国家重点实验室新的评价制度，将完成国家任务情况和创新效能作为重要的评价标准；建立促进原创的基础研究项目评价制度，基础研究项目注重评价代表作的原创性和科学价值，应用基础研究项目注重评价解决国家和社会重大问题的应用价值。此外，国家科技计划突出支持重要原创方向，坚持科学研究的全球视野，把握世界科技发展前沿，针对符合国家重点战略布局领域的关键问题重点突破。要加强应用数学和交叉研究，争取在交叉科学领域探索新的科技发展可能性。加大对经济社会发展产生重大影响的前瞻

1　《科技部等部门印发〈加强“从0到1”基础研究工作方案〉》，科技部网站，2020年3月4日。

性、原创性的基础研究和前沿交叉研究的支持，推动颠覆性创新成果的产生。面向国家重大需求，对关键核心技术中的重大科学问题给予长期支持，推动关键核心技术突破。

此外，《方案》特别重视后备科技力量的储备，提出要建立健全高素质科研人才培养机制，真正选对人、用好人，为实现基础科学研究厚积薄发打下坚实基础。一方面是要发掘和培养有志于科学研究的青年人才，另一方面是要给予青年科研人才更多的科研自主权，以激发其创造力。实施青年科学家长期项目，扶持一批重点研究方向的青年科学家，鼓励其瞄准重大原创性基础前沿和关键核心技术的科学问题开展基础研究。相关人选由一线科学家推荐，被推荐人根据确定的重点方向提出项目，项目负责人自主确定研究内容和技术路线，对项目进行全程跟踪、服务，并通过国家科技计划对最具有创新活力的青年科学家进行资金扶持，帮助青年科学家对感兴趣的主题开展持续性研究。《方案》还提出要重视博士后的作用，加大对博士后的支持力度，积极吸引国内外优秀博士毕业生在国内从事博士后研究。

（二）“破五唯”：改革教育评价体系

评价体系对整个科技创新的体制机制起到导向性的作用，在以往的评价制度中，对客观指标的追逐固然避免了主观因素的干预，但在对优质资源的竞争过程中，“分数、升学率、文凭、论文、帽子”已经成为学生和教师的“指挥棒”，从人才培养到科技人才成长及社会选人用人，形成了功利导向的链条。在对各项数字、指标的全力追逐中，对真理探索的热情与原始好奇心渐渐湮灭，功利主义大行其道，对形成鼓励原始性创新人才的良好学术氛围构成根本性的伤害。2020 年的科技与教育领域改革，抓住了评价体系改革这一“牛鼻子”，推出了一系列举措，包括《深化新时代教育评价改革总体方案》《关于规范高等学校 SCI 论文相关指标使用　树立正确评价导向的若干意见》《关于破除高校哲学社会科学研究评价中“唯论文”不良导向的若干意见》《关于正确认识和规范使用高校人才称号的若干意见》等，引导全社会树立科学的教育发展观、人才成长观、选人用人观，探索富有时代特征、彰显中国特色、体现世界水平的教育评价体系。[1]

整体来看，改革方案聚焦“唯分数、唯升学率、唯文凭、唯论文、唯帽子”的顽瘴痼疾给教育与科研体系带来的三大问题。

首先是“五唯”带来的功利主义教育观对立德树人教育功能的危害。分数评价在相当长一段历史时期内发挥了客观、公正、高效、标准化的筛选功能，特别是改革开放以来，全国高等学校入学考试制度的恢复，给无数学子带来了通过学习走出深山、改变命运的机会。但对于筛选功能以外的教育功能，分数机制能够发挥的作用有限，在分数引领下升学率和文凭更是变成了一种对筛选结果的单一“标签化”表达，对标准化筛选之外的多样性，对结果主义背后的发展过程，对层层筛选机制背后的“人”的意义产生了消解作用，追逐升学率的学校、追逐文凭的社会，合谋造成了对育人功能的异化，广大青少年心理问题频出，健康状况堪忧，更被社会评价为“精致的利己主义者”。而针对此问题提出的解决方案，往往还是回到分数评价的老路上，德育分数、体育分数、美育分数……成为青少年发展的新桎梏。《深化新时代教育评价改革总体方案》号召学校回到立德树人成效的根本问题上来，引导教育回归根本，树立德智体美劳全面发展的育人观，在加强品德修养上下功夫，教育引导学生培育和践行社会主义核心价值观。[2] 坚决克服重智育轻德育、重分数轻素质等片面办学

---

1 《教育部负责人就〈深化新时代教育评价改革总体方案〉答记者问》，中华人民共和国教育部官网，2020 年 10 月 14 日。

2 《怎样破“五唯”促教育评价科学转型——专家解读〈深化新时代教育评价改革总体方案〉》，江西教育网，2020 年 10 月 21 日。

行为，科学设计各级各类教育德育目标要求，促进学生身心健康、全面发展，养成良好思想道德、心理素质和行为习惯，传承红色基因，增强“四个自信”，立志扎根人民、奉献国家。[1]

其次是在科研人才评价中“唯论文”等指标导向对潜心治学良好学风的形成带来的危害。近年来，各高校在人才管理制度改革中逐渐引入客观指标体系，论文发表成为其中的重要因素，特别是随着高等教育国际化进程的加速，美国科学信息研究所创办的科学文献检索系统，即“SCI”，作为权威便捷的通用的国际化标准为各高校推崇。相应地，工程信息领域的 EI、人文社科领域的 CSSCI 等检索库也成为相应学科指标体系中的“硬指标”，论文、影响因子、被引次数等成为学术界的“硬通货”，而在此基础上评选出来的各类人才称号，又回到各类评价体系中，成为重中之重的标志性成果，这些成果超越其他主观评价，成为学术评价，以及职称评定、绩效考核、人才评价、学科评估、资源配置、学校排名等方面的核心指标。对指标性要求的追逐扰乱了长期科研规划，更不利于一些“冷门绝学”生根发芽，“蹭热点”“堆数量”“轻质量”等短视学术行为充斥着学术圈，为了谋求国际期刊的发表，更有学者无视国家利益，围绕着论文发表、人才称号评选衍生出一系列“学术潜规则”，进一步扰乱了风清气正的学术生态。针对这一系列问题，教育部出台多个规定，列出负面清单，明确要求在学科和学校评估、职称（职务）评聘、考核奖励、学位授予等环节取消对 SCI 的要求，在舆论宣传上也不采信、不发布以 SCI 论文相关指标为核心编制的排行榜等信息。[2] 在人才计划改革中，也要强化人才称号获得者岗位管理，规范人才招聘和引进

1 《改变分数“标签”！教育评价改革创新德智体美劳过程性评价办法》，新华网，2020 年 10 月 13 日。

2 《教育部　科技部印发〈关于规范高等学校 SCI 论文相关指标使用　树立正确评价导向的若干意见〉的通知》，中华人民共和国教育部官网，2020 年 2 月 18 日。

工作，大力培养支持各类人才，改进评估、评价和评审方法，净化人才称号使用外部环境，加强人才称号使用监督，加强党对人才工作的领导，推进人才称号回归学术性、荣誉性本质。[1]

再次是学校对指标性成果的盲目追捧造成整个教育科研体系目标的偏航乃至迷失。中小学为提高升学率，占用学生的体育、美育课程的情况普遍存在，通过分层教学进一步集中优质教育资源的做法在升学指标中实现了高效精准，但牺牲了更需要教育帮助的中差生的学习机会，将成绩不佳的学生的学籍转出本部，这甚至成为一些优质中学心照不宣的潜规则。高等学校在各大国内国际排名中对指标的追逐有过之而无不及，在这些主要采用客观指标数据的排名中，相关论文发表的数量、引用率、人才称号等，成为影响高校排名的关键因素。在 2020 年 U.S.News 数学学科排名中，曲阜师范大学领先北京大学数学系等国内知名院系，一跃成为全国第一，引发舆论关注，其背后高校鼓励教师向学术同行“推销”论文、提高引用率的现象，恰恰讽刺了这种“客观指标”的公正性。特别是在“双一流”建设中，一些高校、学科盲目以国际排行榜排名为目标的做法，使得相关学科为国际主流学术导向所绑架，不能真正把目光放在中国问题上，没有以优质的学术研究回应中国当前改革发展的真正需求。一大批学者为西方话语、西方范式所奴役，缺乏文化自信、道路自信，更不能讲出真正的“中国故事”。2014 年习近平在北京大学考察时就已经指出，“双一流”建设的目标并非在中国办出“第二个哈佛、耶鲁”，而是要探索真正“世界一流”的“第一个北大”的中国特色建设之路。这就要求在教育评价体系中树立中国自己的标准。长期以来，从育人角度来看，“培养社会主义建设者和接班人”的目标已经比较明确，但在科

1　参见《教育部印发〈关于正确认识和规范使用高校人才称号的若干意见〉的通知》，中华人民共和国教育部官网，2020 年 11 月 30 日。

学研究中的目标导向则不够明晰，可以说，“面向世界科技前沿、面向经济主战场、面向国家重大需求、面向人民生命健康”恰恰为科研体制中的导向机制提供了方向指引。

二、聚焦重点领域：向社会输送高层次人才

（一）面向世界科技前沿，培养高层次人才

在 2020 年 7 月 29 日召开的全国研究生教育会议上，中共中央总书记、国家主席、中央军委主席习近平做出重要指示，他强调，中国特色社会主义进入新时代，即将在决胜全面建成小康社会、决战脱贫攻坚的基础上迈向建设社会主义现代化国家新征程，党和国家事业发展迫切需要培养造就大批德才兼备的高层次人才。

研究生教育肩负着培养高层次人才，特别是研究型人才的重任。从新中国成立伊始的百废待兴，到研究生规模位居世界前列，我国研究生教育走过了从小到大、从弱到强的不平凡历程，在改革开放和社会主义现代化建设的进程中发挥了不可替代的历史性作用。截至 2020 年，我国研究生教育已累计为国家培养输送 1 000 多万高层次人才。要在新一轮全球科技竞争中占据战略主动，要在科技含量较高的产业链顶端占有一席之地，高层次后备人才的培养是基础性工程，在高等教育实现普及化后，研究生教育承担着新的时代重任。

全国研究生教育会议之后，发布了《国务院学位委员会　教育部关于进一步严格规范学位与研究生教育质量管理的若干意见》（以下简称《意见》），落实全国研究生教育会议精神，通过对已有质量保障制度的细化、深化和可操作化，促进研究生教育质量的提高。[1]

1　《国务院学位委员会　教育部关于进一步严格规范学位与研究生教育质量管理的若干意见》，中华人民共和国教育部官网，2020 年 9 月 25 日。

《意见》从问题出发，强调学位授予单位要在现有制度基础上，结合实际情况，拿出真招、实招，直击研究生教育质量管理的痛点难点。其中，导师是研究生教育的主要负责人，《意见》高度重视发挥好导师在研究生培养中的作用，通过明确导师不得安排研究生从事与学业无关的事务、明确有矛盾可变更博士生导师等规定，理顺师生关系，发挥好导师作为学生学术“引路人”的作用。加强学位论文质量管理，将学位论文作假行为纳入全国信用平台，以学位论文为抓手，将学风培育与理论素养教育结合起来，切实提升研究生培养质量。[1]

（二）面向经济主战场，强化重点领域专业学位教育

在高等教育毛入学率达到 50% 后，专业学位研究生教育承担起了高水平专业人才培养的主要任务。专业学位研究生教育进入更高质量、更大规模、更高层次、更多类别、更优布局的大发展时期。2020 年 11 月下旬，国务院教育督导委员会办公室公布了《全国专业学位水平评估工作实施方案》（以下简称《方案》），对我国专业学位研究生教育进行全面的水平性整体考察和诊断，对于推动高校落实立德树人根本任务，遵循专业学位教育发展规律，促进人才培养与行业需求衔接，进一步深化产教融合，推进专业学位研究生培养模式改革，健全专业学位评价体系，提升我国专业学位研究生教育水平和质量具有重要意义。[2]

《方案》以人才培养质量为核心，以评估“体检”“诊断”为目标，坚持“三个聚焦”的评估理念，着力构建和完善符合专业学位发展规律、具有时代特征、彰显中国特色的专业学位水平评估体系。评

1　王家源：《严格规范学位与研究生教育质量管理》，《中国教育报》2020 年 9 月 29 日。

2　《以学生实践创新能力和职业胜任能力为核心，重视用人单位反馈评价——〈全国专业学位水平评估实施方案〉出台》，《中国教育报》2020 年 11 月 28 日。

估聚集专业学位对行业的服务与贡献度，旨在进一步深化产教融合：突出协同育人机制建设，重点考察培养目标与行业需求的结合度，推动高校联合行业企业共同制定培养方案，深化校企合作；突出实践教学支撑能力，重点考察“案例教学”“实践基地”等对人才培养的支撑作用，以及高水平研究工作转化为人才培养资源的能力情况；突出培养成效应用导向，重点考察“应用性成果”“职（执）业资格证书”；突出专业学位论文的应用导向，强调运用理论解决行业企业实践中的问题，推动形成以职业需求、行业产业发展需要为导向的专业学位人才培养体系。

当然，随着产业转型升级和更新换代速度的加快，全民终身教育体系的构建也是教育体系的重要任务。除了完善专业学位研究生教育，疫情期间蓬勃发展的在线教育也为资源的均衡配置提供了更多思路。2020 年 4 月 8 日，教育部办公厅发布《关于启动部分领域教学资源建设工作的通知》，明确从 2020 年起分年度在部分重点领域建设优质教学资源库，探索基于“四新”理念的教学资源建设新路径，推动高等教育“质量革命”。

（三）面向国家重大需求，布局重点领域人才培养

与此同时，基础研究人才的培养是基础研究领域持续发力的关键，在布局基础研究体制机制改革的同时，基础学科领域的人才培养机制改革也同步跟进。2020 年 1 月，教育部发布了《教育部关于在部分高校开展基础学科招生改革试点工作的意见》，以高考招生改革为牵引，带动数学、物理、化学、生物及历史、哲学、古文字学等基础学科的人才培养。长期以来，相比于一些最好就业的热门专业，数理化文史哲等基础学科在高考招生中并不受高分考生青睐，这为相关领域研究人才的储备带来了一定困境。特别是扎实的数理化基础，在高端芯片与软件、智能科技、新材料、先进制造和国家安全等关键领

域的研究、应用与突破中都将发挥重要作用，传统的通过竞赛渠道选拔数理精英的做法，给社会带来了“竞赛热”，却未必有利于发现真正有志于科研的创新型人才。“强基计划”通过独立的招生通道探索建立多维度考核评价考生的招生模式，选拔培养有志于服务国家重大战略需求且综合素质优秀或基础学科拔尖的学生，探索建立“本－硕－博”衔接的培养模式，聚焦国家人才紧缺的文理基础学科领域，积极为关键领域输送高素质后备人才。

此外，在一些重点领域也加强了人才培养布局。随着新一轮科技革命和产业革命的演进，大数据的形成、理论算法的变革、计算能力的提高以及网络设施的演进，驱动人工智能发展进入新阶段，智能化成为军民技术和产业发展的重要方向，这些正在成为大国经济实力、科技实力竞争的标配。据腾讯研究院发布的《中美两国人工智能产业发展全面解读》分析，美国人工智能产业总量约是中国的 2 倍，基础层人才数量是中国的 13.8 倍。[1] 国内人工智能领域高层次领军人才、创新团队和跨学科创新平台不足，学科建设缺乏深度交叉融合，基础理论、原创算法、高端芯片等方面突破较少，复合型人才培养导向性不强，高校和企业的产学研合作缺乏有效的激励机制。对此，教育部、国家发展改革委、财政部联合印发《关于“双一流”建设高校促进学科融合　加快人工智能领域研究生培养的若干意见》，重点布局人工智能领域研究生培养，以国家发展人工智能的重大战略需求为中心，以“需求导向、应用驱动”“项目牵引、多元支持”“跨界融合、精准培养”为基本原则，瞄准“理论、算法、平台、芯片和应用”等急、断、缺的短板领域，构建基础理论人才与“人工智能＋X”复合型人才并重的培养体系。探索深度融

1　《商汤科技总裁张文：中国人工智能人才急缺，缺口超过 500 万》，澎湃新闻，2018 年 5 月 5 日。

合的学科建设和人才培养新模式，适度扩大研究生培养规模，为我国抢占世界科技前沿、取得人工智能领域引领性原创成果的重大突破，提供更加充分的人才支撑。

（四）面向人民生命健康，推进医学教育改革

中共十八大以来，医学教育事业蓬勃发展，基本形成了具有中国特色的医学人才培养体系，为我国卫生健康事业输送了大批高素质医学专门人才。在抗击新冠疫情中，我国医学教育培养的数以百万计的医务工作者发挥了重要作用，用实际行动诠释了白衣天使救死扶伤的崇高精神。

面对疫情提出的新挑战、实施健康中国战略的新任务、世界医学发展的新要求，我国医学教育还存在人才培养结构亟须优化、培养质量亟待提高、医药创新能力有待提升等问题，迫切需要从经济社会发展全局的高度，整体性、系统性、协调性推进医学教育创新发展。国务院办公厅印发的《关于加快医学教育创新发展的指导意见》，对加快推进医学教育改革创新、全面提高医学人才培养质量做出系统部署。

公共卫生人才的缺口在新冠疫情防控工作中已经有突出体现，面向现代化疾病防控体系，目前我国公共卫生应急管理体系队伍在数量和质量方面存在不足。上海等地发布了《关于完善重大疫情防控体制机制　健全公共卫生应急管理体系的若干意见》等文件，完善公共卫生人才培养。具体来看，各地出台的措施主要集中在以下三个层面：首先，从“大健康、大卫生”视野出发，提高认识，把握公共卫生人才培养的特点和规律，从政策支持、评价体系等方面，为公共卫生人才培养创造良好的环境；其次，高校需将公共卫生人才培养作为服务国家使命的重要体现，重构公共卫生人才培养体系，为公共卫生教育制定科学的评价机制，加大对公共卫生教育的投入

和政策支持；再次，公共卫生学院（预防医学系）应承担起不断改革和发展公共卫生教育的责任，以人才培养为核心使命，以服务于健康中国战略为方向，完善教育教学内容和方法，着力培养复合型、兼容型、实践型人才。[1]

1 《如何完善公共卫生人才培养》,《中国教育报》2020 年 3 月 25 日。

第二节

立德树人

扎根中国大地，培养新时代建设者

“为国育才”是社会主义教育的初心与使命，中共十八大以来，习近平总书记多次在全国高校思想政治工作会议、北京大学师生座谈会、全国教育大会、学校思想政治理论课教师座谈会、纪念五四运动100周年大会等一系列重要讲话中强调“扎根中国大地”，“培养德智体美劳全面发展的社会主义建设者和接班人”，形成了系统的新时代教育理念，回应了在新时代如何办“人民满意的教育”、为社会主义现代化建设事业输送合格人才的问题。2020年，针对立德树人工程的改革密集推进，将全国高校思想政治工作会议、全国教育大会、学校思想政治理论课教师座谈会上形成的一系列指导思想落实到具体行动上，聚焦学生的全面发展，布局百年树人工程。

一、强基固本：全面提升思政工作质量

（一）加快思政工作体系构建，协同推进高校思政工作

高等教育是学生走向社会的过渡环节，高校是学生价值观形成的重要场所，高校思政工作是贯通学科体系、教学体系、教材体系、管理体系等人才培养体系的主线，直接关系着“培养什么人、怎样培

养人、为谁培养人”的方向性问题。然而，在中央开展的第一轮巡视中，高校思政工作存在的问题引起各方重视。2017 年召开的全国高校思想政治工作会议针对高校思政教育中普遍存在的突出问题寻方问药，提出了一系列改革思路，各领域的改革也在探索与推进中。但思政教育是一个系统工程，只有将各方力量整合起来，才能对学生的成长产生全面、有效而深远的影响。2020 年 5 月 12 日，教育部、中央组织部、中央宣传部、中央政法委、中央网信办、财政部、人力资源社会保障部、共青团中央等联合印发的《教育部等八部门关于加快构建高校思想政治工作体系的意见》提出了“七位一体”协同推进高校思政工作体系的思路，为高校加快构建思政工作体系提供了根本遵循。

其中，理论武装体系是高校思政育人的基石，高等教育阶段更要注重用学术讲政治，做好思政课程理论性与政治性的统一，只有这样才能真正以透彻的学理分析回应学生，以彻底的思想理论说服学生，用真理的强大力量引导学生。而学科教学体系是高校思政育人的重要依托，只有充分发挥各学科的育人功能，才能有效避免专业教育和思政教育“两张皮”的问题。日常教育体系将思政育人贯穿到人才培养的全过程，通过繁荣校园文化，以优良的校风引领学生思想成熟，促进学生身心健康发展。管理服务体系是思政育人的重要支撑，将思政工作融入对学生的服务与管理中，将工作做到学生身边。安全稳定体系是高校思政育人的防线，通过强化高校政治安全，加强国家安全教育，真正筑牢高校意识形态主阵地。队伍建设体系是思政育人的主体，只有高水平的教师队伍和思政工作队伍，才能有效开展高水平的思政育人的工作。评估督导体系是思政育人的质量保障，通过完善推进落实机制，健全督导问责机制，保证高校思政育人改革实效。[1]

---

1 《教育部等八部门关于加快构建高校思想政治工作体系的意见》，中华人民共和国教（转下页）

“课程思政”是高校思政育人的重点和难点。当前中国高等教育仍以专业教育为主体，专业教育占据了学生学习生活的主要部分，是立德树人的主阵地。但长期以来，专业教育的课堂专注于知识传授与技能掌握，忽略了课程的育人功能。对于大部分学生来说，其所学的专业领域就是他们未来服务国家、建设国家的主场，专业领域正是他们将个人理想与家国大业结合起来的重要途径，只有将对国家和民族的责任融入专业报国的理想中，这份热爱才能持久地发挥作用，学生的个人价值才能够在国家发展的进程中得以具体实现。因此，脱离价值导向的专业教育充其量只能是“失去灵魂的卓越”。但如何发挥好专业课程的育人功能，在高校的教学实践中还没有摸索出统一的路径。2020 年 6 月 5 日，教育部印发《高等学校课程思政建设指导纲要》，就全面推进高校课程思政建设进行了整体设计。从如何科学设计课程思政教学体系、如何结合学科专业特点分类推进课程思政建设、如何把课程思政全程融入课堂教学建设中、如何提升教师课程思政建设的意识和能力、如何完善课程思政建设评价激励机制五个方面，为高校建设课程思政教育体系提供了根本遵循。[1]

思政课教师是承担高校思政课教育教学和研究职责的专兼职教师，是高校教师队伍中承担开展马克思主义理论教育、用习近平新时代中国特色社会主义思想铸魂育人的中坚力量，也是保证高校思政育人效能的关键点。2020 年 1 月 16 日，教育部发布《新时代高等学校思想政治理论课教师队伍建设规定》（以下简称《规定》），首次以部门规章的形式对高校思政课教师队伍建设做出规定，要求以立德

（接上页）育部官网，2020 年 4 月 22 日；《加快构建高校思想政治工作体系培养担当民族复兴大任的时代新人——教育部思想政治工作司负责人就〈教育部等八部门关于加快构建高校思想政治工作体系的意见〉答记者问》，中华人民共和国教育部官网，2020 年 5 月 15 日。

1 《教育部印发〈高等学校课程思政建设指导纲要〉，全面推进高校课程思政建设》，教育部政务新媒体“微言教育”，2020 年 6 月 6 日。

树人为根本任务，加快配齐高校思政课教师队伍，着力解决职业发展、待遇保障、评价激励等实际问题。《规定》明确了思政课教师的基本职责，要求制定思政课教师任职资格标准和选聘办法，加大高等学校思政课校际协作力度，将鲜明的政治立场融入思政课教师队伍培养－选聘－考核－保障等环节，明确思政课教师队伍建设的独特逻辑，以区别于其他以学术目的进行建设的人才队伍，从而为打造一支可信、可敬、可靠，乐为、敢为、有为的思政课教师队伍提供体制机制保障。[1]

（二）深化思政课改革：铸就立德树人思想之魂

思政理论课是思政育人的主渠道，如何提高思政理论课的“出勤率、抬头率、点头率”，使马克思主义思想方法、社会主义核心价值观、中国特色社会主义思想通过这一主渠道真正进入学生头脑里，这是思政育人取得成效的关键。在 2019 年的学校思想政治理论课教师座谈会上，习近平总书记对思政理论课教学提出了“八个相统一”，即政治性和学理性相统一、价值性和知识性相统一、建设性和批判性相统一、理论性和实践性相统一、统一性和多样性相统一、主导性和主体性相统一、灌输性和启发性相统一、显性教育和隐性教育相统一，这为思政理论课改革构建了基本的方法论。按照“八个相统一”的要求，2020 年 12 月 18 日，中共中央宣传部、教育部印发了《新时代学校思想政治理论课改革创新实施方案》，强调“充分发挥思想政治理论课在立德树人中的关键课程作用，循序渐进、螺旋上升地开设好大中小学思政课”[2]，“着力构建目标明确、内容完善、标准健全、

1 《教育部办公厅关于学习宣传和贯彻实施〈新时代高等学校思想政治理论课教师队伍建设规定〉的通知》，中华人民共和国教育部官网，2020 年 2 月 25 日。

2 《中共中央宣传部　教育部关于印发〈新时代学校思想政治理论课改革创新实施方案〉的通知》，中华人民共和国教育部官网，2020 年 12 月 22 日。

运行科学、保障有力、成效显著的高校思想政治工作体系”[1]。

明确思政理论课改革基本要求：一是把握新时代，坚持用习近平新时代中国特色社会主义思想铸魂育人，加强“四个自信”教育；二是推进一体化，纵向各学段层层递进，横向各课程密切配合；三是突出创新性，完善课程教材建设机制，优化教材内容，创新教学方法；四是增强针对性，遵循思政工作规律，编写适用于不同类型高校的教材；五是注重统筹性，总体推进，分类指导，分步实施，积极稳妥地做好各项工作。

实现大中小学思政课一体化设计：一是课程目标方面，小学阶段重在培养学生的道德情感，初中阶段重在打牢学生的思想基础，高中阶段重在提升学生的政治素养，大学阶段重在增强学生的使命担当；二是课程体系方面，在小学及初中阶段“道德与法治”、高中阶段“思想政治”、大学阶段“思想政治理论课”中落实课程目标要求；三是课程内容方面，在各学段现有课程内容基础上，重点强化习近平新时代中国特色社会主义思想进课程进教材，培育和践行社会主义核心价值观。

推动思政课教材体系建设和组织领导建设：在教材体系方面，完善教材编审制度，健全一体化教材建设机制，加强教材研究，构建立体化教材体系；在组织领导方面，加强领导，确保取得实效，开齐开足课程；组织好教学，确保学时学分和教学质量；培训好教师，组织开展教师全员培训；使用好教材，准确把握教材的基本精神和主要内容，做好教材内容向教学内容的转化。

（三）抓教材：推进教材依法管理

不仅是思政课教材，所有课程的教材编写与选用都体现着课程

---

1 《关于政协十三届全国委员会第三次会议第 1181 号（教育类 093 号）提案答复的函》，中华人民共和国教育部官网，2020 年 12 月 9 日。

的育人导向和价值取向。在中共十八大之前，除义务教育教材和“马工程”教材外，国家对教材的统一管理并不多，即使在义务教育阶段，使用自编教材的学校和地区也很多，对这些教材的统一审查和管理就更为薄弱。此前，在部分自编少数民族语言教材中，发现了一些违反党的教育方针、危害国家认同意识培育的内容。在 2019 年香港发生一系列暴力乱港事件后，香港通识教育教材对青年人的影响力再次受到关注，使人进一步认识到，各种错误思潮通过教材渗透到大中小学教育中，将对青年学生的思想意识形态的形成产生深远的影响。

在 2017 年的全国高校思想政治工作会议上，习近平总书记首次指出了教材管理对于思政教育的重要性。2020 年习近平总书记在给人民出版社的回信中再次强调了教材建设对于教育百年大计的重要性。2017 年以来，教育部通过成立国家教材委员会等途径，加强了对教材建设的管理，大中小学教材体系初步建立，教材质量不断提高，但仍面临不少亟待解决的问题和挑战，主要表现为教材体现人才培养模式变革的新理念、新要求不足，内容价值导向与知识教育融合不够。[1] 随着中国从教育大国走向教育强国，教育理念、育人模式的深刻变革，对教材建设提出更高要求。[2]

2020 年 1 月，国家教材委员会印发《全国大中小学教材建设规划（2019—2022 年）》，明确了到 2022 年，教材建设全面加强，教材管理体制基本健全、体系基本完备、质量显著提升，更加适应中国特色社会主义发展要求，更具中国特色和国际视野，育人功能显著增

---

1 《建立健全教材管理制度　提升教材建设科学化规范化水平——教育部教材局负责人就教材管理办法答记者问》，中华人民共和国教育部官网，2020 年 1 月 20 日。

2 《全面落实教材建设国家事权　系统描绘大中小学教材建设蓝图——国家教材委员会办公室负责人就〈全国大中小学教材建设规划（2019—2022 年）〉答记者问》，中华人民共和国教育部官网，2020 年 1 月 7 日。

强，开创教材建设新局面的发展目标，并通过打造高素质专业化教材建设队伍、构建高水平专门化课程教材研究平台、整合优化支撑教材编写的配套资源、实行教材使用全员周期培训、提高教材建设经费保障水平等途径予以实现。

此后，教育部印发《中小学教材管理办法》《职业院校教材管理办法》《普通高等学校教材管理办法》《学校选用境外教材管理办法》四个领域的教材管理办法，进一步明确职责、健全机制、强化措施、堵塞漏洞，重点解决各级各类教材谁来管、管什么、怎么管的问题。其中，《中小学教材管理办法》着重强调精细管理，在原有教材管理办法基础上，将审核要求细化为政治审核、专业审核、综合审核、专题审核、对比审核等。《职业院校教材管理办法》重在加强规划引领，鼓励行业、学校和企业等多方参与，强化全流程产教融合、校企合作。《普通高等学校教材管理办法》重点是处理好规范管理和学术创新的关系，明确高校主体责任，建立编写审核和选用审核制度，着力打造精品教材，鼓励高水平学校和专家编写教材。《学校选用境外教材管理办法》强调既要积极借鉴人类优秀文明成果，又要加强管理，坚持“按需选用、为我所用”，严格把关。[1]

2020 年 9 月，首届全国教材管理工作会议再次强调了教材战线统一思想、坚持正确政治方向的重要性。在目前以统筹为主、统分结合的管理体系基础上，要想继续发挥好教材铸魂育人、关键支撑、固本培元、文化交流等功能和作用，就必须继续坚持把方向、守阵地、出精品、强队伍、抓保障，打造出一批经得起历史和实践检验的精品教材。

---

1 《国家教材委员会、教育部印发全国教材建设规划和四个教材管理办法　部署推进大中小学教材建设》，中华人民共和国教育部官网，2020 年 1 月 7 日。

二、五育并举：培养社会主义事业建设者和接班人

面对2035年建设社会主义现代化国家的远景目标，我国高等教育肩负着培养社会主义事业建设者和接班人的重大任务。因此，高校必须坚持正确的政治方向，引导学生树立正确的人生观、世界观、价值观。相比于知识经济时代，西方将人才培养主要理解为劳动人力资本积累的理念，社会主义教育始终关注人的全面塑造。1957年，毛泽东率先提出："我们的教育方针，应该使受教育者在德育、智育、体育几方面都得到发展。"[1] 1999年《中共中央　国务院关于深化教育改革全面推行素质教育的决定》将美育加入了人才培养目标；习近平总书记在2018年的教师节讲话中，首次完整提出"德智体美劳全面发展"，将"五育并举"作为社会主义教育事业的人才培养目标。相比于发展较为完善的德育和智育，中国在体育、美育、劳育方面的探索尚不成体系，特别是在高考"分数指挥棒"的引导下，部分地区将大量教育资源投入知识和应试教育中，对体美劳教育重视不够，一些学校的体育、美育时间受到挤占，青少年健康素质下降，劳动者精神缺乏，成为制约社会主义教育发展的突出问题。2020年，中央针对短板弱项，在加强体美劳教育方面出台一系列政策，有针对性地加强和改进新时代育人体系。

（一）强身健体：提高青少年身体素质

2020年10月15日，中共中央办公厅、国务院办公厅印发《关于全面加强和改进新时代学校体育工作的意见》（以下简称《意见》），提出了到2035年基本形成多样化、现代化、高质量的学校体育体系的目标。《意见》不仅致力于通过建立体育竞赛体系、加强体

1　《关于正确处理人民内部矛盾的问题》，央视网，2020年9月16日。

教融合、建设体育传统特色学校等措施强化体育，更注重以体育智、以体育心，让青少年在体育锻炼中培养奋发向上的精神和顽强拼搏的意志品质。在强化国民身体素质的同时，帮助学生在体育锻炼中享受乐趣、增强体质、健全人格、锤炼意志。[1]

《意见》在保证课程数量、师资队伍、硬件保障等方面提出了许多具体措施，强调保障学生每天校内、校外各一个小时体育活动时间，促进学生养成终身锻炼的习惯。《意见》对地域间的体育资源的不平衡问题也提出了解决方案。但最受舆论关注的，还是评价机制改革中“将体育科目纳入初中、高中学业水平考试范围”“逐步提高中考体育分值”等表述，对于体育改革中运用“考试指挥棒”、强化分数考核的做法，一些民众表达了不解，认为这与教育评价改革的精神可谓背道而驰，与体育引领学生形成正确的健康观、体育观的目的或有出入。但亦有意见认为，在全社会普遍“重智育轻体育”的背景下，较为强有力的推进措施有利于移风易俗，转变观念，让全社会认识到体育对学生全面成长和发展的重要性。[2]但在具体措施的推进中，则要因地制宜，渐进改革，防止“一刀切”给教育资源弱势地区带来不公平问题。

（二）以美育人：把美育融入人才培养全过程

2020年10月15日，中共中央办公厅、国务院办公厅印发了《关于全面加强和改进新时代学校美育工作的意见》，提出要弘扬中华美育精神，以美育人、以美化人、以美培元，把美育纳入各级各类学校

1 《中共中央办公厅　国务院办公厅印发〈关于全面加强和改进新时代学校体育工作的意见〉和〈关于全面加强和改进新时代学校美育工作的意见〉》，中华人民共和国中央人民政府官网，2020年10月18日。

2 《加快构建新时代学校体育教育体系　培养德智体美劳全面发展时代新人——教育部有关负责人就〈中共中央办公厅　国务院办公厅关于全面加强和改进新时代学校体育工作的意见〉答记者问》，中华人民共和国教育部官网，2020年10月18日。

人才培养全过程，贯穿学校教育各学段。[1]

具体来说，推进美育教学：一是通过学科融合，加强美育与德育、智育、体育、劳动教育相融合；二是通过学段衔接，构建大中小幼相互衔接的美育课程体系；三是目标整合，与立德树人的总体要求有效对接；四是教材贯通，扎根中国、融通中外，凸显中华美育精神。[2]

学校美育是向青少年传播社会主义先进文化的主阵地。然而，当前各个学段对于美育课程的重视不足，对美育课程的弱化乃至挤占，将以文化人、以美育人的主阵地让步给了大众媒体和通俗文艺。一些青少年在网络和大众媒体上接受了水平参差不齐、内容杂多混乱的信息，建立了与社会主义先进文化发展方向偏离的审美观、文化观、艺术观，长此以往，将对社会主义核心价值观的塑造产生不良影响。此次提出到2035年，基本形成全覆盖、多样化、高质量的具有中国特色的现代化学校美育体系的目标，与社会主义建设新发展阶段的要求保持一致，获得了舆论的称赞。但也有人强调，不能把“特长培训”等同于美育，这不仅背离了以美育人、以美化人、以美培元的新时代美育基本原则，也容易进一步加大美育的城乡差距和地域差距。[3]

（三）知行合一：树立社会主义劳动观

2018年教师节，习近平总书记在讲话中第一次将劳动教育与德育、智育、体育、美育并列，作为培养社会主义建设者与接班人的具体目标。尽管新中国在教育系统中一直保留着劳动育人的传统，但相

1　《中共中央办公厅　国务院办公厅印发〈关于全面加强和改进新时代学校体育工作的意见〉和〈关于全面加强和改进新时代学校美育工作的意见〉》，中华人民共和国中央人民政府官网，2020年10月18日。

2　《范迪安院长出席教育部新闻发布会　解读〈关于全面加强和改进新时代学校美育工作的意见〉》，澎湃新闻，2020年10月16日。

3　戴先任：《加强美育要注意城乡间差距》，《燕赵晚报》2015年9月29日。

比于德智体美“四育”，劳动教育在此前还没有被正式纳入育人体系，特别是随着家庭劳动教育的弱化和社会劳动向脑力劳动转型，学校劳动教育对青少年劳动观的形成起到重要作用。近年来，各地区和学校坚持教育与生产劳动相结合，在劳动教育方面取得一定成效，但我国仍然部分存在着劳动观念不正确、学校劳动教育削弱、家庭劳动教育缺失、社会劳动教育缺位等现象。劳动教育被淡化、弱化，一些青少年不珍惜劳动成果、不想劳动、不会劳动，与社会主义建设者和接班人的培养要求有较大差距。

从“996”的争论到“打工人”的调侃，背后无不映衬着青年一代对于劳动价值创造主体性的缺失。社会主义劳动者的主人翁意识正是在改造世界的劳动过程中得以实现的，在社会主义建设者的培养中，如果不能有效建立马克思主义劳动观，不仅会影响到劳动者的劳动精神塑造，更会进一步影响到其对于认识与改造世界内在逻辑的建立，对于日后通过劳动奋斗建设社会主义现代化国家的价值意义也缺乏主体性的理解。社会主义的劳动者正是以主体而不是被奴役的姿态投入劳动中，从而在社会主义建设中实现自身的主体价值，这种劳动价值观在青少年中的普遍建立，是培养社会主义建设者与接班人的题中应有之义。

2020 年 3 月 20 日，中共中央、国务院发布了《关于全面加强新时代大中小学劳动教育的意见》，确立了大中小学劳动教育的基本原则、目标内容、实施路径和保障机制，对新时代劳动教育做了顶层设计和全面部署[1]，要求全面构建体现时代特征的劳动教育体系，学校发挥主导作用、家庭发挥基础作用、社会各方面发挥支持作用，广泛开展劳动实践，并重点规划了学校劳动教育的课程要求[2]。教育部通过

1　《中共中央　国务院全面部署新时代大中小学劳动教育》，中华人民共和国教育部官网，2020 年 3 月 26 日。

2　《全面贯彻党的教育方针　大力加强新时代劳动教育》，人民网，2020 年 3 月 30 日。

细化顶层设计、加强制度保障、强化组织领导，在实践场所、人才队伍、经费保障、安全规范四方面对保障各级各类学校开展好劳动教育进行系统而细致的制度安排，着力推动将劳动教育纳入教育教学体系和人才培养体系中。[1]

三、以德立教：打造新时代“四有”教师队伍

教师是立教之本、兴教之源。在没有完全社会化的青少年阶段，在家庭之外，教师是学生认识这个社会的重要窗口，也是学生通往知识世界的阶梯。在“信息爆炸”的时代，学生接触到各类信息的途径繁多，教师更需要强健自身，在学生知识的获取、世界观的建立中起到“引路人”的作用，帮助其从纷繁杂多的信息中厘清通向真理的正确道路。在2014年的教师节，习近平总书记就提出了“有理想信念、有道德情操、有扎实学识、有仁爱之心”的“四有”好老师要求，并在全国高校思想政治工作会议上进一步具体化为“坚持教书和育人相统一，坚持言传和身教相统一，坚持潜心问道和关注社会相统一，坚持学术自由和学术规范相统一”的“四个相统一”。2020年，针对问题聚集的高校教师队伍建设、研究生导师队伍建设、乡村教师队伍建设，教育部连续出台文件，探索新时代“以德立身、以德立学、以德施教”的“四有”好老师队伍建设路径。

（一）聚焦教师发展：打造高素质专业化创新型高校教师队伍

师德师风与专业素质是新时代高校教师素质的两翼，2020年12月24日，教育部等六部门联合印发《关于加强新时代高校教师队伍

---

1 《构建新时代中国特色社会主义劳动教育体系——教育部有关负责人就〈中共中央　国务院关于全面加强新时代大中小学劳动教育的意见〉答记者问》，中华人民共和国教育部官网，2020年3月27日。

建设改革的指导意见》(以下简称《意见》)，明确了“以强化高校教师思想政治素质和师德师风建设为首要任务，以提高教师专业素质能力为关键，以推进人事制度改革为突破口”。

高校要坚持正确的办学方向，教师队伍首先要在教书育人中传达正确的价值观，学生首先要“亲其师”，才能进一步“信其道”，教师队伍的思想政治素质和道德品质，成为整个学风校风建设的引领要素。此前高校的师德师风建设以“查”为主，重点在于对师德失范行为进行违纪处理，发挥警示作用，对师德师风先进模范典型进行表彰，发挥激励示范作用。此次出台《意见》，强调将思想政治素质教育与师德师风建设纳入教师培训与发展体系，以育促建，激发教师队伍涵育师德师风的内生动力。

信息时代的知识更新迭代速度加快，特别是从事高等教育的教师，必须始终走在知识生产的最前沿，只有不断提升教学能力，才能满足新时代培养高层次人才的需求。对此，《意见》高度重视高校教师的发展问题，提出系列支持举措，强调遵循教育规律和教师成长发展规律，为提高人才培养质量、增强科研创新能力、服务国家经济社会发展提供坚强的师资保障。[1]

当前高校人事制度改革正在推进中，一些高校在教师编制岗位管理改革中探索了新模式，但仍存在“新老体制”不接轨、重科研轻教学、评价体系“唯论文、唯帽子”现象突出等问题。《意见》针对这一系列问题，对高校推进教师队伍管理提出了优化体制、强化保障、改进服务等多方面要求，力求打造出一支高素质、专业化、创新型教师队伍。[2]

---

1 《教育部等六部门印发指导意见加强新时代高校教师队伍建设改革》，中华人民共和国教育部官网，2021 年 1 月 27 日。

2 《面向新时代新要求　建设一流教师队伍》，中华人民共和国教育部官网，2021 年 1 月 29 日。

（二）师德率先垂范：科学规范研究生导师队伍

近年来，研究生和导师的矛盾频发，个别研究生导师存在指导精力投入不足、质量把关不严、师德失范等问题，一些导师利用职务便利，对学生进行性骚扰、在课题研究中“压榨”研究生、诱导学生违反学术诚信、阻挠学生正常毕业等行为，更是对学生的身心造成了较大伤害，甚至发生数起学生自杀事件。[1]

2019 年，教育部已经分别发布了各学段教师队伍的行为准则，但由于研究生导师的教育主要不是通过课堂讲授完成，课堂以外的行为更需要系统性的规范。2020 年 10 月 30 日，教育部印发《研究生导师指导行为准则》（以下简称《准则》），要求从政治素养、业务素质、师德师风等多方面科学规范导师行为，同时加大违规监督处置力度。

《准则》从八个方面对导师指导行为提出具体明确的基本规范：一是坚持正确思想引领；二是科学公正参与招生；三是精心尽力投入指导；四是正确履行指导职责；五是严格遵守学术规范；六是把关学位论文质量；七是严格经费使用管理；八是构建和谐师生关系。[2]

研究生导师作为一个特殊群体，不仅是学生学业的直接管理者，更是学生通往学术殿堂的引路人。因此，研究生导师的管理，直接关系到下一代学术队伍的素质与风气问题。《准则》的出台回应了全国研究生教育会议关于高层次人才培养的问题，抓住研究生导师这支主力军，致力于造就有理想信念、道德情操、扎实学识、仁爱之心的一流研究生导师队伍，增强导师为社会主义建设输送高层次人才的使命感、责任感、荣誉感，为提升研究生培养质量提供保障。[3]

1　刘婷婷：《规范研究生导师指导行为刻不容缓》，《中国青年报》2020 年 11 月 13 日。

2　《教育部印发〈研究生导师指导行为准则〉》，《中国教育报》2020 年 11 月 12 日。

3　《科学规范导师指导行为　建设一流研究生导师队伍——教育部学位管理与研究生教育司负责人就〈研究生导师指导行为准则〉答记者问》，中华人民共和国教育部官网，2020 年 12 月 29 日。

（三）强健乡村师资队伍：发展公平而有质量的教育

乡村教师是发展更加公平、更有质量乡村教育的基础支撑，是推进乡村振兴、建设社会主义现代化强国、实现中华民族伟大复兴的重要力量。在脱贫攻坚任务完成后，贫困地区的人口素质提升成为乡村振兴和可持续发展的关键问题。进一步改善乡村教师队伍的现状，对于阻断贫困代际传递、促进乡村教育振兴、实现教育现代化具有极为重要的战略意义。

目前，我国乡村教师队伍还存在结构性缺员较为突出、素质能力有待提升、发展通道相对偏窄、职业吸引力不强等问题，必须把乡村教师队伍建设摆在优先发展的战略地位。[1] 2020 年 7 月 31 日，教育部、中央组织部、中央编办、国家发展改革委、财政部、人社部六部门联合印发了《关于加强新时代乡村教师队伍建设的意见》（以下简称《意见》），针对乡村教师队伍存在的上述问题提出了七个方面的举措：一是加强师德师风建设；二是创新挖潜编制管理；三是畅通城乡一体配置渠道；四是创新教师教育模式；五是拓展职业成长通道；六是提高地位待遇；七是关心青年教师工作生活。[2]

此次《意见》的出台聚焦问题，系统谋划，明确了乡村教师队伍建设的目标和要求，提出了一系列实质性举措，对吸引优秀人才在乡村学校长期从教、终身从教，缩小城乡师资水平差距，让每个孩子都能接受公平、有质量的教育产生深远的影响。[3]

---

1 《教育部等六部门关于加强新时代乡村教师队伍建设的意见》，中华人民共和国教育部官网，2020 年 8 月 28 日。

2 《加强乡村教师队伍建设　发展公平而有质量的教育——教育部教师工作司负责人就〈教育部等六部门关于加强新时代乡村教师队伍建设的意见〉答记者问》，中华人民共和国教育部官网，2020 年 9 月 4 日。

3 《进一步加强新时代乡村教师队伍建设　推动首都教育优质均衡发展》，中华人民共和国教育部官网，2020 年 9 月 4 日。

四、优先发展基础教育：关注中小学生身心健康发展

基础教育是为全面素质奠定基础的关键学段，经过多年努力，我国实现了基础教育的全面普及，人民群众“有学上”问题基本解决。但随着社会主要矛盾转化为人民日益增长的美好生活需要和不平衡、不充分的发展之间的矛盾，人民对“上好学”的需求日益强烈，提升质量成为基础教育面临的最紧迫、最核心的任务。2018 年 9 月在北京召开全国教育大会之后，党中央、国务院陆续出台了关于学前教育、义务教育和普通高中教育三个重量级文件，并于 2019 年 7 月 29 日召开了全国基础教育工作会议，这是新中国成立以来第二次召开全国性的基础教育工作会议，明确基础教育在国民教育体系中的基础性、先导性地位。

（一）深化“放管服”改革，激发中小学办学活力

2020 年 9 月 24 日，围绕基层反映的对中小学“管得太多、激励不够、保障不够、管理机制不健全”等突出问题，教育部、中央组织部、中宣部、中央编办、国家发展改革委、公安部、财政部、人社部八部委联合印发《关于进一步激发中小学办学活力的若干意见》（以下简称《意见》），重点提出保障学校办学自主权、增强学校办学内生动力、提升办学支撑保障能力、健全办学管理机制四项举措，以期通过治理体系的完善激发中小学办学活力、加快现代学校制度建设[1]，是进一步健全基础教育治理体系的重要内容和基础性工程[2]。

“放管服”改革，目的是要激发中小学办学的内生动力，让中小

1 刘亚文：《四举措进一步激发中小学办学活力》，《中国教师报》2020 年 9 月 30 日。

2 《教育部基础教育司负责人就〈关于进一步激发中小学办学活力的若干意见〉答记者问》，中华人民共和国教育部官网，2020 年 9 月 21 日。

学在自主管理中探索特色的基础教育推进路径，最大限度释放活力，这是推进基础教育内涵式发展的具体举措。因此，《意见》特别强调落实中小学办学自主权，让学校回归到教书育人的主责主业上来，包括：在教育教学自主权上，让校长真正能够因地制宜地建设属于自己的学校文化，让教师能够提出自己的教学主张和本校教育教学模式；在人事权上，赋予校长对校级副职、中层干部的管理任用权力；在财权上，强调学校自主提出年度预算建议，自主执行批准的预算项目，对预算资金进行全过程绩效管理。[1]

但“放”的同时也要做好“管”，保障基础教育的办学导向是对中小学管理的重中之重。在对校长放权的同时，也要防止部分人扭曲的政绩观带歪了教育观。因此，如何树立科学教育观成为《意见》关注的重点。结合2020年教育部治理教育评价体系改革的工作重点，《意见》针对中小学克服“唯升学率”“唯分数”倾向，特别是片面追求中高考成绩或升学率的问题，提出一系列改革中小学教育评价体系的措施。首先，要将升学率从教育评价的指标体系中删去，阻断“唯分数”“唯升学率”的压力传导路径。其次，要把过程评价、结果评价、增值评价和综合评价融入教育评价体系，以及让社会组织在基础教育的评价体系中发挥更有益的作用。[2]

（二）规范教育惩戒，实现教育惩戒有尺度、有温度

规范中小学教育的另一个重点，就是将教育惩戒行为纳入法治轨道。随着教育观的改变，在中小学教师惩罚学生的合理尺度上产生了较大争议，部分老师动辄采取过度打骂等暴力行为，影响了中小学

1 《牢牢抓住现代学校制度建设“牛鼻子”，充分激发中小学办学活力》，中华人民共和国教育部官网，2020年9月24日。

2 杨博：《淡化升学率，激发办学活力》，《广州日报》2020年9月25日。

生的身心健康，甚至逾越了法律界限；部分老师则由于担心家长追责，对学生不愿管、不敢管，将所有教育责任推给家庭。这两种现象都不利于中小学生的健康成长。2020 年 12 月 23 日，教育部制定颁布《中小学教育惩戒规则（试行）》（以下简称《规则》），第一次以部门规章的形式对教育惩戒做出规定，系统规定了教育惩戒的属性、适用范围以及实施的规则、程序、措施、要求等，旨在把教育惩戒纳入法治轨道，更好地推动学校全面贯彻落实党的教育方针和立德树人的根本任务。

《规则》规定，教育惩戒是学校、教师基于教育目的，对违规违纪学生进行管理、训导或者以规定方式予以矫治，促使学生引以为戒、认识和改正错误的教育行为。[1]《规则》明确指出，实施教育惩戒应当遵循教育性、合法性、适当性的原则。教育惩戒应当符合教育规律，遵循法治原则，选择适当措施，与学生过错程度相适应。《规则》对应当给予教育惩戒的情形做了具体规定，区分一般教育惩戒、较重教育惩戒和严重教育惩戒三种类型，将教育惩戒规则与《预防未成年人犯罪法》相衔接，帮助中小学生明确法律底线，树立规则意识。[2]

同时，《规则》也要求学校、教师提高能力，保障教师会用善用、能用敢用、避免滥用教育惩戒规则。《规则》明确了学校教育惩戒后的救济渠道，为教师正常、合规履职提供保障和监督。[3]

（三）治理校外培训，规范中小学培训市场

当前，社会培训已经成为广大中小学生接受教育的重要途径，

---

1 《教育部颁布〈中小学教育惩戒规则（试行）〉》，中华人民共和国教育部官网，2020 年 12 月 29 日。

2 《教育部颁布〈中小学教育惩戒规则（试行）〉规定对学生实施教育惩戒的种类》，《人民日报》2020 年 12 月 30 日。

3 《让教育惩戒有尺度、有温度——教育部政策法规司负责人就〈中小学教育惩戒规则（试行）〉答记者问》，中华人民共和国教育部官网，2020 年 12 月 29 日。

但校外培训市场缺乏监管，问题频出。2018 年 2 月以来，全国各地针对校外培训机构开展了一系列专项治理行动，取得了阶段性成效。[1]但是，在校外培训机构治理过程中，培训机构超标超前培训、校外培训收退费纠纷等问题十分突出。特别是在新冠疫情的影响下，大量教育培训机构因资金链断裂导致破产、关闭，家长维权受阻，社会矛盾十分突出。

校外培训的乱象背后，是资本在教育领域的无序扩张导致的教培行业乱象，校外培训机构在资本扩张的裹挟下，背离基本教育规律，通过不断放大教育焦虑以吸纳资金流入教培行业，间接导致了教育不公平的扩大化。这一系列乱象仅凭教育部办公厅印发的《义务教育六科超标超前培训负面清单（试行）》（以下简称《负面清单》）和《中小学生校外培训服务合同（示范文本）》（以下简称《示范文本》）等导向性文件不足以得到规范。随着“双减”工作不断走向深入，国家对民办教育领域的政策导向进行调整，国家继续重锤治理校外培训领域，努力让基础教育回归学校课堂，回归非营利属性，摆脱资本引导，彻底回归育人初心，进入新的良性发展轨道。

《负面清单》共涉及义务教育阶段语文、数学、英语、物理、化学、生物学 6 门学科，分别明确了课程标准规定、教科书难度、教学进度等“原则要求”，并对超标内容进行了“典型问题”示例。而《示范文本》则吸收了国家层面新近出台的有关规范校外培训机构的文件内容，并转换为市场主体双方的合同约定内容，充分考虑了中小学生在参加校外培训过程中，各环节必须明确的当事人双方责任、权利关系，有利于防止部分培训机构利用格式合同免除自身责任、加重学员责任、排除学员主要权利、损害学员合法权益等情况发生，也维护了培训机构的知识产权等应有权利，体现了契约精神的平等

1　杨程：《负面清单助推校外培训规范发展》，《中国教育报》2020 年 5 月 12 日。

与理性。[1]

但校外培训作为学校教育的补充，是否应当以课标为依据，也引发了争议。作为提供多样化服务的培训市场，为学有余力学生提供超前教育，为学力不足学生提供强化辅导，本就是基于市场需要产生的自然现象，可以说，相比于注重为大多数学生提供基础教育的学校教育，校外培训的重点恰恰在于多元化、个性化。一些研究也表明，超前学习对于拔尖创新人才的成长有积极作用。[2]当然，一些培训机构和家长对超前学习的盲目追逐和“拔苗助长”风气，确实也不利于教育公平和青少年身心健康成长。但是，以《负面清单》形式对校外培训“超纲”“超标”进行严防死守，是否真正符合教育规律，值得管理者进一步思考。

（四）联合重拳出击，营造良好安全的未成年人网络环境

社会各界是青少年健康成长的共同守护者，当前复杂的网络环境给青少年身心发展带来的复杂影响受到社会关注。2020 年 8 月 19 日，教育部、国家新闻出版署、中央网信办、工业和信息化部、公安部、市场监管总局六部门联合下发《教育部等六部门关于联合开展未成年人网络环境专项治理行动的通知》（以下简称《通知》），启动开展未成年人网络环境专项治理行动，致力于营造良好安全的未成年人网络环境，保护未成年人身心健康成长。[3]

本次专项整治的重点有以下三方面：一是集中整治未成年人沉迷网络问题。落实网络游戏用户账号实名注册制度，控制未成年人使

---

1 《推行培训服务合同示范文本　推进校外培训机构规范发展》，中华人民共和国教育部官网，2020 年 6 月 17 日。

2 陆一、冷帝豪：《中学超前学习经历对大学拔尖学生学习状态的影响》，《北京大学教育评论》2020 年第 4 期。

3 《六部门：联合开展未成年人网络环境专项治理行动》，观察者网，2020 年 8 月 26 日。

用网络游戏时段、时长。二是专项治理低俗有害信息。集中对学习教育类网站平台和其他网站的网课学习版块推送与学习无关的信息问题进行治理。三是加强对企业的监督监管。督促互联网企业严格落实主体责任，加大对涉未成年人信息内容审核力度，及时发现和处置有害信息。[1]

此次治理体现了多部门的协同配合，各部门从教育、宣传、网络、治安、市场等多个角度出发，通过周密部署开展联合行动，多途径全方位保障实效。在此基础上，针对摸排和整改情况进行有针对性的自查总结，总结有效措施，形成净化未成年人网络空间的长效工作机制。[2]

立体防治，教育为先。生活在信息时代的中小学生与网络隔绝是不现实的，网络作为一种工具，在信息获取、知识学习等方面也可以对青少年产生很多积极作用，特别是在新冠疫情期间，丰富的线上教学手段保障了学生"停课不停学"，是线下教育的一种有力补充。在信息时代，信息网络素养本身也是青少年全面发展的必不可少的一个方面。《通知》也对中小学生网络教育进行了部署，明确了学校和家长两重角色：一方面要求各地中小学集中开展学生网络素养和网络自我保护教育，有效提高中小学生网络安全意识；另一方面开展普及家庭教育科学理念的宣传活动，指导家长履行监护人职责，引导未成年人限时、安全、理性上网，学习使用文明、健康的网络语言，预防和制止未成年人沉迷网络。[3]

---

1 《教育部等六部门：集中整治未成年人沉迷网络问题》,《北京日报》2020 年 8 月 26 日。

2 《重拳！未成年人网络环境专项治理行动！》，澎湃新闻，2020 年 8 月 27 日。

3 《教育部等六部门联合部署　未成年人网络环境专项治理行动开展》，中华人民共和国中央人民政府官网，2020 年 8 月 27 日。

结　语

以创新引领发展，靠人才赢得未来

中国2015年开始启动的高等教育“双一流”建设初步完成了第一个阶段的建设。在第一阶段的验收总结中，部分高校关于“建成世界一流大学”的宣示，引发了国内舆论的激烈争论。面对百年未有之大变局，中国在科技创新领域面临的挑战可谓前所未有。在中美大国竞争中，核心技术与上游产业成为美国对华竞争的“撒手锏”，原本依赖于进口的关键部件成为扼住中国部分产业喉咙的“卡脖子”难题。与之相对，“中国制造2025”等瞄准前沿核心技术的国家战略则成为美国对华政策研究关注的核心领域，生物、计算机、材料等领域的华人留学生和科学家在美屡遭打压，两国在科技战场和人才领域的争夺在2020年已经进入白热化阶段。中国高等教育创建世界一流大学和一流学科的努力，在多大程度上回应了科技创新与人力资本的国际竞争中国家的迫切需求？民众对此仍存质疑。相反，一些高校将“双一流”建设简化为“指标建设”，反而困在了西方国家构建的商业排名“算法体系”中，远离了立德树人和科教兴国的主线。如何更好地服务于“两个大局”，为社会主义现代化国家建设输送合格人才和创新成果，成为“双一流”建设下一阶段改革必须把握好的关键问题。

“十四五”规划和“2035远景规划”对于科技创新的高度重视，体现了中央“以创新引领发展、靠人才赢得未来”的战略眼光；“四个面向”的提出，更加清晰地回答了当前科教体制改革应该往何处走，如何开展科技创新，“培养什么人、怎样培养人、为谁培养人”的根本问题。

一、面向科技前沿：完成由“跟跑”到“领跑”的突破

自“洋务运动”开始，中国引进世界先进技术与生产力的努力步伐就未曾停止过。百余年间，尽管在青蒿素的提取、人工牛胰岛素的合成等领域，中国也曾产出过一些领先于世界各国的科技成果，但在绝大部分领域，仍以技术引进和学习为主。在“科学的春天”来临40年后，在很多领域，中国的科技发展水平已经与世界领先水平相差无几，“基本科学指标数据库”显示，中国在很多学科领域的贡献度已经居于世界前列，但其中原创性的重大创新成果仍属少数，可以说从“跟跑”阶段进入了“并跑”的阶段，在大部分领域还不能处于“领跑”水平。这就决定了在绝大部分产业，中国还不能拥有绝对的技术优势，而是以发挥规模优势为主，随着人口红利的消耗和人工智能技术的崛起，规模优势势必进一步缩减，要想实现产业的转型升级，中国科技必须在世界科技前沿领域有原创性突破，实现弯道超车，真正成为“领跑者”。这就要求科技工作者不能再满足于在原有科学范式下的进一步推进与技术改进，而是要面向世界科技前沿，在基础研究与原始性创新领域下功夫，实现“从0到1”的范式突破，成为世界科技进步的引领者，致力于为人类文明的创新做出贡献。

二、面向经济主战场：服务社会主义现代化国家建设

“十四五”时期，我国将进入高质量发展阶段，社会主要矛盾已经转化为人民日益增长的美好生活需要和不平衡、不充分的发展之间的矛盾，人民对美好生活的要求不断提高，要实现社会主义现代化国

家建设的宏伟目标，必须从规模性增长转向内涵式发展，科技创新对生产力与生产水平的提升作用就显得尤为关键。只有面向新旧动能布局转换，实现从创新链向产业链的迭代升级，才能抓住新一轮科技革命的战略机遇，实现新一轮跨越式发展。特别是随着人口老龄化程度不断加深，传统的以人口规模优势推动的劳动密集型产业在国际竞争中的优势难以为继，要想实现产业的转型升级，就必须在人口素质上实现突破，向社会输送更多适应新一代科技革命的高素质创新型人才，国内国际“双循环”新发展格局才能形成。相应地，随着科技革命的推进，知识更新换代的速度不断加快，社会发展进入全民终身学习阶段，人民对优质教育资源的需求则会越来越迫切，面对发展的不平衡、不充分，教育资源的配置在很大程度上决定了人口在不同地域与人群间的流动性，更对经济发展的均衡性发挥着基础性作用，而5G与互联网技术的发展则为促进优质教育资源的流动提供了技术动力。

三、面向国家重大需求：应对国际竞争挑战

尽管中国的经济发展和社会建设已经取得举世瞩目的巨大成就，但我们必须看到，制约社会主义现代化国家建设的短板和弱项恰恰集中在科技创新领域，从芯片制造到基础性工业软件，一旦将主动权掌握在他国手中，中国在国际竞争中就必然处于被动或劣势。在百年未有之大变局的世界背景下，国际孤立主义盛行，大国竞争进入白热化阶段，国家对于战略领域的科技支撑需求比以往任何时候都更加迫切。这决定了中国的科技工作者必须扎根于中国大地、面向中国问题，集中力量解决国家重大需求领域的急难险重问题，只有解决了科技创新的“元问题”，相关产业领域才能变输入为输出，化被动为主动，下好“国内国际双循环”这盘“大棋”。另外，中国几十年来的高速发展所形成的“中国经验”“中国方案”不能有效放在西方政治

学、经济学等哲学社会科学的框架下进行解释，要想回应中国在世界格局变化中发挥什么作用的问题，就必须立足中国话语、面向中国问题，开拓中国特色的哲学社会科学体系，这同样是中华民族伟大复兴的题中应有之义。这也决定了中国教育在人才培养方面的面向需要回归“为国育才”的初心，为社会主义现代化建设输送合格的建设者。

四、面向人民生命健康：回应人民需求

新冠疫情的暴发使得公共健康领域成为当前人民最为关心的问题，人类无差别地面对病毒的侵袭，生命存续与健康生活成为最根本的利益关切，而尊重科学、依靠科学，也是有效控制疫情蔓延、挽救人民生命的主要手段。始终把人民生命健康放在第一位的抗疫思路，体现了中国共产党执政的根本理念，也是中华文明薪火相传、生生不息的文化密码。人民生命健康是当前的主战场，从长期来看，人民生命健康领域也是全面小康目标实现后最为重要的民生领域。在解决了温饱问题之后，人民对美好生活的追求与向往首先体现在对健康生活的追求上。在这一领域，科技发展与创新对延长人类寿命与提升生活质量帮助尤为关键，也是实现经济社会更高质量、更有效率、更加公平、更可持续、更为安全发展的基础。当然，新冠疫情也体现了我国医疗健康事业的一些短板，特别是公共卫生人才的缺乏等，随着人民生活水平的提高，健康事业的重点从“治病”转向“预防”，医学人才的培养也面临着新的课题。可以说，将“面向人民生命健康”纳入科教兴国的目标指向中来，其根本还是强调科教事业是“为了人民”“造福人民”的事业，这恰恰体现了我国科教事业鲜明的“人民属性”。

编后记

本书各章节的撰稿人分工如下：

导言与全书统稿：强世功

第一章：强世功、张聪、秦测皓、吴彤、邵六益、郭雅颂

第二章：戴昕、葛松

第三章：戴昕、史佳楠、葛松、张斯羽、杨冉、赵高雅

第四章：邵六益、侯猛

第五章：侯猛、邵六益、刘天骄等

第六章：李立敏、欧树军

第七章：曹宇、韦子鉴、曹佳蕙

本书所引资料主要来源于北京大学国家法治战略研究院组织编写的《中国发展动态》（月刊）和《中国法治动态》（月刊）。2020 年这两份内部刊物的编委会名单如下：

《中国发展动态》

主编：史佳楠

副主编：毕歆悦、赵高雅

编辑：周元松、杨冉、张斯羽、王显宁、徐璟如、皮罗茜、郭

煜、顾劼宁、胡雅雯、赵冉、王馨田、徐梦瑶、马鸣蓝、李萌、曹佳蕙、陈韵仪、毛俊畯、韦子鉴、李子逸、解一然、蔺绍春、林玲

《中国法治动态》

主编：王加骥、郭雅颂

副主编：解一然

编辑：王加骥、郭雅颂、刘艺茜、籍蕾、林玲、叶山·叶尔布拉提、郭笑多、吴雅洁、刘佳欣、韦子鉴、赵高雅、顾劼宁、张聪、王青、邓人玮、卢奕吟、蔡峥敏、徐梓双、蔺绍春、马鸣蓝、陈思源、梅林燕、李默涵、夏宗汉、王岩泽

两份刊物的责任编辑为曹宇和李玥。我们要感谢所有参与动态撰写的同学，所有可能的错误由编者承担。

编著者

2021 年 5 月 14 日

「动态中国」丛书总目

1.《新时代：中国道路的延伸与使命》，中信出版社，2018 年。

2.《新开局：中国制度的变革与巩固》，中信出版社，2018 年。

3.《新常态：全面深化改革的战略布局》，中信出版社，2018 年。

4.《新模式：走向共享共治的多元治理》，2018 年。

5.《新征程：迈向现代化的国家治理》，中信出版社，2018 年。

6.《新动能：再造国家治理能力》，中信出版社，2019 年。

7.《全面依法治国新战略：中国法治动态》，中信出版社，2019 年。

8.《百年新路：新时代中国国家治理的行动路线》，中信出版社，2022 年。

9.《大变局：中国治道的转型时刻》，中信出版社（即出）。